集人文社科之思　刊专业学术之声

集 刊 名：数字经济与法治
主办单位：南开大学竞争法研究中心
　　　　　天津市市场监督管理委员会 - 南开大学"竞争治理技术科技创新实验室"

DIGITAL ECONOMY AND LAW (Vol.1)

2023年第1辑（总第1辑）

集刊序列号：PIJ-2022-472

中国集刊网：www.jikan.com.cn/ 数字经济与法治

集刊投约稿平台：www.iedol.cn

数字经济与法治

DIGITAL ECONOMY AND LAW (Vol.1)

2023 年第 1 辑（总第 1 辑）

主　　编　佟家栋

执行主编　陈　兵

社会科学文献出版社

SOCIAL SCIENCES ACADEMIC PRESS (CHINA)

序

世界之变、时代之变、历史之变正在以前所未有的方式展开，数字技术革新让人类社会进入数字时代。数字经济发展速度之快、辐射范围之广、影响程度之深前所未有，已经成为推进中国式现代化的重要驱动，成为重组全球要素资源、重塑全球经济结构、改变全球竞争格局的关键力量。

时代的切换总会带来一系列的衍生变化，数字经济在促进世界经济发展和人类文明进步的同时，也造成了"发展不平衡、规则不健全、秩序不合理等问题"。究其原因，在于数字治理滞后，诱发数字风险极端尖锐的状况。数字经济只有在规则和法治的轨道上运行，才能形成公平合理的数字经济发展秩序。面对数字治理新课题，任何人、任何国家都无法独善其身。

法治兴则国兴，法治强则国强。数字经济治理法治化作为当下和未来法治的重要组成部分，亟待投入更多时间和精力予以系统深入研究。必须明确数字经济法治在现行法治体系中的地位；总结我国数字经济规范体系得失，统合部门法的交叉性；聚焦数字经济法治的主要场景，框定立法架构；填补实践中数字经济法律适用依据的盲点。为此，《数字经济与法治》应运而生，博众家之所长，集群英之荟萃，为数字中国建设尽一份力，为全面依法治国发一份光。

《数字经济与法治》是南开大学竞争法研究中心主办的以数字经济与法治发展前沿为主题的学术集刊，由社会科学文献出版社周期出版，一年两辑。

《数字经济与法治》是一个专业平台、一个学术切入口，提供一面通过法治保障数字经济规范健康持续发展、以学术方式关怀中国以及全球数字经济发展的多棱镜，聚焦世界数字经济与法治领域研究前沿，关注多维度、多学科、多规则、多工具下的理论认知与实践经验，致力于对数字经济发展及其法治化展开全面、系统、前沿研究，推进数字中国建设的整体性、系统性、协同性，总结数字经济与法治共益发展的实践规律，推动具有新时代特征、立足新发展格局的中国数字法学学科体系、学术体系、话语体系的建设与完善。

千里之行，始于足下。在学界、业界各位专家学者的大力支持下，《数字经济与法治》2023年第1辑（总第1辑）得以顺利征集，经同行外审专家严格评审，编辑部研究决定，遴选十余篇构成本辑内容，希望能得到社会各界的批评指正。

《数字经济与法治》竭诚欢迎国内外学者慷慨赐稿，热切希望广大读者不吝赐教，惟愿学界同仁与我们携手前行！

《数字经济与法治》编辑部

2023年10月

数字经济与法治

2023 年第 1 辑　总第 1 辑
2023 年 10 月出版

名家观点

数字法治专题

国际视野

自动驾驶伦理风险和共同治理研究[*]

刘　刚　郑凤阳[**]

摘　要： 随着应用领域的泛化，以自动驾驶为代表的人工智能正在对经济和社会产生前所未有的深刻影响。在商业化过程中，数据隐私和安全、算法的不可预测性和歧视等问题逐渐成为自动驾驶伦理风险和治理的焦点。在具有自主学习能力的智能算法的作用下，自动驾驶治理呈现责任主体多元和因果链条模糊等特征。现有的建立在传统技术基础上的伦理原则和治理手段难以解决自动驾驶在商业化过程中出现的特殊风险和责任归因等问题，造成治理困境。结合理论研究和产业发展实践，本文认为利益相关者参与的共同治理、基于残余风险的社会风险分担、治理规则和实践发展协同的渐进式治理方式是破解自动驾驶治理难题的基本途径。

关键词： 自动驾驶　利益相关者　残余风险　共同治理

一　引言

人工智能属于通用目的技术，具有技术和社会双重属性，具有广泛应

---

[*] 本研究得到科技部科技监督与诚信建设司项目（项目编号：2022JP064）、教育部哲学社会科学实验室专项基金项目（批准号：H0122702）和中国工程院战略研究与咨询项目（项目编号：2023-HY-11）经费支助。

[**] 刘刚，南开大学经济研究所所长，中国新一代人工智能发展战略研究院首席经济学家，教授，博士生导师，研究方向为创新经济与创新政策；郑凤阳，南开大学经济学院博士生，研究方向为创新经济与创新政策。

用场景，能够推动经济长期增长。① 人工智能技术应用的广泛性将在政治、经济、社会等各个领域带来深刻变革，推动科学技术与社会的关系从"社会中的应用科学"向"科学伴随社会"的新范式转变。② 作为人工智能的重要研究方向，自动驾驶是人工智能应用发展最快的前沿领域③，经过漫长的技术研发和道路测试，当前自动驾驶技术迎来了大规模商业化应用的曙光。随着自动驾驶汽车加速融入人们的日常生活，自动驾驶技术很可能成为引发经济、社会关系调整的重要变量，因此自动驾驶可能带来的伦理风险和治理难题引起了社会的广泛关注。学术界普遍认为，伦理规范缺失和治理体系不完善很可能成为阻碍自动驾驶技术发展和产业化的重要因素。④

面对学术界的呼吁和日益复杂的自动驾驶治理现状，各国已经在产业发展和政策实践上开展行动。从2016年开始，美国就先后发布了数十份自动驾驶法案和指导文件，在数据记录、算法隐私、行车安全、风险管理等方面做出详细的原则性规定。德国通过率先修订《道路交通安全法》和制定《自动化和网联化车辆交通道德准则》的方式对自动驾驶汽车进行法律约束和伦理约束，为其他国家对自动驾驶的法律规制和伦理治理提供了借鉴。2017年，中国国务院印发《新一代人工智能发展规划》，在人工智能领域的社会治理、制度建设等方面做出战略性部署，成为我国人工智能产业发展的指导性文件。放眼世界，当前的政策文件仍存在不足，如公众对某些重要原则还未达成社会共识、伦理规范建议存在逻辑矛盾等，因此亟须对自动驾驶治理领域的突出难题做进一步探讨。

---

① Timothy F. Bresnahan & M. Trajtenberg, "General Purpose Technologies 'Engines of Growth'?", *Journal of Econometrics*, Vol. 65：1, pp. 83-108 (1995).

② 梅亮、陈劲、吴欣桐：《责任式创新范式下的新兴技术创新治理解析——以人工智能为例》，《技术经济》2018年第1期。

③ Yifang Ma, Zhenyu Wang & Hong Yang, et al., "Artificial Intelligence Applications in the Development of Autonomous Vehicles：A Survey", *Journal of Automatica Sinica*, Vol. 7：2, pp. 315-329 (2020).

④ Jean-François Bonnefon, Azim Shariff & Iyad Rahwan, "The Social Dilemma of Autonomous Vehicles", *Science*, Vol. 352：6293, pp. 1573-1576 (2016); 庞金友：《AI治理：人工智能时代的秩序困境与治理原则》，《人民论坛·学术前沿》2018年第10期；白惠仁：《自动驾驶汽车的伦理、法律与社会问题研究述评》，《科学与社会》2018年第1期；A. Kriebitz, R. Max & C. Lütge, "The German Act on Autonomous Driving：Why Ethics Still Matters", *Philosophy & Technology*, Vol. 35, p. 29 (2022).

一般而言，自动驾驶领域的治理难题包括两个方面：一是在风险预分配方案中缺乏必要的社会共识而导致的"风险管理"困境[①]；二是具有"深度学习能力"的智能算法与复杂的人类行为交织所带来的"责任归因"困境[②]。本文将着重从"风险"和"归责"两个方面探讨自动驾驶伦理规范问题，结合现有理论研究成果和各国技术研发及产业发展的前沿实践，提出符合现阶段我国国情的自动驾驶伦理规范建议。

二　文献综述

（一）自动驾驶领域的"风险管理"

数据、算法和算力构成了人工智能发展的基本要素，也是防范自动驾驶伦理风险的关注重点。一般认为，尽管机器可以通过学习进行自我优化，但学习物料（数据）和优化规则（算法）都是由人来决定的，因而容易遭受人为篡改，面临较大的社会风险。相较而言，算力的作用是为数据和算法提供能力支撑[③]，更多地属于基础设施性质，面临的伦理风险相对较小。因而，学术界认为对数据和算法的治理是自动驾驶风险管理的关键和基石[④]，研究聚焦数据泄露和算法歧视等方面[⑤]。从现有文献看，学术界对自动驾驶行车数据的记录、共享与保存，对驾驶算法的解释与审查展开了深入讨论。

自动驾驶数据分为不涉及交通参与人的"环境数据"和与交通参与主体密切相关的"主体数据"，两者既是对自动驾驶汽车运行过程的记录，又共同组成了自动驾驶系统模型训练和自我学习的数据来源。Holstein 等

① 陈磊、王柏村、黄思翰等：《人工智能伦理准则与治理体系：发展现状和战略建议》，《科技管理研究》2021 年第 6 期。
② 王天恩：《人工智能应用"责任鸿沟"的造世伦理跨越——以自动驾驶汽车为典型案例》，《哲学分析》2022 年第 1 期。
③ OpenAI 发布的分析显示，自 2012 年以来，用于人工智能训练的算力呈指数级增长，3~4 个月增长 1 倍，截至 2018 年算力投入已经增长超过 30 万倍，远远超过了摩尔定律刻画的倍增周期。参见 OpenAI 官方网站，https://openai.com/research/ai-and-compute#fn1。
④ 贾开、蒋余浩：《人工智能治理的三个基本问题：技术逻辑、风险挑战与公共政策选择》，《中国行政管理》2017 年第 10 期。
⑤ 姜李丹、薛澜：《我国新一代人工智能治理的时代挑战与范式变革》，《公共管理学报》2022 年第 2 期。

认为，无论是在车辆运行过程中产生的数据，还是在自动驾驶系统评估与改进过程中产生的匿名情况、身份信息、人体健康等方面的数据都应得到妥善处置，体现在数据的可访问性、隐私性等方面。① Krontiris 等人不仅对数据的透明性进行了讨论，而且重点关注了对自动驾驶数据进行存储和调用的法律依据②。在大数据时代，自动驾驶数据已经成为一项重要的资产，数据权属制度对数字经济发展具有深远影响。③ 国内研究除了关注数据在共享性和隐私性之间的平衡这种普遍问题④，一些学者还从哲学的视角对自动驾驶数据的治理展开了思考，比如唐解云认为自动驾驶将人的关系和人的行为刻画为一堆合乎理性的数据，人类变成了由数据堆积而成的虚拟化个体，人类司机只是驾驶过程的旁观者，这可能是自动驾驶风险的来源之一。⑤

国内外研究对自动驾驶算法的关注点多集中在算法歧视和算法透明等方面，从"电车难题"（The Trolley Problem）这一经典伦理学理论出发，理论界产生了大量关于自动驾驶算法解释和审查的研究。电车难题作为一种思想实验，最初只关注参与者在两种"恶果"之间的两难选择，⑥ 后来其关注点演化为交通参与者和旁观者等多元主体在面临多种选择时如何在生命之间进行衡量和决策的道德困境问题。⑦ 从电车难题及其衍生问题来看，自动驾驶系统兼具司机视角和旁观者视角，这决定了其算法程序并不是由单一角色的利益决定的，而是体现为一种运用公共理性的融贯的哲学

① T. Holstein , G. Dodig-Crnkovic & P. Pelliccione , "Ethical and Social Aspects of Self-Driving Cars", *Arxiv*, 2018.

② Ioannis Krontiris, Kalliroi Grammenou, Kalliopi Terzidou, et al. , "Autonomous Vehicles: Data Protection and Ethical Considerations", Proceedings of the 4th ACM Computer Science in Cars Symposium（CSCS'20）, Association for Computing Machinery, Article 10, 1–10 (2020).

③ 唐建国：《新数据观下的数据权属制度实践与思考》，《法学杂志》2022 年第 5 期。

④ 李伟、华梦莲：《论自动驾驶汽车伦理难题与道德原则自我选择》，《科学学研究》2020 年第 4 期；苏令银、许梦怡：《自动驾驶汽车伦理建构中的"电车难题"批判》，《关东学刊》2022 年第 2 期。

⑤ 唐解云：《综合判断自动驾驶的"危"与"机"》，《中国社会科学报》2022 年 8 月 23 日。

⑥ P. Foot , "The Problem of Abortion and the Doctrine of the Double Effect", *Oxford Review*, 1967.

⑦ F. M. Kamm , *The Trolley Problem Mysteries*, Eric Rakowski ed. , Oxford University Press, p. 264（2015）；J. Jarvis Thomson , "The Trolley Problem", *The Yale Law Journal*, Vol. 94, pp. 1395–1415（1985）.

论证①。当然，作为一种思想实验，电车难题在自动驾驶情境中的适用性也曾被大量讨论，以 Nyholm②、Holstein③ 和郭锐④等为代表的国内外学者认为现实中的自动驾驶伦理问题与思想实验中的电车问题不完全相同，将极端离奇的场景（如电车难题）概念化和理论化，并以此类比当前自动驾驶实践面临的道德问题是一个严重的错误。不过，即便是这样，关注电车难题所蕴含的伦理困境仍具有启发意义，因为电车难题的核心困境在于人与人发生碰撞时的选择，这种生命之间的衡量很可能因为自动驾驶算法的设定而产生严重的算法歧视问题。为此，许多学者提出保证算法在一定程度上公开并能够被清晰解释是研究和开发解决自动驾驶道德和伦理问题框架的基本要求。⑤

（二） 自动驾驶领域的 "责任归因"

不同于 "风险管理" 领域从人工智能风险到自动驾驶风险的 "迁移式" 研究方法，学术界对责任认定和责任豁免问题的讨论更多考虑了自动驾驶本身的经济、政策实践，相应地，学者们提出的伦理原则建议也更加具有现实意义。

已有研究认为，相较于传统的驾驶方式，自动驾驶领域的责任划分更为困难。目前已经有许多学者从以下三个方面对这一问题进行了研究。

首先，依赖于日益成熟的自动驾驶算法，自动驾驶汽车能够在不同行车环境中依据前期学习积累的行驶经验自主做出驾驶决策，这种 "自主性" 成为自动驾驶汽车的独特优势，也随之带来了是否应该赋予自动驾驶汽车道德主体地位的困惑。正如 Etienne 所说，确认相关道德主体具备道德决策能力、道德决策合法地位并且能够为其行为负责是确认其主

---

① 朱振：《生命的衡量——自动驾驶汽车如何破解 "电车难题"》，《华东政法大学学报》2020 年第 6 期。

② S. Nyholm, "The Ethics of Crashes with Self-driving Cars: A Roadmap", *Philosophy Compass*, Vol. 13, (2018).

③ T. Holstein, G. Dodig-Crnkovic & P. Pelliccione, "Real-World Ethics for Self-driving Cars", *ICSE '20: 42nd International Conference on Software Engineering*, pp. 328-329 (2020).

④ 郭锐：《人工智能的伦理风险及其治理》，《北京航空航天大学学报》（社会科学版）2020 年第 6 期。

⑤ A. Renda, "Ethics, Algorithms and Self-Driving Cars-A CSI of the 'Trolley Problem'", *Social Science Electronic Publishing*, 2018. 曹建峰：《人工智能治理：从科技中心主义到科技人文协作》，《上海师范大学学报》（哲学社会科学版）2020 年第 5 期。

体地位的前提条件。① 一般认为，自动驾驶汽车能否成为道德决策主体，取决于社会将自动驾驶汽车当作工具还是人类②，至少目前的技术现实是人类决定每种情况下的"正确答案"，人类决定程序应该"学习"什么，"学习"到什么程度③，因而目前很难将自动驾驶算法作为道德主体，也就很难对算法进行追责④。

其次，当面临电车难题等伦理困境，搭载不同自动驾驶算法的车辆应该做出相同的决策吗？这是归责困境中的"道德统一性"难题。在社会实施强制性道德设置（Mandatory Ethics Setting，MES）时，由社会决策者制定一项能够最大限度降低总体危害的强制性规则⑤；但在个人道德设置（Personal Ethics Setting，PES）时，社会决策者为每个交通参与者划定各自的道德决策空间，等同于为自动驾驶汽车设定了一个"道德旋钮"（Ethical Knob），乘客在启动自动驾驶汽车时的选择影响甚至决定自动驾驶系统在面临道德困境时的决策⑥。目前来看，学术界更倾向于综合考虑两种设定，在支持强制性道德设置的前提下尽可能尊重个人的选择。⑦

最后，自动驾驶语境下责任主体的多元化和因果链条的模糊化给责任归因带来了操作上的困难。奥地利学者马克·考克伯格认为，人工智能技术被应用于汽车上后重新塑造了车主与其他交通事故涉及者的主体性⑧，一个显著特征就是人工驾驶背景下原本分配给驾驶员的职责现在会被部分地移交给车辆、道路和通信系统的建造和维护人员⑨。因此，随着汽车自

① H. Etienne，"A Practical Role-based Approach for Autonomous Vehicle Moral Dilemmas"，*Big Data & Society*，Vol. 9，pp. 1-12（2022）.

② M. Gleadow，"A Code of Ethics for Self-Driving Vehicles"，*Proceedings of the Wellington Faculty of Engineering Ethics and Sustainability Symposium*，2022.

③ J. Nida-Rümelin & N. Weidenfeld，*Ethical Non-comparability*，Digital Humanism. Springer，pp. 47-52（2022）.

④ 王莹：《法律如何可能？——自动驾驶技术风险场景之法律透视》，《法制与社会发展》2019 年第 6 期。

⑤ J. Gogoll & Julian Müller，"Autonomous Cars: In Favor of a Mandatory Ethics Setting"，*Science & Engineering Ethics*，Vol. 3，pp. 681-700（2017）.

⑥ G. Contissa，F. Lagioia & G. Sartor，"The Ethical Knob: Ethically-customisable Automated Vehicles and the Law"，*Artificial Intelligence & Law*，Vol. 3，pp. 365-378（2017）.

⑦ 孙保学：《自动驾驶汽车事故的道德算法由谁来决定》，《伦理学研究》2018 年第 2 期。

⑧ M. Coeckelbergh，"Responsibility and the Moral Phenomenology of Using Self-Driving Cars"，*Applied Artificial Intelligence*，Vol. 8，pp. 748-757（2016）.

⑨ S. O. Hansson，M. Å. Belin & B. Lundgren，Self-Driving Vehicles—An Ethical Overview，*Philosophy & Technology*，Vol. 4，pp. 1383-1408（2021）.

动化程度的增强，自动驾驶技术开发者、汽车制造商、消费者等主体都应被纳入法律约束对象的范围。①

三 自动驾驶汽车的概念定义与发展实践

"自动驾驶汽车"是对具备"自主性"车辆的一般概括，表现为汽车不借助人类力量就可以完成行驶、转弯、制动等常规操作。但实际上产业界针对车辆上述功能的不同实现方式、实现程度做出了不同的概念界定，这进而引发了各国产业发展路线的差异，将影响自动驾驶治理规范和伦理原则的统一性和适用性。

（一）自动驾驶汽车的概念定义

与"自动驾驶"相关的概念主要有"智能汽车"、"自动驾驶汽车"、"无人驾驶汽车"和"智能网联汽车"等。

智能汽车（Intelligent Vehicles）是指通过搭载先进传感器等装置，运用人工智能等新技术，具有自动驾驶功能，逐步成为智能移动空间和应用终端的新一代汽车。智能汽车通常又被称为智能网联汽车、自动驾驶汽车等。② 自动驾驶汽车（Automated Vehicles）是指能依靠驾驶自动化的硬件和软件，在动态环境中持续实现自动感应周围环境并做出驾驶决策，无须人工干预就能行驶的车辆。③ 自动驾驶车辆必须具备自动行驶功能、自动变速功能、自动刹车功能、自动监视周围环境功能、自动变道功能、自动转向功能、自动信号提醒功能、网联自动驾驶辅助功能等。相较来说，无人驾驶汽车（Autonomous Vehicles）是一个更为宽泛的概念，国际标准化组织（ISO）、美国汽车工程师学会（SAE）、中国国标（GB）等国内外权威机构均未给出无人驾驶汽车的确切定义。一般认为，无人驾驶汽车是自动驾驶汽车的高级阶段。智能网联汽车（Intelligent Connected Vehicles）是搭载先进的车载传感器、控制器、执行器等装置，并融合现代通信与网络

---

① 刘成科、葛燕：《走向"有意义的人类控制"——自动驾驶汽车的主体悬置与责任锚定》，《山东科技大学学报》（社会科学版）2023 年第 1 期。

② 参见中华人民共和国国家发展和改革委员会官方网站，https：//www.ndrc.gov.cn/xxgk/zcfb/tz/202002/t20200224_1221077.html。

③ 参见美国汽车工程师学会官方网站，www.sae.org。

技术，实现车与 X（人、车、路、云端等）智能信息交换、共享，具备复杂环境感知、智能决策、协同控制等功能，可实现安全、高效、舒适、节能行驶，并最终可实现替代人操作的新一代汽车，通常也被称为自动驾驶汽车。[①]

笔者认为"自主性"是汽车"智能化"的本质表征，自动驾驶汽车是一种通过人工智能系统实现无人驾驶的智能汽车，无人驾驶汽车是高级阶段的自动驾驶汽车，智能网联汽车则是具备"V2X"智能信息交换功能的自动驾驶汽车。因此，"自动驾驶"是智能汽车、自动驾驶汽车、无人驾驶汽车和智能网联汽车共有的核心功能，理应成为治理规范和伦理原则关注的焦点。

在汽车"自动驾驶"功能的实现程度上，美国汽车工程师学会（Society of Automotive Engineers）将自动驾驶技术分为 L0~L5 六个等级。[②] 当汽车处于 L2 及以下级别时，主要的行车决策由驾驶员做出，此时自动驾驶系统只起到辅助驾驶的作用；L3 级别为有条件自动驾驶阶段，相较于 L2 级别，此时系统已经能够对行车环境做出实时监控，可以进行非紧急情况下的自主驾驶，因而对自动驾驶算法提出了更高的要求；L4 级别为高度自动驾驶阶段，在特定情形下，自动驾驶系统能够对紧急情况做出自主应对而无须人类驾驶员介入；L5 级别是完全自动驾驶阶段，这一阶段取消了 L4 级别下的"特定情形"限制，自动驾驶汽车可以完全独立自主地完成任何行车环境下的驾驶操作，可以被称为无人驾驶阶段。由此可见，L0~L5 级别对应的"智能化"程度逐渐提高，人工智能算法在驾驶过程中发挥的作用也越来越大，对不同级别的自动驾驶进行分类探讨，是制定符合实际的治理规范和伦理原则的应有之义。

（二）自动驾驶发展实践

在自动驾驶技术的发展方向上，目前存在两条显著不同的发展路线，即以欧美日等国家为代表的单车智能发展路线和以中国为代表的车路协同发展路线。无论何种发展路线，当前世界各国的自动驾驶技术仍普遍处在 L2~L3 级别，只有部分国家和部分应用领域正逐步向 L4 级别迈进，但远

---

① 参见中华人民共和国工业和信息化部官方网站，www.miit.gov.cn。
② 参见美国汽车工程师学会官方网站，www.sae.org。

远还未达到 L5 级别的完全自动驾驶水平。

单车智能是指车辆通过随车携带的毫米波雷达、激光雷达等硬件设备感知车辆周边环境，由车载计算机进行计算、决策并控制执行。因此，单车智能的感知能力和计算能力都在车端，需要依靠先进的车载芯片和软件算法才能运行。车路协同是在单车智能的基础上，以智能路侧系统和智能车载系统为基础，对道路交通环境进行精准感知，通过无线通信设备实现车路信息交互和共享。由于车路协同的感知能力和计算能力主要在路端，因此需要建设相关的新型基础设施以确保其正常运行。可以认为单车智能发展路线下的汽车为字面意义上的自动驾驶汽车，而车路协同路线下的汽车为智能网联汽车。

在车路协同路线下，自动驾驶汽车与外部环境的协调将对自动驾驶汽车的决策产生更为显著的影响，因而必须将自动驾驶汽车的内外主体（乘客、路人）的行为置于一个复杂决策系统之中考虑。这启示我们在制定符合我国国情的自动驾驶治理规范和伦理规则时，应当结合产业发展实际，至少与欧美日等国家相比，由发展路线决定的自动驾驶道德决策主体差异应当得到充分重视，由这种差异带来的风险管理对象的不同也需被纳入考虑范围。

虽然在技术发展路线上存在差异，但在自动驾驶的技术研发、道路测试和商业化示范运营过程中，各国对自动驾驶技术和自动驾驶产业的监管、规制和治理均采取了相似的手段，即强调技术研发与应用、政策法规制定与完善共同推进，借助政策手段规范厂商测试行为，为商业化示范运营保驾护航。例如，早在 2011 年，内华达州就出台了美国首部自动驾驶地方法案，允许自动驾驶汽车在公共道路开展测试验证。此后其他各州政府也纷纷制定自动驾驶相关政策法规。截至 2020 年 2 月，美国至少已有 41 个州和哥伦比亚特区提议制定、修订自动驾驶相关法案，有 11 个州发布了与自动驾驶有关的州长行政命令，已正式生效的法案共计 64 个。[①] 2017 年，德国公布了《道路交通安全法第八修正案》和《自动化和网联化车辆交通道德准则》，这两份文件作为当时世界上第一部国家级自动驾驶立法和世界上第一套由国家颁布的自动驾驶伦理准则，有力指导了德国的自动

---

① 中经传媒智库：《美国自动驾驶汽车采取"联邦-州政府"两级模式》，www. bmron-line. com. cn。

驾驶实践。我国也于 2017 年印发《新一代人工智能发展规划》，不仅对未来我国人工智能的技术线路、产业发展做出规划，也在社会建设、制度重构、全球治理等方面做出部署，成为目前我国人工智能发展和治理的指导性文件。

四 自动驾驶领域的治理难题与破解之道

已有的大量理论研究和各国发布的政策法规表明，当前自动驾驶领域面临诸多治理难题，其中前文提及的"风险管理"和"责任归因"难题尤为突出。笔者认为自动驾驶领域的风险管理和责任归因难题均源于自动驾驶领域的责任主体多元和因果链条模糊的发展特征，这种特征又与人工智能算法息息相关，因而这两个问题有其内在的逻辑一致性，将多元决策主体置于统一的"情境"下进行思考，有助于我们寻找治理难题的破解之道。

（一）自动驾驶领域的治理难题

为了进行后续的讨论，必须解决自动驾驶领域风险管理和责任归因方面的一个前置问题，即自动驾驶算法能否作为独立的道德主体和法律主体存在。笔者认为从现实中遵循的技术标准和政策法规进行倒推分析将有助于回答这一理论问题。

作为一项融合多种高科技的新型人工智能技术，辅助驾驶到半自动驾驶再到完全自动驾驶的发展是一个渐进的过程，正如前文所述，算法在不同级别的自动驾驶汽车中发挥不同的作用，进而决定了人类驾驶员在行车过程中所需履行的义务有所不同。基于部分国家已经能够实现 L3 级别自动驾驶，并正在逐步攻克 L4 级别自动驾驶的技术现实，可以将自动驾驶人为地划分为非完全自动驾驶（L0~L4）和完全自动驾驶（L5）进行简化分析。① 对于

---

① 一种简化理解是将 L5 级别的自动驾驶类比强人工智能，将 L0~L4 级别的自动驾驶类比弱人工智能。前一类型的自动驾驶系统可以被认为是有知觉的、有自我意识的、可以独立思考并找出解决问题的最优解。与此对应，后一类型的自动驾驶系统虽然能够"像人类一样"行事，但其行事在本质上仍由人类设定的算法规则所约束，系统无法进行独立思考，更不能脱离人类的协助去进行推理和解决问题。对于强人工智能和弱人工智能的详细介绍，参见〔美〕玛格丽特·博登《AI：人工智能的本质与未来》，孙诗惠译，中国人民大学出版社，2017。

L0～L4 级别的自动驾驶系统，由于"设计运行条件"受到或多或少的限制，[①] 因此即使自动驾驶算法具备足够的"知性"和"理性"，能够针对不同的行车环境做出"合宜"的判断，但由于驾驶员承担随时接管汽车操控权的责任和义务，此时也难以称自动驾驶算法具有完全的"自主性"，因而不能将自动驾驶算法作为独立的道德主体和法律主体。对于 L5 级别的自动驾驶系统，由于自动驾驶汽车的"设计运行条件"完全不受限制，人类驾驶员也无须承担监控道路环境以及随时在紧急情况下接管汽车操控权的义务，自动驾驶算法的"知性"和"理性"对自动驾驶汽车的行驶和紧急处置发挥完全的作用，因此车内所有人员成为真正意义上的"乘客"，自动驾驶系统成为真正意义上的"驾驶员"，自动驾驶算法自然上位至真正的道德主体和法律主体。

将自动驾驶人为地划分为非完全自动驾驶和完全自动驾驶虽可以较好地帮助我们解决了自动驾驶算法的主体性问题，但并不意味着可以完美地对自动驾驶责任进行归因和追责。一方面，在非完全自动驾驶阶段，自动驾驶算法仍能够影响汽车行驶决策，这意味着自动驾驶的行车结果是多因素、多主体共同作用的结果，势必造成自动驾驶风险因素的叠加与倍增。另一方面，即使在完全自动驾驶阶段，自动驾驶算法的运行机理对自动驾驶的行车结果具有决定性意义，自动驾驶算法的决策依据却处于"黑箱状态"，如何消除算法歧视风险成为自动驾驶治理面临的新难题。[②] 更为可怕的是，"电车难题"等极端行车环境将对上述难题产生放大效应，进一步增加了风险管理和责任归因的困难。

正如上文所述，在 L0～L4 级别的非完全自动驾驶阶段，自动驾驶算法不仅在不同程度上扮演了驾驶员的角色，还分担了人类驾驶员的责任与义

---

① SAE J3016 将设计运行范围（Operational Design Domain, ODD）定义为："特定驾驶自动化系统或其功能专门设计的运行条件，包括但不限于环境、地理和时间限制，和/或某些交通或道路特征的存在或缺失。"在中国国家监督管理总局、国家标准化管理委员会发布的《汽车驾驶自动化分级》推荐性国家标准中，ODD 是设计时确定的驾驶自动化功能的本车状态和外部环境。运行设计条件（Operational Design Condition, ODC）是设计运行时确定的驾驶自动化功能可以正常工作的条件，包括 ODD、驾驶员状态以及其他必要条件。

② 如果采用车路协同发展路线，汽车的外部环境——路端基础设施、云计算管理者、网络运营商、路人、其他自动驾驶汽车等主体——都将对自动驾驶系统产生影响，此时的情况更为复杂。

务，这意味着算法不仅需要为可能出现的极端碰撞"负责"，而且可能由于在驾驶决策中发挥作用而引发新的风险（如算法歧视①）。如果发生这种风险，如何对事故中的责任进行划定就成为新的问题。毫无疑问，如果人类驾驶员没有履行前定义务——在紧急情况下及时接管自动驾驶系统，那么人类驾驶员必须为其行为担责，但如果人类驾驶员完整履行了义务，这是否意味着事故的责任完全由自动驾驶算法承担？在目前针对"弱人工智能"的法律框架下，具有非完全"知性"和"理性"的算法对第三方造成的伤害姑且可以归责到生产者、销售者和使用者，但在 L5 级别的完全自动驾驶阶段，人类驾驶员无须承担接管自动驾驶系统的义务，具备完全"知性"和"理性"的算法成为自动驾驶系统决策的唯一依据，正常来说生产者、销售者和使用者难以预见算法将对第三方实施伤害行为并预测伤害结果，如果算法是事故责任的唯一承担者，我们又如何对"算法"进行法律、伦理或道德上的"属人"规制呢？如果将自动驾驶算法的设计者作为算法的生产者进行追责，但算法的设计者作为自动驾驶算法的缔造者本意是为了避免事故的发生，如何判断事故是由设计师设定的基本算法导致的，还是由自动驾驶系统通过深度学习习得的算法导致的？如果是通过深度学习习得的算法导致了事故发生，那么自动驾驶系统所有的行车记录都构成了机器学习的物料来源，这是否意味着之前在该自动驾驶汽车行车环境中出现过的所有主体都将成为事故的担责对象？如此看来，自动驾驶环境下的多元主体都可以成为事故的担责对象，但又都不能独立成为事故的担责对象。

虽然部分研究质疑"电车难题"对当前自动驾驶伦理困境的适用性，但本文认为这种思想实验有助于剥离影响道德主体决策的混杂因素，为我们探讨主体之间的互动规则提供简化环境，因而下文仍从"电车难题"这一经典

---

① 不妨考虑这样一种场景，一辆自动驾驶汽车在一条宽阔的道路上正常行驶，前方突然出现一名违反交通规则横穿马路的行人，此时该自动驾驶汽车面临三种备选方案：一是不进行躲闪，直接撞向行人导致行人伤亡；二是向右躲闪，并与右后方驶来的搭载自动驾驶系统的汽车进行通信协调，右后方自动驾驶汽车可以在系统的"指挥"下及时减速，虽然会造成两辆自动驾驶汽车碰撞受损，但无人伤亡；三是向左躲闪，由于无法与左后方来的未搭载自动驾驶系统的汽车进行通信协调，两辆汽车必然相撞，而且左后方汽车驾驶员有一定概率出现生命危险，但自动驾驶汽车只会遭受碰撞损失而其中的乘客不会有生命危险。显然自动驾驶汽车向右躲闪是个人最优和社会最优的理性选择，但难以窥知的情况是自动驾驶汽车厂商为降低自动驾驶汽车的事故率，内设了优先与传统人工驾驶汽车碰撞的算法。

问题出发，结合部分政策实践，对自动驾驶领域的治理难题做进一步分析。

在现实的行车环境中，自动驾驶的碰撞存在多种可能：物与物的碰撞、人与财物的碰撞、人与动物的碰撞、人与人的碰撞。普遍接受的碰撞伦理认为，在物与物的碰撞中优先保护财物价值较高的一方，在人与物的碰撞中优先保护人类，这一观点几乎没有争议并且已经在实践中得以贯彻。比如，德国颁布的《自动化和网联化车辆交通道德准则》规定："对人的保护优先于所有其他利益考量。"① 真正的"电车难题"是道德决策主体在人与人发生碰撞的情景中做出的抉择。在富特（Foot）设定的思想实验中，一辆失控的电车即将撞向轨道上的五个人，避免撞死这五个人的唯一办法是司机把电车转向另一条轨道，并且撞死岔道上的另一个人。在道德相关性方面所有人都是平等的，因而电车的行驶方向对于驾驶员来说形成了一种道德困境：任由电车继续行驶将导致五人丧生；若将电车转向另一条轨道就可以拯救五个人，但不可避免地要剥夺另一个无辜之人的生命。在自动驾驶时代，算法逐渐代替电车驾驶员在两难之间进行抉择：牺牲自己还是撞击他人？撞击一个人还是多个人？撞击老年人还是儿童？撞击遵守交通规则者还是不遵守规则者？撞击防护完备的人还是没有任何安全保护措施的人？正如电车难题中的道德困境一样，自动驾驶的决策不免涉及生命与生命之间的权衡。欧盟在 2020 年发布的《自动驾驶伦理报告》中明确指出，自动驾驶的两难问题是在给定的时间点，自动驾驶汽车必须做出决策，尽管能预料到该决策会不可避免地伤害至少一名道路使用者或一组道路使用者。② 由此可见，电车难题的关键之处在于人类生命的权衡比较，即便是传统的人工驾驶方式，人们尚且不能解决生命权衡这种伦理困境，更不用说在人工智能时代，算法逐渐成为决策主体后，在算法"黑箱"的掩盖下，算法透明性、算法可解释性等风险更为自动驾驶的"生命抉择"增添了一抹"不可知"的神秘色彩。

总之，自动驾驶算法在不同级别的自动驾驶阶段发挥不同的作用，人类主体和算法共同对驾驶决策结果产生影响，这导致了道德决策主体混乱的难题。

---

① The Federal Minister of Transport and Digital Infrastructure, *Ethical rules for automated and connected vehicular traffic*, 2017.

② J. F. Bonnefon, D. černy, J. Danaher, et al., *Ethics of connected and automated vehicles: Recommendations on road safety, privacy, fairness, explainability and responsibility*, European Commission, 2020.

而人工智能算法的深度学习能力混淆了本就难以明晰的自动驾驶责任主体，自动驾驶的风险也就无从"消解"，这是自动驾驶领域治理难题产生的根本原因。

（二）破解之道

笔者认为，多元参与的责任主体叠加被"黑箱"掩盖的自主学习算法使得自动驾驶事故的因果链条模糊化、扩散化，造成了自动驾驶情境下道德主体和法律主体厘定上的困难，这引发了自动驾驶事故中的责任归因难题，进而难以消弭日益增加的算法歧视、隐私数据泄露等人工智能风险。因此，自动驾驶领域治理难题的破解之道在于多元主体为消解多种人工智能风险而做出的协同努力。

自动驾驶利益相关者的共同治理是破解自动驾驶治理难题的基本途径。利益相关者理论（Stakeholder Theory）最早是从企业治理的视角提出的，兴起于 20 世纪 60 年代前后长期奉行外部控制型公司治理模式的欧美国家，与传统的股东至上主义不同，该理论认为任何一个公司的发展都离不开各种利益相关者的投入或参与。[1] 一般认为，利益相关者是指与某一事件存在利益关系的所有个人或组织，包括组织内部和外部参与者，如股东、供应商、广告商、雇员、竞争对手、管制者、公众利益群体等主体。笔者认为，不仅利益相关者行为会影响自动驾驶治理效果，因自动驾驶决策而受损的主体同样也应当参与自动驾驶的伦理治理实践，因而引申出自动驾驶领域的利益相关者概念。

"驾驶行为"作为一种社会行动，本质上是社会行动者之间的社会互动，对自动驾驶进行风险管理、责任认定和共同治理的基础是对利益相关者进行确认，乘客、行人、汽车制造商、算法设计者、网络运营商、数据管理方、政府监管部门等行为主体都可以成为自动驾驶领域的利益相关者。自动驾驶汽车的风险管控和伦理治理应当考虑和平衡不同利益相关者的利益，其中最重要的方式就是多元主体参与的共同治理，这要求所有参与共同治理的利益相关者根据各自享有的权利和便利承担相应的责任。比如，对自动驾驶算法设计者、研发者、制造者和运营服务者等主体而言，在包括自动驾驶算法设计、测试运行、上市销售、售后服务在内的产品全生命周期内，在遵守相关法律法规的同时，充分考虑和吸纳社会公众的意见和建议，保证各利益相关

---

[1] 贾生华、陈宏辉：《利益相关者的界定方法述评》，《外国经济与管理》2002 年第 5 期。

者的利益诉求尽可能得到满足；对自动驾驶使用者而言，其在使用前应对自动驾驶汽车进行基准检查，在使用过程中要避免对自动驾驶系统形成无谓的干扰，及时安装厂商推送的系统更新，并严禁对自动驾驶系统进行破解、自行改装或暴力损坏；对道路行人而言，在严格遵守相关法律法规的同时，应配合汽车制造商或政府监管部门向自动驾驶汽车制造商、使用者提出合理建议；对网络运营商和数据管理方而言，必须在现有法律法规的约束范围内保证网络通信、数据传输与数据储存环节的安全性和可靠性，为自动驾驶汽车功能的实现提供基础服务和应急保障；对政府等监管部门而言，要根据技术分级标准，结合产业发展实际，做到分级监管和全流程监管，同时积极完善相关法律法规、技术指南和发展路线等。

为探究我国民众对利益相关者参与自动驾驶共同治理的支持意愿，笔者以"数据隐私与数据安全"为样例进行了社会实验研究。[①] 对于"自动驾驶汽车记录的任何数据是否应该由利益相关者共同拥有"这一问题，统计结果显示，90.88%的受访者对这一观点表达了正向支持意愿；在实验组和对照组中，同意这一观点的比重分别达到 93.36% 和 85.79%（见图 1）。三组数据中认为应该由利益相关方共同拥有自动驾驶汽车数据的比重都很高，这表明社会对于利益相关方在数据风险管理方面发挥共同治理作用有着相当高的期待。

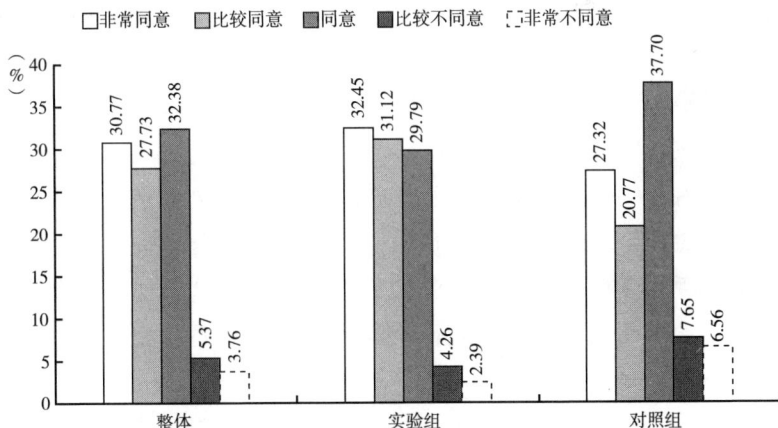

图 1　自动驾驶领域利益相关者参与共同治理的社会实验调查结果

---

① 从 2021 年开始，笔者先后在北京、天津、武汉、阳泉、郑州等城市进行社会实验研究。实验分为实验组和对照组，实验组为乘坐过 L4 级别自动驾驶汽车的群体，对照组是没有乘坐过自动驾驶汽车的群体。累计回收有效问卷 819 份，包括实验组调查问卷 514 份和对照组调查问卷 305 份。

此外，延续前文的讨论，在自动驾驶治理的实际操作中还应当对非完全自动驾驶阶段和完全自动驾驶阶段的利益相关者分别进行确认。在L4级别及以下阶段的自动驾驶系统中，算法更多扮演提高汽车驾驶效率的工具角色，因此容易对利益相关者的主体责任进行合理的认定，在对利益相关者的责任进行确认之后，可以将无法认定的"剩余责任"归结为人工智能算法的责任。同样，在L5级别的自动驾驶系统中，除非可以将某些责任明确归结于某一利益相关者①，否则自动驾驶事故的责任均可以被视为算法责任。在应该由人工智能算法担责的事故中，虽然无法对涉及的利益相关者进行伦理和法律上的"属人"规制，但仍可以通过法律的调试，人为制造出承担相应责任的"法人"②，新的法人相应地成为新的利益相关者。

除了通过引进新的法人主体作为利益相关者来承担自动驾驶算法的剩余责任，还可以将本应由自我学习算法承担的责任视为自动驾驶领域的"残余风险"，③通过由特定主体组成的公共保险进行追责和补偿。④因此，允许残余风险存在并通过设计适当的风险分担机制消解残余风险是破解自动驾驶治理难题的"兜底保障"。

残余风险是指在实现新的或增强的安全控制后剩下的风险。残余风险的现实基础是如下事实：并非所有的安全控制都能完全消除风险，因此任何系统都是有风险的。残余风险内在地包含了驾驶汽车这种行为固有的风险，是人类乘坐汽车这一行为不可或缺的组成部分，因此自动驾驶风险管理的目标应该是尽可能地降低而非完全消除风险，即将残余风险降至可接受的范围之内，一般认为这一范围以拥有驾驶资格、驾驶经验丰富且具备道德敏感性的人类驾驶员在相同情境下所能提供的安全水平为界。

在笔者所进行的社会实验研究中，为探究社会公众对残余风险的"容忍"程度，通过设置"自动驾驶并不意味着零事故、零伤亡"这一陈述对

---

① 比如，因为路人违反交通规则而导致的交通事故、生产商生产的车辆具有明显的性能缺陷等。
② 〔日〕福田雅树、林秀弥、成原慧：《AI联结的社会：人工智能网络化时代的伦理与法律》，宋爱译，社会科学文献出版社，2020。
③ 赵祥模教授"国家重点研发计划项目"OYFB000团队：《自动驾驶测试与评价技术研究进展》，《交通运输工程学报》2023年7月26日网络首发。
④ 公共保险既可以由既有的利益相关者共同组建，也可以由国家等"超经济力量"提供，取决于特定的社会环境、政治制度、经济条件等因素。

受访群众进行风险态度和驾驶安全态度识别。结果显示，实验组民众对该观点表示正向支持意愿的人数累计占比达到了 94.17%，对照组民众对该观点表示正向支持意愿的人数累计占比达到了 98.03%（见图 2），可见对于我国大多数民众来说，不论是否乘坐过无人驾驶汽车，都在一定程度上接受部分自动驾驶事故的存在，从而对残余风险具有较高的社会包容度，这为寻找合理的残余风险分担机制创造了条件。

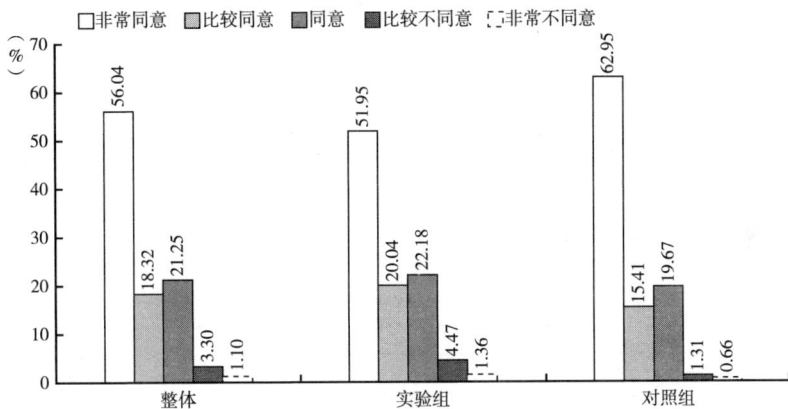

图 2　残余风险的社会容忍度社会实验调查结果

目前来看，在明确残余风险的前提下，公共责任保险是利益相关者进行残余风险分担的一个较好形式。公共责任保险是为了解决在侵权责任人不够明确的情形下，责任主体人缺失的问题而出现的，将无法归责的部分赔偿义务转移至保险人，由保险公司或国家进行赔偿。在多元主体的共同作用下，以智能化和网联化为特征的自动驾驶风险具有明显的社会性。因此，自动驾驶技术的应用所引发的传统汽车语境下前所未有的治理困境，突出表现在由数据隐私、算法歧视和算法"黑箱"等风险构成的复合化风险瓦解了传统社会中的"风险自担"模式，无法归因的道德责任和法律责任终将对社会公共利益产生消极影响。能够进行清晰认定的责任所引发的风险没有在本质上造成治理方式上的困难，仍可以采取风险和责任自担的治理形式，无法归因的风险才是真正要求所有参与者共担的部分，可以通过公共责任保险转移到以所有利益相关者为代表的公共主体身上。因此，从这一点上看，寻找残余风险的合理共担机制在本质上是利益相关者共同治理的具体体现。

自动驾驶汽车伦理问题治理的关键步骤是对前瞻性责任（Forward-looking Responsibility）和回顾性责任（Backward-looking Responsibility）的认定，其中，前瞻性责任是指人们可以尝试以某种方式认定近期或远期发生的事情的责任；回顾性责任是人们对过去发生的事情所能承担的责任。[①]这两种主要的责任形式在大多情况下是一致的，但是在复杂的社会情况下，它们可能出现分离，必须由不同的代理人承担。在政府等官方部门的监督下，通过利益相关者的共同治理能够完成对回顾性责任的认定，从而对自动驾驶领域的基本风险和可控风险进行管理。而残余风险则类似于一种"转换机制"，将无法进行事后厘定的主体缺失责任转换成特定主体的前瞻性责任，进而通过类似公共责任保险的风险共担机制进行消解。如图 3 所示，以风险管理和责任归因为代表的自动驾驶治理难题能够在多元主体的共同治理中得以破解。

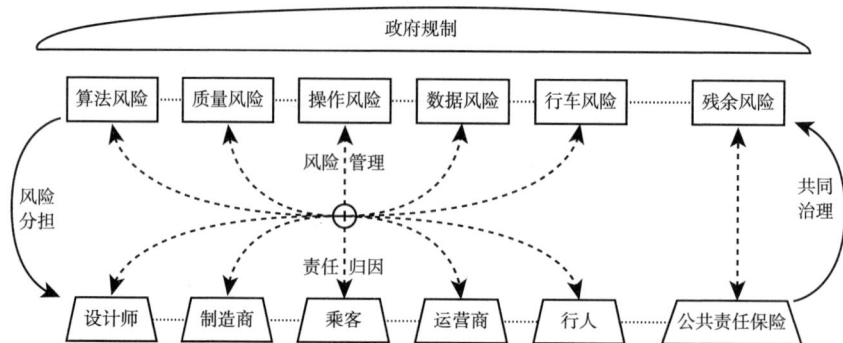

图 3　自动驾驶治理难题的破解之道

五　总结与政策建议

作为新一轮科技革命和产业变革的核心驱动力量，人工智能技术不仅引致技术领域和生产方式的重要创新，更将在经济、社会、政治等领域带来综合性变革。一般认为，2017 年是"人工智能元年"，它标志着人工智能技术及其应用开始实现跨越式发展。自动驾驶作为当前发展最为成熟、

---

① S. Nyholm & J. Smids, "The Ethics of Accident-Algorithms for Self-driving Cars: An Applied Trolley Problem?", *Ethical Theory and Moral Practice*, Vol. 5, pp. 1275-1289 (2016).

应用场景最为广泛的代表性技术，已经从技术研发、道路测试逐渐向商业化示范运营转变，随之而来的伦理、法律和社会治理等问题也开始显现。本文关注自动驾驶领域以风险管理和责任归因为代表的治理难题，其中风险管理难题尤其以数据隐私、算法歧视等问题为代表，责任归因难题则源于自主学习算法的可解释性、复杂技术体系的多主体性等因素。在对相关文献进行梳理的基础上，结合自动驾驶汽车的产业发展实践，笔者认为多元主体的共同治理是破解自动驾驶治理难题的基本途径，通过明晰各主体在自动驾驶产业链上的角色、作用及责任义务，可以消解可识别的基本风险。对于因算法的隐蔽性及责任主体缺失而招致的难以归因的风险，可以根据技术现实和产业现实将其纳入"残余风险"，并通过公共责任保险等风险分担机制加以消解。因此，本文有以下政策启示。

第一，多元主体共同治理是破解自动驾驶治理难题的基本途径，自动驾驶领域的多元主体由乘客、行人、汽车制造商、算法设计者、网络运营商、数据管理方、政府监管部门等主体构成。以自动驾驶技术分级为客观依据，只有在 L5 级别的自动驾驶汽车才具备完全自动驾驶能力，自动驾驶系统才能成为无人驾驶场景的社会行动者。除此之外，算法始终是提高效率的工具，因而自动驾驶的最终受益者和担责方应当是各类社会行动主体。自动驾驶汽车的高水平可信度要求所有责任和义务分散的利益相关者进行严密合作，同时在相关学科的监督下，在一个整体系统中满足利益相关者的要求。

第二，创新风险分担机制，通过设立新型保险险种等金融手段消解残余风险是进行风险管理的必要手段。在自主学习算法的掩盖下，自动驾驶汽车的部分决策依据可能难以进行归因，进而造成责任主体的缺失，通过合适的公共责任保险将残余风险转移给具有较高风险承受能力的保险人，或者将残余风险分散至多个利益相关者，这对自动驾驶汽车产业发展具有重要意义。

第三，为实现技术、产业和社会的良性互动，"渐进式治理"应当成为自动驾驶治理的基本原则。由于人工智能技术的不可预测性，当前社会上并没有现成可用的共同治理范式和风险分担机制可以借鉴。沿用传统的治理模式会使自动驾驶治理陷入困境。受我国改革开放过程中"摸着石头过河"渐进式改革经验的启发，笔者认为"渐进式治理"是对包括人工智能在内的前沿技术进行治理的重要方式。它的指导原则是"在发展中规范，在规范中发展"，在总结前期实践的基础上，制定暂时性目标和规则，根据实践的进展不断完善和发展治理原则和体系，直到实现技术、产业和社会的良性互动。

企业数据分类分级配置的体系化思考[*]

俞风雷　刘晓畅[**]

摘　要： 科技快速发展引发数据"井喷式"增长，数据要素的价值性也愈加受到重视，对数据进行分类分级授权已成为亟待解决的问题。企业数据具备财产属性与赋权合理性，可采取数据使用权与有限排他权二元权利结构。在应对数据分类保护问题上，可对数据结构进行拆分，将数据符号层与内容层进行分类保护，解决企业数据与个人信息协同分类保护难题，并针对不同级别的数据集合开展差异化的权属配置，以达成数据分级的根本目的。为解决数据集合分级问题，可在数据结构分层的基础之上，以数据内容层信息为基准，采取"模块分类＋动态因素衡量"的方式，以有利于数据流通原则、禁止混同原则、比例原则为导向，对数据集合进行准确有效的分级管理，将分级结果直接与数据权利行使相关联，通过对权利范围进行限缩，实现数据流通、共享共治的效果。

关键词： 企业数据　分类分级　数据使用权　有限排他权　差异化配置

随着数字技术的快速发展，社会已进入数字新时代，数据的价值性越发凸显，数据被广泛视为现代数字经济建设所需要的"新石油"。[①] 正如欧盟委员会在建立数据经济会议上强调的，数据已成为经济增长、创造就

---

[*] 基金项目：国家知识产权局软科学研究项目"专利开放许可制度运行机制研究"（SS22-B-13）对于产生的数据集合进行等级划分时的阶段性研究成果。

[**] 俞风雷，天津大学法学院教授，天津市法学会知识产权法学研究会会长，早稻田大学法学博士，研究方向为知识产权法学；刘晓畅，天津大学法学院博士研究生，天津大学知识产权法研究基地研究助理，研究方向为知识产权。

[①] 国外学者认为数据具有六大特征（6V）：总量大（Volume）、变化速率快（Velocity）、种类繁多（Variety）、真实准确（Veracity）、内含价值（Value）以及确认性（Validation）。

业、社会进步的重要资源。数字技术的发展以及数据要素的跨境流动使得全球数字化势不可当，数据在各个领域都拥有巨大的应用潜力，对健康、环境、资源利用、智慧化城市建设等都具有重要意义。2022 年 12 月 19 日国家发布了《中共中央　国务院关于构建数据基础制度更好发挥数据要素作用的意见》（以下简称《意见》），其中第（三）条明确提出要建立公共数据、企业数据、个人数据的分类分级确权授权制度。企业是市场经济的主体，是经济最重要的组成部分。企业数据①为数字经济发展创造无限机遇，但同时也给传统数据保护方式带来巨大的挑战。本文将聚焦企业数据，以确权保护—分类保护—分级保护为基本脉络，在分析企业数据确权保护合理性的基础之上，探讨企业数据与个人信息的协同保护，企业数据分级保护的实现路径，以求实现企业数据与个人信息协同保护，使企业在满足自身发展需要的基础之上与其他主体之间形成数据共享共用共治、各取所需的发展模式。

一　确权保护：企业数据财产权确立的合理性

首先，企业数据财产权的确定具有一定的正当性，能够适配当前的法律制度，在理论上扫清障碍。《中华人民共和国民法典》（以下简称《民法典》）第五章"民事权利"中设定了财产权利与人身权利，第 127 条规定："法律对数据、网络虚拟财产的保护有规定的，依照其规定。"该条虽然未对数据权利做出实质性规定，但将该条款置于"民事权利"这一章节并设计为引致性条款的做法，表明立法者并不排斥将数据保护上升为权利保护的可能性。以"识别性"为标准的个人信息兼具人格利益与财产利益，但对于企业数据而言，涉及的个人信息往往需要经过"去识别化"处理，由此形成的数据难以彰显人格权属性，其主要体现的是数据聚集带来的财产价值与数据处理加工带来的无限增值。因此不难推断出现行立法对企业数据财产权的设定留下了开放的空间。

其次，对企业数据进行权利模式保护的正当性起源于企业数据的财产属性。大数据、云计算、人工智能等相关技术的快速发展使得数据成为能

---

① 企业数据又常被称为商业数据，是指企业等商业主体在其生产经营活动中积累的以电子或者非电子形式存在的信息、资料。

够被企业直接支配、直接使用，并进行商业交易的新型无形财产。企业对数据进行海量的收集，并对其不断处理、加工，使其发展为新型资产，具有巨大的市场商业价值。2023 年 4 月发布的《中国数字经济发展研究报告（2023 年）》显示，数据已成为数字经济发展的重要因素，2022 年我国数字经济规模达到 50.2 万亿元，占 GDP 比重达到 41.5%。在司法实践中，企业数据的财产属性也早已得到认可，如在"谷米诉元米案"判决书中[①]认为实时类数据信息能够给权利人带来经济利益，具备无形财产的属性。在地方立法上，《安徽省大数据发展条例》第三十八条提出建立数据产权交易机制；《辽宁省大数据发展条例》第三十一条提出，依法保护数据处理市场主体在数据使用、加工等数据处理活动中形成的法定或者约定的财产权益；《重庆市数据条例》第三十三条提出，对合法取得的数据，可以依法使用、加工，对依法加工形成的数据产品和服务，可以依法获取收益。因此无论是在立法层面还是司法层面，数据的财产属性已经毋庸置疑。

再次，法律对不同财产的保护效力有所不同，由权益保护向权利保护逐渐增强。是否应将数据财产权益保护进一步上升，采用权利模式保护企业数据的财产属性？佩杰威奇（Pejovich）教授从经济学的角度论证了对于现行财产权的改变或创新需要满足三个条件：第一，社会科学技术具有显著性变革，新市场的开放对财产权的革命拓新提出新的期望；第二，要素的稀缺性和要素的价格发生巨大变化，从而影响了成本与效益的比率；第三，从政治经济学的角度论证，政权组织有以财产权为政策工具来创造、管理或关闭市场的动机。[②] 在"小数据"[③] 时代，企业对于收集数据的方式、收集的体量以及数据处理的方式都相对落后，对数据只是通过简单的体力劳动收集，也并非人为的创造，因此数据财产权不应受到保护，而在大数据时代，这一理由的说服力非常有限。[④]"小数据"时代的财产价值往往以隐形姿态隐藏在背后，如生产销售汽车的目的并非收集消费者使

---

① 参见广东省深圳市中级人民法院（2017）粤 03 民初 822 号民事判决书。
② Pejovich, Svetozar, "Towards an Economic Theory of the Creation and Specification of Property Right", *Review of Social Economy*, pp. 309-325 (2006).
③ 小数据体量比较小，基本采集于单一数据源，以结构化数据为主。
④ 崔国斌：《大数据有限排他权的基础理论》，《法学研究》2019 年第 5 期。

用汽车的时间、路线等。① 但随着科技的快速发展，物联网、云计算相继出现，数据的收集、存储、处理、运用等各个环节的相关技术手段发生了翻天覆地的变化，数据开始海量聚集，价值日益凸显，对于数据的存储、运用不论是在质上还是量上都发生了巨大转变，也彻底改变了数据的交易模式与交易规模。同时，随着科技的快速发展，从之前的人力收集、处理数据，到现在利用各种新兴技术自动挖掘数据以使其能够以极低的边际成本获得，侵权成本也不断降低。但与之相反，数据体量不断增大所带来的经济价值却以不可估量的速度迅速增加。数据的价值在科技快速发展的大数据时代不断提高，导致成本与效益的比率发生了重大变化。再考虑到企业受制于信息固定成本、数据挖掘与开发能力，真正有价值的企业数据依然是稀缺的。② 企业高价值数据的稀缺性是其获得财产权保护的重要基础，而大数据行业提到的"非稀缺性"是指数据规模的庞大、获取方式的可重复性等特征，这并不是财产权保护范围意义上的"非稀缺性"。③ 因此，科技的快速发展、数据获取成本的降低、数据聚集的经济价值增加、新型数据交易模式的出现等各项因素共同发挥作用，才能推动企业数据确权保护进程。

最后，财产权范围的不断扩张使得企业数据财产权的确立成为可能。英美法系中的"财产"与大陆法系中的"物"的概念逐渐呈现扩张趋向，此种扩张不是财产权性质的变化，而是不断有新的客体进入财产领域。随着科技的不断发展，社会财富形态发生了很大的变化，财产权的形态也不断拓展，财产权客体从有形体财产向无形体财产延伸。美国学者康芒斯在其名著《制度经济学》中谈到从有形体财产到无形体财产的变化，"在封建和农业时代，财产是有形体的。在重商主义时代，财产成为可以转让的债务那种无形体财产。在资本主义阶段最近的40年中，财产又成为卖者或者买者可以自己规定价格的自由那种无形的财产"。④ 但无论如何扩张，财产权始终以财产为标的、以财产利益为内容。"财产利益"是一切财产权的共同指向，它包含了不同的财产形态。⑤ 企业数据作为一种科技发展所

---

① 高宁宁：《企业数据财产权的法律属性界定》，《甘肃政法大学学报》2022年第5期。
② 冯晓青：《大数据时代企业数据的财产权保护与制度构建》，《当代法学》2022年第6期。
③ 申卫星：《数据确权之辩》，《比较法研究》2023年第3期。
④ 吴汉东：《财产权的类型化、体系化与法典化——以〈民法典（草案）〉为研究对象》，《现代法学》2017年第3期。
⑤ 转引自吴汉东《论财产权体系——兼论〈民法典〉中的"财产权总则"》，《中国法学》2005年第2期。

带来的新形态，其自身的价值性、稀缺性、独立性①使其理所当然地成为财产权的标的之一。

二　分类保护：企业数据与个人信息协同保护

（一）企业数据与个人信息协同保护的实现路径

当数据能够映射出个人信息时，如何处理个人信息权益保护②与企业数据财产权保护间的关系是企业数据财产权的构建必须要解决的难题。对企业数据确权持否定观点的主要缘由之一即担忧数据确权将会不可避免地对个人信息安全造成威胁。想要实现企业数据权利保护与个人信息保护齐头并进的效果，必须先厘清数据与信息的本质区别。如果无法厘清数据与信息的区别，企业数据保护与个人信息保护的双重路径也便无从谈起。赫伯特（Herbert）教授提出，可对数据结构进行三个层面的拆解。第一层即语义层（Semantic Layer），也称为内容层，专指数据所承载的能够被理解的信息内容；第二层为句法层（Syntactic Layer），也称为符号层，专指数据信息的体现形式，并不涉及其所承载的信息内容；第三层为物理层（Physical Layer），是数据信息的物理载体，构成物理对象的一部分。

符号层数据是内容层数据信息的具体表现形式，可通过特定的设备进行读取，类似计算机中的数据即以二进制 0、1 编码的形式存在。如小王在晚上写论文构成一个事实，将该事实记录下来即可构成一条信息。该信息可被不同主体加工并存储到各自的计算机等设备中，信息内容不变，始终为同一事实。但在符号层，不同主体在各自运行的设备中加工得到相互独立的数据。主体通过设定一定的技术手段来阻止他人访问、复制等行为，能够有效体现出对符号层数据的事实占有，对数据符号的删除也并不会对内容层信息产生任何影响。数据作为信息的载体，其表现形式如文字、图像、音频、视频等都能够通过技术手段界分而被最终确定。因此，数据符号具有一定的独立性。而真正具有非独占性的是数据的内容层信息，内容层的数据信息可能被多方主体同时占有，难以在企业间准确划分出其边

---

① 数据是区别于信息独立存在的载体符号。

② 此处个人信息权益保护侧重于对个人隐私及相应人格权进行保护。

界，不具有权利客体所要求的确定性、稳定性与独立性。同时，考虑到单条数据或数据片段所包含的经济价值有限，贸然地将少量数据作为企业数据权利客体难以促进企业实现"用数据说话、用数据决策、用数据管理、用数据创新"① 的目标。因此将数据的符号层集合（以下简称"数据集合"）视为数据权利客体最为适合。

首先，将数据的符号层与内容层进行区分符合《民法典》的立法目的。《民法典》第 111 条规定了自然人的个人信息受法律保护；第 127 条规定法律对数据、网络虚拟财产的保护有规定的，依照其规定。从两个分立条文的规范设立来看，区分个人信息保护与数据保护，表明立法者意图将数据保护从个人信息保护中独立出来。在此需要先行强调，并非所有的企业数据都来源于个人信息。企业数据一般可被划分为两大类：一是与个人信息相关的数据；二是与个人信息无关，基于企业信息、社会公众信息、国家安全信息等获取的数据。第二类数据所引发的争议较少，在此不过多赘述，但依赖于个人信息加工产生的数据与个人信息保护间的冲突一直影响着数据的发展。随着域外"人格权模式"保护的运行实践，学界也充分认识到即使对于能够识别特定自然人的个人数据，也应走出单方面强调个人信息保护的误区，积极探索激励相融的个人数据治理之道。② 因此，在法律制度层面区分数据的内容层与符号层不乏为一种大胆尝试。对于包含个人信息的数据集合而言，内容层的个人信息受到《民法典》第 111 条的专有保护，而符号层的数据可以通过第 127 条引致其他法律规范进行保护。如此安排，也能体现"个人信息权益保护"与"企业数据财产权保护"齐头并进的分类授权思想，满足个人与企业双方的数据利益期待（见图 1）。

其次，将数据的符号层与内容层进行区分能够解决权利分配的难题。对于权利保护持否定观点的学者认为数据具有非竞争性，即在数字经济时代，商业模式变得更加复杂，企业控制使用的数据集合往往会牵涉多方主体，究竟应将权利赋予哪方主体的问题尚未解决，从而导致解决数据财产权的分配问题显得异常困难。但数据的非竞争性不应成为数据确

---

① 参见《促进大数据发展行动纲要》（国发〔2015〕50 号）。
② 周汉华：《探索激励相容的个人数据治理之道——中国个人信息保护法的立法方向》，《法学研究》2018 年第 2 期。

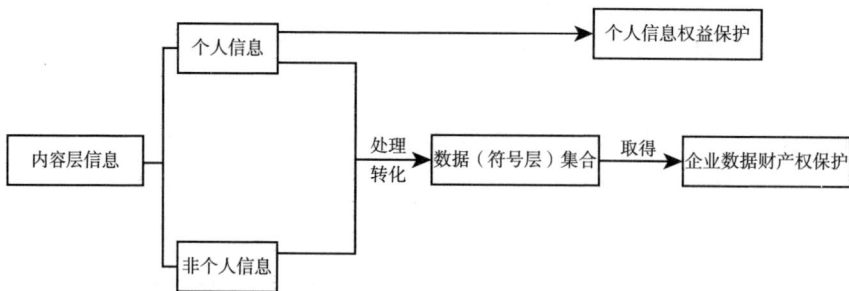

图 1　企业数据财产权保护与个人信息权益保护的关系

权的阻碍。著作权所保护的作品同样具有非竞争性，不同的作者完全可能基于同一思想、题材创作出实质相同的两部作品，但并不影响两部作品都能获得著作权法的保护，作者在创作作品时也并不用担心会与其他作品产生任何著作权冲突问题。著作权保护并不是为了保证作者对作品享有的独占性权利，而是体现在能够排除他人在未经许可的条件之下的非法利用。对于数据财产权而言同样如此，只要企业能够确保其对个人信息的收集是完全建立在个体知情同意的基础之上，那么对于基于个人信息转化得到的数据符号可当然地主张财产权。即使同一群体的个人信息可能会同时被多家企业利用并转化为数据符号，也并不影响每家企业都可各自主张数据财产权利。至于基于相同个人信息产生的数据符号是否会在不同企业主体间引发侵权冲突的问题，可以在侵权判定之时再借鉴著作权侵权判定的"接触+实质性相似"原则予以解决。否则任何企业不得以与其数据符号相同或相似为由主张其他企业的数据权利无效或存在侵权问题。

（二）企业数据权利保护与个人信息保护的利益分配

权利通常包含三项基本要素，即特定的权利主体、明确的权利内容和清晰的权利边界。[①] 将数据的符号层与内容层予以区分在明确企业数据与个人信息的权利归属之外，也有助于明晰企业数据与个人信息的权属边界，解决两者的利益分配问题。企业数据财产权的行使与个人信息权益保护之间的关系并非一成不变的。相反，两者始终处于一种"你上我下"的

---

① 张新宝：《论作为新型财产权的数据财产权》，《中国社会科学》2023 年第 4 期。

变化状态，在不同的阶段相互让步。

首先在数据集合的生产阶段，企业将收集到的信息处理、转化为一种特定形式的数据符号存储下来，再通过对数据符号的进一步编排、整理将其转化为数据产品和数据服务提供给客户，其中经历了一系列加工和增值过程，包括清理、语义化、融合、分析、建模、知识提取、应用、分发等关键步骤，是一个复杂的价值链。[①] 当内容层信息包含个人信息之时，个人信息作为数据链条中的源头，其收集的合法性直接决定了数据集合生产以及后续数据使用的合法性。《中华人民共和国个人信息保护法》（以下简称《个人信息保护法》）第 15 条规定：基于个人同意处理个人信息的，个人有权撤回其同意。当个人行使撤回权之时，企业用于数据集合生产的内容层信息发生改变，由此产生的数据集合以及后续衍生出的数据产品及数据服务也都不可避免地在一定程度上受到影响。因此在当前《个人信息保护法》的框架之下，企业为维护自身长期竞争利益，避免后续权利行使中可能遇到的不必要的冲突矛盾，在数据集合的生产阶段应坚决让步于个人信息权益的行使，将利益分配的天平倾向个人信息权益保护，尊重自然人享有的知情权、撤回权、更正补充权、删除权等内容，如此也能够很好地对数据集合产生的合法性与合理性予以证成。与此同时，知情同意机制的运行不仅使个人信息及隐私权得到保障，也能够强化企业责任，明晰企业保护数据集合中所映射的个人信息的义务。

相反，在数据的行使阶段，利益分配应向企业数据权利的行使倾斜。《意见》第（三）条指出要促进数据使用价值复用与充分利用，促进数据使用权交换和市场化流通。只有"流动的数据"才能变成"燃烧的石油"，企业数据只有充分地流动、共享和交易，才能实现集聚效应和规模效应，从而最大限度地发挥价值。因此在数据集合的使用阶段，对企业数据权利保护与个人信息权益的利益分配应做适当调整，但利益分配的倾向并不表示企业对数据集合的使用是任意的，只是表明对个人信息权益的保护应做出一定程度的让步，受到一定的限制。企业往往会对数据集合的使用过程中反映的个人信息进行脱敏化、匿名化处理，以此来削弱数据集合所能体

[①]　吴超：《从原材料到资产——数据资产化的挑战和思考》，《中国科学院院刊》2018 年第 8 期。

现的个人信息特征，有效降低数据集合可能引发的个人信息泄露风险，此时应确保数据财产权的行使不受过多来自个人信息的限制，即对于个人信息特征极弱的数据，个人不能阻碍企业数据财产权的行使，以起到通过对个人信息的合理利用来发挥数据经济价值的效果。否则，以极弱的个人信息特征为由对数据的使用做出过度的限制，一方面，会影响数据市场的蓬勃发展，阻碍数据的流转与共享；另一方面，企业进行大量的投资，开展一系列增值活动从而得到高价值的数据产品，使得数据集合具备了原来所不具有的价值与功能，贸然地阻碍其使用也有违背公平之嫌。尽管在数据使用阶段，个人对其个人信息享有的撤回同意权并不受到任何限制，但撤回同意权的行使并不影响企业对经去标识化、脱敏化处理后的数据集合享有数据财产权。

三　分级保护：企业数据财产权行使的动态调整

数据能否有效分级是数据要素能否有效市场化配置的重要前提，直接决定着数据要素能否发挥其最大效能。目前对于数据分级的探讨具有"静态""孤立"的特点，如对数据分类分级所依循的原则、规则进行分析，[①] 或围绕影响对象、影响程度、数据等级数量等要素进行探讨。[②] 在数字经济背景之下，数据的流动是"常态"，数据的静止是"非常态"。在"常态"背景之下，数据流动带来的场景切换使其所表现的属性也随之而变，某一场景下的数据在另一场景中可以存在不同形态或解读方式。[③] 即使是对于"非常态"的数据集合而言，社会经济的发展、科学技术的进步、国家政策的变动都会在很大程度上影响数据的重要程度，因此对于数据的分级而言，无论是流动的数据或静止的数据都应进行动态的调整。此外，数据分级的根本准则是保护数据安全、保障数据流转和共享、释放数据价值。数据分级的最终目的是明晰使用者在不同场景之下对不同数据享有的权利与义务，企业数据财产权的制度设计需考虑数据集合的不同形态与不

---

① 朱千一：《论数据分类分级的目的、原则与规则》，《上海法学研究》2022 年第 22 卷，上海人民出版社，2022。

② 高磊、赵章界、林野丽等：《基于〈数据安全法〉的数据分类分级方法研究》，《信息安全研究》2021 年第 10 期。

③ 李晓珊：《数据产品的界定和法律保护》，《法学论坛》2022 年第 3 期。

同分级，并以此为基础针对不同的数据集合开展差异化的权属配置。因此在企业数据确权的思路之下，对于数据的分级应结合数据权利的具体内容进行综合一体化的讨论。

（一）企业数据财产权的具体内容

财产权的设立能够为企业提供一种可预期的前景，使其不仅可以有效预防其他主体非法获取、使用其数据集合，而且可以基于许可使用、授权转让等行为获取一定的经济利益，从而能够对数据集合的生产、投资、使用产生激励。但企业数据财产权应区别于传统财产权的绝对权保护方式，绝对权的保护只会阻碍数据集合的开发与利用，舍弃绝对权理念能够使财产权具有更大的弹性应对数据的独特性所引发的问题。目前对于数据产权的研究主要集中在企业对其合法收集和处理的数据集合享有何种民事权益这一问题之上，主要分为两种途径：第一种途径是对现行的财产权制度进行扩充，将数据财产权益问题纳入其中加以调整，如数据所有权说[1]、数据知识产权说[2]、数据邻接权说[3]等。第二种途径是突破现有财产权制度，对现有制度进行变革或是直接提出新的制度对数据权利予以讨论。如以数据控制权为核心的数据控制论[4]、大数据集合的有限排他权[5]、数据经营权和数据资产权[6]、数据生产者权[7]等。无论是采取何种途径，要解决的核心问题都是对数据权利的独占行使与数据共享间的冲突问题。通过对当前的学术观点以及典型司法案例进行分析，企业数据财产权的基本权能应围绕数据的使用以及防止其他主体恣意接触数据两方面进行构建，由此将其设计为数据使用权与数据有限排他权的二元权利结构。典型司法案例如表1所示。

---

[1] 时明涛：《大数据时代企业数据权利保护的困境与突破》，《电子知识产权》2020年第7期。
[2] 王德夫：《知识产权视野下的大数据》，社会科学文献出版社，2018。
[3] 林华：《大数据的法律保护》，《电子知识产权》2014年第8期。
[4] 冯晓青：《数据财产化及其法律规制的理论阐释与构建》，《政法论丛》2021年第4期。
[5] 崔国斌：《大数据有限排他权的基础理论》，《法学研究》2019年第5期。
[6] 申卫星：《论数据用益权》，《中国社会科学》2020年第11期。
[7] 姚佳：《企业数据的利用准则》，《清华法学》2019年第3期。

表1 典型司法案例总结

案例	具体侵权行为	侵权类型
（2021）京73民终1011号	未经许可，直接抓取，搬运数据集合	非法使用
（2022）京73民终3718号	复制、搬运他人积累的投诉信息，据为己有公然使用	
（2020）京73民终3422号	未经许可销售、使用涉案数据并作为自然产品对外宣传	
（2022）京73民终4201号	将涉案数据去水印后存储在自有服务器并传播至其他媒体和平台	
（2018）浙01民终7312号	直接将涉案数据产品作为自己获取商业利益的工具	
（2020）浙01民终5889号	擅自使用微信平台中的个人数据	
（2021）京73民终1092号	通过插件获取个人账户中的简历	非法获取
（2019）浙8601民初1987号	利用外挂技术非法获取涉案数据	
（2019）京73民终3789号	利用技术手段破坏或绕开访问权限	
（2019）京73民终2799号	通过绕开访问权限或破坏技术保护措施抓取后台数据	
（2021）浙8601民终309号	突破数据防护措施进行数据抓取并进行商业化利用	

1. 数据使用权

数据使用权是指其能够对其支配的数据集合加以利用的权利，以此满足其特定的目的或需要。对使用权的性质应从两方面理解，企业一方面对通过对内容层信息进行合法收集、处理、转化得到的数据集合享有的积极的使用权；另一方面享有禁止其他主体非法使用数据集合行为的防御性权利，包括禁止擅自使用、非法搬运、非法销售等行为。此外，对使用权范围的理解不应仅停留在使用行为本身，应向数据的支配与收益两个维度延伸。首先，对数据使用的前提是能够对数据进行实质支配，任何财产都需要具备可支配性，否则即便确定其所谓的财产权利，权利主体也无法根据自身意志进行流转与使用。① 但企业支配的数据集合受到内容层信息变动的影响，任何不具有独创性的数据无非就是对内容层信息的电子记录与呈现，因此企业对数据支配的效力远不及对有体物的占有。企业通过计算机

---

① 冯晓青：《大数据时代企业数据的财产权保护与制度构建》，《当代法学》2022年第6期。

指令等方式进行数据访问、修改、移除等一系列操作，达到与实际占有某个有体物相同的支配效果，体现在企业对内容层信息进行收集、存储，并进一步实际支配得到的数据集合的实然状态，类似于物权体系中对物的"占有"这一客观事实。其次，对数据的收益是指企业利用其数据集合以获取经济利益的能力，这是企业最主要的核心诉求。企业对数据集合的使用是确保其能够得到收益的必然前提条件，同时，收益也是使用数据集合的应然结果。从现有实践来看，不存在没有使用行为的收益，也鲜有没有收益的使用。现有的司法判例对于数据侵权的认定多从影响竞争利益的角度出发，而在数据使用权的框架下，没有必要再从影响利益的角度对侵权行为进行判定，仅需将对数据收益的判定纳入是否构成数据使用的判定。最后，数据使用的具体行为方式可分为企业为满足自身运行需要的内部使用与为促进数据流转和共享的外部使用。内部使用包括基于对市场的调查、对风险的预防、利用数据制定宏观商业决策等行为；外部使用则多是以实现经济利益为目的，以数据辅助具体的商业手段，许可或转移其享有的使用权等。而无论是出于内部使用或是外部使用的目的，企业对数据集合的使用权都不应一概而论，而应根据数据的分级结果做出实时的动态调整。

2. 数据有限排他权

数据有限排他权具体是指企业对于其收集、处理、转化得到的数据集合享有禁止其他企业非法访问、非法获取等相关非法接触行为的权利，以此来对抗司法实践中通过绕开访问权限、破坏技术保护措施获取数据集合等侵权行为。当前实践中，以网络爬虫技术等"搭便车"的方式来获取数据集合的成本很低，原始数据收集者与数据非法获取者的成本差距进一步扩大，从而使数据非法获取者获得更大的不正当竞争利益与竞争优势，而排他性权利的设置能够有效预防该行为的发生。排他权的有限性主要体现在两个方面，首先是源自数据所具有的非竞争性，即对于其他企业通过自行对内容层信息进行收集、处理、转化，从而得到相同或实质相同的数据集合，无权阻止其进行正常使用与流转。其次是出于加强数据汇聚共享共用、开放开发的目的，对数据排他权的设定并不等同于赋权企业能够对所有数据集合主张排他，应根据数据集合的分级结果来决定权利的效力与范围，否则可能造成权利滥用，阻碍数据发展。尽管排他权受到一定的限制，但仍能够对公共领域行动自由形成普遍约束，能够在很大程度上解决现有法律制度在数据权利保护过程中存在的效力薄弱、效率低下、覆盖范围较窄的现实问题。

（二）分级视野下的数据财产权调整

根据数据符号的结构划分不仅能够为企业数据与个人信息的双重保护贡献方案，对内容层信息进行细分也能为数据的分级提供思路。数据集合虽是由内容层信息转变而来，但不能将数据的法律属性简化为某一类信息，信息种类多样，对每一类信息的保护方式各不相同。[①] 因此笔者认为对数据的分级应采用"模块分类+动态因素衡量"的方法进行，具体概述为：首先对内容层信息进行两层分类，第一层分为个人信息与非个人信息，在此基础上将个人信息进一步细分为一般信息与敏感信息，将非个人信息分为企业信息、社会公共信息与国家安全信息。其次在不同的分类中设定标准化的衡量因素，再落实情景化的分级策略并结合数据信息类别、处理情况、影响程度等多种因素进行综合判定。最后直接将数据集合的分级结果与数据权利的行使相关联，依数据财产权行使的受限程度，将数据集合大致分为3级：1级即企业数据排他权、使用权的行使均受到限制[②]（此时对其他主体而言，数据集合可访问、可使用）；2级体现为企业数据排他权受限，而使用权不受限（此时数据集合可访问、不可使用）；3级则针对保密性要求高，同时具有强竞争利益属性的数据集合，其使用权与排他权的行使均不受任何限制（此时数据集合不可访问、不可使用）（见表2）。

表2　内容层信息细分与数据集合分级

数据集合	个人信息	一般信息	分级动态因素：信息类别、匿名化处理程度、个人信息体量等	数据分级结果：1级：企业数据排他权、使用权均受限
		敏感信息		
	非个人信息	企业信息	分级动态因素：信息内容、影响程度、直接涉密/可能涉密的判定等	2级：企业数据排他权受限、使用权不受限
		社会公共信息		3级：企业数据排他权、使用权均不受限
		国家安全信息		

---

① 俞风雷、张阁：《大数据知识产权法保护路径研究——以商业秘密为视角》，《广西社会科学》2020年第1期。

② 企业对于其数据集合当然享有积极使用的权利，此时使用权的受限主要体现为防御性权利受限，即企业不得随意阻止其他主体使用其数据集合。

在数据分级的初始阶段，前置性地设置原则性的规定极为重要。首先，企业数据财产权的构建在对企业进行确权保护的同时，更应着重维护数据的流动与共享，因此对于数据集合的分级也应深入贯彻有利于数据流通的原则。数据作为战略性资源，是释放数据要素价值的关键一环。[①] 实践中，企业数据的价值属性通过数据的流转得以体现，只有企业数据保持开放与流动的状态，才能确保其得以进入交易市场以实现自身的经济价值。[②] 同时，企业数据也具有较强的正外部效应，在通过数据的分享与流转实现经济效益的同时，也能促进企业间的合作，并以此来推动整个数据领域的发展，提升整个社会的共同福祉。在对数据集合评级判定的过程中，在及时、准确评估各项影响因素的基础上，应向有利于促进数据流动与共享的方向进行解读。数据开放事关社会公众利益，对于建设数字经济社会具有重要意义。因此，对于企业所支配的数据集合，应保障能够开放就绝不排他，能够使用就绝不垄断。规避企业贸然行使排他权与使用权的情形，避免出现"反公地悲剧"而导致"数据孤岛"的出现。[③]

其次，对于企业数据集合的评级应遵循禁止混同原则。主要体现在静态混同与动态混同两个层面。在静态层面，无论是专攻数据运营的企业，还是在经营过程中被动产生数据的企业，其所持有的数据集合往往都是复杂多样的。数据集合的评级在受到不同内容层信息以及不同衡量因素的影响之下，将不可避免地导致一个企业同时拥有多种不同级别数据集合的情况。因此无论是基于对个人信息的保护还是出于公共数据安全的考虑，都应禁止企业将级别不同的数据集合混同使用。此外，数据集合的评级受到时间、情景、政策等多重因素影响，因此其评级结果应进行实时更新，权利的行使也应及时调整，防止企业为了自身利益而自主选择对其有益但不合理的等级评定结果。

最后，应将比例原则贯穿数据集合等级评定的全过程。比例原则虽起源于公法，但不少学者认为比例原则体现普适性价值理念，该价值理念不

---

① 参见《大数据白皮书（2022 年）》。
② 刘志鸿：《企业公开数据法律保护范式选择——从赋权论的证成到否定》，《中国流通经济》2022 年第 6 期。
③ 彭辉：《数据权属的逻辑结构与赋权边界——基于"公地悲剧"和"反公地悲剧"的视角》，《比较法研究》2022 年第 1 期。

唯公法独有，也被私法接纳，因此比例原则也可以用于规范私主体行动。[①]比例原则在数据集合等级评定领域的适用表现在，企业数据集合的分级结果与企业数据财产权受到的限制之间符合一定的比例关系，但鉴于数据内容层信息不同，比例原则适用时要考量的侧重点有所不同。

对于内容层信息中的个人信息而言，企业依据知情同意原则虽可以合法对相应信息进行处理、转化从而得到数据集合，但对数据集合所享有的具体权利应受到信息类别、匿名化程度、个人信息体量等因素的影响。如对于一般信息来说，企业的注意义务较弱且该义务随着对信息处理程度的加深而不断降低。根据《个人信息保护法》的相关规定，去标识化是指处理个人信息，使其在不借助额外信息的情况下无法被用于识别特定自然人的过程；匿名化是指处理个人信息，使其无法被用于识别特定自然人且不能复原的过程。因此对于经匿名化、去标识化处理后的个人信息应排除在保护范围之外，企业的注意义务应予以消除，相应的数据集合可被评定为2级，即在一定程度上其他主体可以对相应数据集合进行访问，但不得擅自使用。相较而言，企业对基于敏感信息加工而来的数据集合的注意要求更高，敏感信息包括但不限于身份证号码、生物识别信息、健康信息等，敏感信息比个人信息更广泛地关注自然人的人格尊严或者人身、财产安全的风险，[②]因此对于基于此类信息加工而来的数据集合，在未进行匿名化等措施处理的情况下，可评定为3级，即企业防止其他主体恣意访问、获取可识别出个人敏感信息的数据集合的权利以及限制其非法使用的权利都不应受到限制。此外，在大数据背景下，个人信息呈现规模性特征，因此数据集合的分级与个人信息的体量之间应符合一定的比例关系，具体表现为考虑当前个人信息体量被其他主体非法访问、非法使用之时所造成的影响程度，如是否会造成个人信息泄露、区域性群体信息泄露、社会群体信息泄露，是否会对社会稳定、经济发展产生一般影响、重大影响甚至造成严重破坏等，以此来对数据集合进行综合评级，确定数据财产权的具体行使权限。

对于企业用于数据集合生产的企业信息、社会公共信息、国家安全信

---

① 于柏华：《比例原则的法理属性及其私法适用》，《中国法学》2022 年第 6 期。

② 韩旭至：《敏感个人信息的界定及其处理前提——以〈个人信息保护法〉第 28 条为中心》，《求是学刊》2022 年第 5 期。

息而言，与获取个人信息所依靠的知情同意原则不同，此类信息几乎可以被零成本无限复制，难言其有任何经济学意义上的竞争性，其属于公共物品的范畴。但从符号层数据与内容层信息二分的角度出发，从零散信息到低价值属性的数据集合再到高价值的数据产品，企业投入大量的资本，使得此类信息产生此前所不具有的经济价值，无论是基于劳动财产权理论还是激励理论，确定企业享有一定的数据权利都具有一定的合理性。在对产生的数据集合进行等级划分时，对比例原则的具体适用具有不同的价值取向。对于企业信息而言，企业信息具体包含运行信息、管理信息等内容，由企业信息处理转化得到的数据集合具有天然的商业价值属性，因此应着重考虑数据集合面临的风险、具备的价值与数据权利行使之间的比例关系。对于不构成商业秘密、不涉及企业人员个人信息，数据价值也并不突出的数据集合（简称"低风险、低价值数据集合"），可评定为 1 级，以最大化地促进数据的社会化利用，提升数据集合整体在社会中的透明度。而对于低风险、高价值的数据集合，其面临泄露等潜在风险的可能性较低，但企业享有的排他权仍应受到限制，鉴于其对企业价值意义较高，高价值的数据集合直接决定着企业能否可持续发展，影响企业商业决策的制定，因此企业自行使用数据集合以及限制其他主体使用数据集合的权利应得到保障。而随着数据集合泄露造成的损害程度不断加深（高风险数据），其排他权的效力也不断增强。

企业数据集合除了对个人信息以及企业信息此等私有主体信息加以利用，也难免会涉及对社会公共信息的利用，为维护此类信息的公共物品属性，比例原则体现为反映社会公共信息的数据集合的开放程度与数据权利行使之间应符合一定的比例关系。社会公共信息可大致分为社会服务信息与公共管理信息，社会服务信息是在公共服务机构提供公共服务的过程中收集而来，如医疗、教育、通信、文旅、体育、公共交通、生态环境保护等领域信息；而公共管理信息是国家机关和法律、法规授权的具有管理公共事务职能的组织在依法履行管理公共事务或提供公共服务等职责的过程中产生的信息。[①] 现有主流观点认为以政府职能部门为代表的行政主体当然可以对社会公共信息主张公共数据权。但社会公共信息作为重要的数据集合生产要素对于企业同样具有重要意义，企业在对利用社会公共信息得

---

① 张新宝、曹权之：《公共数据确权授权法律机制研究》，《比较法研究》2023 年第 3 期。

来的数据集合行使财产权时应履行一定的职责，以最大化地保障数据集合开放为根本，再综合衡量数据脱敏处理状况、外泄影响程度等因素，合理规划其数据集合的开放程度，确定无条件开放数据集合、附条件开放数据集合及禁止开放数据集合。对该类数据集合进行评级应坚持"三步走"战略：第一步，考虑社会公共信息的利用是否会对个人信息权益造成影响以及影响程度如何；第二步，通过衡量数据集合开放是否会对其他主体的竞争利益产生不利影响来确定数据集合的开放程度；第三步，根据数据集合的开放程度确定企业数据使用权与排他权的具体适用范围。

国家安全信息是企业加以利用的最为特殊的一类信息，比例原则的适用着重体现在数据安全等级与企业数据权利行使之间应符合一定的比例关系，数据安全等级越高，企业数据权利的行使就越受限，反之亦然。国家安全信息事关重大，倘若不加以有效规制便可能造成企业泄密的情形，从而对国家安全造成威胁。但对于有关国家安全信息的数据集合也不应一概而论，可将信息进一步划分为直接涉密信息与可能涉密信息两种情形。[①]可能涉密信息是指并不能直接反映国家安全信息，但是经过进一步分析与整理有得出相应国家安全信息可能性的信息。对这两类信息的转化与利用，企业具有不同的注意义务。基于直接涉密信息转化得到的数据集合安全等级较高，因此相应的数据集合可被评定为3级，企业享有的排他性权利应得以充分保障，企业有责任更有义务预防其他企业擅自接触、非法使用直接涉密信息的数据集合。而对于可能涉密信息，企业的责任与义务应适当降低，可进一步结合信息泄露可能性、泄露危害程度等因素评定数据集合的级别。

（三）企业数据分级治理的实现路径

数据分级制度的目标指向即在保障企业数据财产权有效行使的前提下对权利进行最合理的限制。为保障数据分级制度的实现，可以在政府数据部门的积极引导以及监管之下，推进企业数据合规体系的完善，再辅之以事后司法审查的方式一体化地推进数据分级制度的完善。

数据合规通常是指确保数据（尤其是敏感数据）免受丢失、盗窃、损

---

① 袁康、鄢浩宇：《数据分类分级保护的逻辑厘定与制度构建——以重要数据识别和管控为中心》，《中国科技论坛》2022年第7期。

坏和滥用的正式标准和实践，意味着相关企业必须遵守关于收集、管理和存储数据的相关规定。① 在当前的法律制度框架下，《网络安全法》《个人信息保护法》《数据安全法》共同搭建了数据保护的监管体系，在为企业数据可持续发展提供保障的同时，也为企业数据合规体系的基本建设指明了方向。企业数据合规体系完善有两个目的，第一，弥补企业在数据合规方面存在的法律漏洞，自主解决潜在的数据安全问题，谋求自身良好持续发展。当前非法访问、获取、使用数据的现象层出不穷，根据侵权主体的不同可分为企业自身非法行为以及被其他企业主体非法访问、获取、使用数据的行为。典型的企业非法访问、获取行为如破坏或绕开访问权限，利用网络爬虫擅自爬取数据;② 非法使用行为更是司空见惯，如对数据进行选择性甚至歧视性使用，利用数据优势从用户与其他经营者处获取不正当的竞争利益，或对用户或其他经营者直接产生交易压迫，导致算法歧视、大数据"杀熟"等乱象发生，妨碍社会的自由公平交易。第二，在倡导数据共享的时代，合规体系的建设不应仅顾自身的充分发展，更要从满足私益与公益的角度出发，满足其他社会群体及公共对数据的需要。基于以上两点考虑，需对企业数据合规体系的进一步完善提出新的要求。着重体现在企业在合规于现存法律制度体系、解决自身面临的数据安全问题的同时，更应及时主动地开展数据集合等级评定工作，保持数据集合评级的准确性与时效性。并根据评定等级，按照可访问的数据集合、可使用的数据集合进行分类公布。清晰的数据目录可帮助其他主体对海量复杂的数据进行查阅，而根据数据集合分级设定共享条件可以保证数据在流动或交易中的安全性、③ 保障数据集合的可获取性与可使用性。

此外，政府相关部门如政府数据管理局也应履行引导、激励、监管的职责。引导主要通过发布相关通报的方式体现，如有关数据政策的实时调整，对于个人信息、社会公众信息、国家安全信息规定的变动，以及分类

---

① 胡玲、马忠法:《论我国企业数据合规体系的构建及其法律障碍》，《科技与法律》（中英文）2023 年第 2 期。

② 从技术中立的角度出发，数据抓取行为具有竞争中性的属性。这里的"擅自抓取"是指违反《反不正当竞争法》的相关行为，参见陈兵《保护与竞争：治理数据爬取行为的竞争法功能实现》，《政法论坛》2021 年第 6 期。

③ 陈兵:《科学构建数据要素交易制度》，《人民论坛·学术前沿》2023 年第 6 期。

分级的方法与模板、目录等。激励与监管可通过在所属辖区内实施"白名单"制度与"黑名单"制度来落实。白名单制度是指将辖区内分级工作开展良好的企业列入名单，具体体现为数据分类分级方法新颖，评估及时有效、准确，并将名单及时向社会公布，以供其他企业效仿。同时，将企业列入白名单也是对其展示在维护数据安全、促进数据流动等方面做出的卓越贡献的一种带有政府公信力的肯定，能够使其赢得个人、其他企业乃至整个社会的信任，获得额外的竞争利益。通过白名单制度进行变相的激励，以求形成数据市场的良好竞争，提升社会整体的数据共享水平。如果说白名单是一种明示的肯定，那么黑名单则意味着必须对黑名单上的企业进行特别的注意与监管。可将数据安全事故频发、刻意阻碍数据获取与使用的企业暂时性地列入黑名单，由政府相关部门进行针对性的引导与帮助，待其数据合规体系完善并良好运行一段时间后，再将其从黑名单中去除。

最后，司法手段可与行政手段形成联动，为行政手段的落实提供助力。对于企业的分级方式是否合理、是否最大限度保障了公众对特定数据集合的获取与使用，《著作权法》与《商标法》都提供了可供参考的路径。无论是著作权侵权或是商标侵权，在司法实践中都采取了事后确定的方式。如对处于诉讼争议中的两个作品，法院往往在确定作品构成的基础上，依据"接触+实质性相似"原则进行判定，如果并无诉讼争议产生，即使两作品相同，法院也并不会进行干预。商标侵权同样如此，即使商标主体申请商标注册前，商标就已经被确定，但仅靠这一抽象表述并不能区别一个商标与另一个商标，[①] 仍需法官根据个案判断商标是否相同或相似、是否存在混淆的可能性。现行法律制度的有效运转已表明事后确定模式的可能性，对于企业数据集合分级方式是否合理仍可借助此种模式进行判定，即在司法审判实践中结合现有的制度、政策、案情明确涉及的数据集合是否属于可被访问、获取，可进行使用的数据集合，并将有关数据集合的审理结果移交至企业所属的政府数据管理部门，但应对可能涉及的商业秘密予以注意，以此为政府相关部门制定白名单与黑名单提供重要参考。

---

① 赵加兵：《论作为数据权益客体的数据集合》，《河北法学》2021年第7期。

结　论

　　数据产业正以前所未有的速度发展，数据已成为一种新型生产要素，是经济产业发展的核心战略资源。在此背景之下，应满足时代发展的需要，积极探索数据分类分级授权的可行路径。企业数据健康发展是推进社会数据要素整体发展的重要前提，企业所支配的数据集合所表现的财产性属性已从多个维度得以证成，数据财产权的设定能够适配当下的法律框架，符合一定的法理要求，具有一定的合理性。企业在进行数据确权的同时要兼顾对个人信息的保护，将数据进行结构分层，将符号层数据与内容层信息进行分层保护，有利于保障企业数据财产权保护与个人信息权益保护能够并驾齐驱。同时根据数据集合的生产、使用阶段实时调整权益分配，在加强个人信息保护的同时也能够有效减少数据使用过程中的阻碍。在数据结构分层的基础上以内容层信息为基准，采用"模块分类+动态因素衡量"的方法对不同数据集合进行分级，在根据场景化进行分级的背景之下，以有利于数据流通原则、禁止混同原则、比例原则为导向对数据集合进行及时、有效、准确的分级，并将分级结果直接与数据财产权的行使挂钩，限制企业数据使用权与排他权的效力与适用范围，深入贯彻落实以数据开放带动数据流通供给的基本策略。

数据要素的行业监管和市场监管
协调机制研究[*]

冯　博　于晓淳[**]

摘　要： 数据作为新型生产要素，是数字经济发展的主要驱动力。非竞争性是数据要素的核心特征，虽然决定了数据要素价值释放的基本规律，但也引发了跨行业、跨部门的数据安全和垄断风险。基于数据要素的经济学属性，统筹数据安全与数字经济发展并举的目标，应构建以国家数据局为核心，行业监管和市场监管合理分工与高效协同的跨部门综合监管协调机制，探索数据分类管理的监管政策组合，确保在数据要素市场中更好地发挥政府作用，提升数据资源配置效率，实现数据价值最大化与收益共创共享。

关键词： 数据要素　跨部门综合监管　数据安全

数字经济时代，数据已成为生产要素之一。数据要素不仅是数字经济的必要资源，还可以与资本、技术、劳动等传统生产要素相互作用，产生协同效应，提升传统生产要素在数字经济下的配置效率，实现价值倍增。数据驱动资本、技术等生产要素，共同推动数字经济有序竞争与高效发展。在我国，党和国家高度重视数据要素的价值和作用，因势利导提出一系列数据要素治理机制和监管制度建设纲要。中共十九届四中全会通过的

[*] 基金项目：国家社科基金一般项目"数字平台反垄断行政执法与法院司法衔接的理论与实践研究"（21BFX113）；教育部人文社会科学重点研究基地重大项目"数字平台行业监管与市场监管的分工与协调研究"（22JJD790005）。

[**] 冯博，天津财经大学法学院教授、博士生导师，研究方向为经济法学、法律经济学；于晓淳，天津财经大学法学院博士研究生，研究方向为反垄断经济学。

《中共中央关于坚持和完善中国特色社会主义制度、推进国家治理体系和治理能力现代化若干重大问题的决定》在顶层设计层面，首次明确数字经济下数据的生产要素属性，与劳动、资本、土地、知识等生产要素并列，并提出健全要素由市场评价贡献、按贡献决定报酬的机制。2021 年 3 月《中华人民共和国国民经济和社会发展第十四个五年规划和 2035 年远景目标纲要》提出，激活数据要素潜能，推进网络强国建设，加快建设数字经济、数字社会、数字政府，以数字化转型整体驱动生产方式、生活方式和治理方式变革。2022 年 1 月《"十四五"数字经济发展规划》为释放数据要素在数字经济发展中的重要作用，提出要加快构建数据要素市场规则，培育市场主体，完善治理体系，促进数据要素市场流通。

一　数据生产要素的非竞争性

生产要素是指在生产过程中所使用的资源或因素，包括劳动、资本、土地等。数据是"被用于形成决策或发现新知的事实或信息"。[1] 作为生产要素的数据，是通过收集、抓取等手段获取原始信息，然后经过筛选、处理，最终转化为有用的数据。数据作为一种新型生产要素，在数字经济时代扮演着重要的角色。

经济学中通过排他性和竞争性[2]两个维度分析产品的经济属性，数据可以分为个人隐私、个人数据、企业数据和公共数据。[3] 其中个人数据、企业数据和公共数据属于生产要素，且都具有非竞争性。非竞争性是指一个使用者（个人、企业、平台）对数据要素的使用，不会减少它对其他使用者的效用，用生产成本函数来表示，即数据要素额外使用所产生的边际成本为 0。这一特征形成了数据要素与其他传统生产要素之间的本质差异，也使得数据要素收益的共创共享在理论上成为可能。因此，非竞争性是数据要素的核心特征。但数据要素的利用并非零成本，数据收集、存储、处理所需的硬件基础设施的建设、维护和更新成本，以及数

---

① 徐翔、厉克奥博、田晓轩：《数据生产要素研究进展》，《经济学动态》2021 年第 4 期。

② 于立将排他性（exclusive）译为限用性、竞争性（rival）译为争用性，以便更好地认识这组概念。为统一学术表达、便于检索，本文仍采取"竞争性"和"排他性"的译法。

③ 于立、王建林：《生产要素理论新论——兼论数据要素的共性和特性》，《经济与管理研究》2020 年第 4 期。

据利用所需的软件算法的开发成本，均构成了数据要素的固定成本，因而数据的平均成本大于0。边际成本为0而平均成本大于0是数据要素的基本属性。

数据要素的生产过程类似于传统生产要素的投入产出，数据的投入可以产生相应的产出。而根据投入数据的数量、质量和处理方式等因素的不同，会影响数据产出的质量和价值。数据也可以与其他生产要素相结合，以实现最佳的生产效率和产出。比如数据在与AI（人工智能）、自动算法等技术结合后将提高平台经济产品、服务的效率或产出，实现价值倍增。作为数字经济创新的主要驱动力，数据的积累和分析可以带来创新的机会。通过对大数据的挖掘和分析，企业可以发现新的市场趋势、消费者需求和商业机会，从而推动创新和业务发展。

二　数据要素的非竞争性引发的反公地悲剧、准公地悲剧

基于数据生产要素的共享品特征[①]，极易产生反公地悲剧和准公地悲剧问题，不利于数据的价值实现和参与者之间的收益共享。反公地悲剧是指当资源或商品排他性过强时，个体过度使用或滥用资源，从而导致资源价值无法得到最大化释放。在数据领域，反公地悲剧可能出现在数据共享和开放过程中。虽然某些个体可以从数据共享中获得福利提升，但由于数据要素过度排他，其他数据主体不能有效地利用数据，最终参与者之间福利的差异扩大，进而阻碍数据实现价值共享。掌握数据要素优势的数字平台可能增强企业数据运用的排他性，从而谋求竞争优势，乃至形成数据垄断。比如在欧盟对亚马逊平台的反垄断调查中发现，亚马逊平台利用在消费品零售平台服务中所获取的消费者个人习惯、价格敏感度、产品偏好等数据，改进亚马逊平台的商品，形成竞争优势。但亚马逊不会向平台上的第三方卖家免费提供相关数据，而是向第三方卖家和专业的数据公司出售相关数据，收取数据使用费。第三方卖家所支付的使用费通常远高于亚马逊平台数据收集、利用的成本，最终不当提高数据的排他性，不利于市场主体之间的充分竞争。

---

① 经济学根据竞争性和排他性两个维度将物品分为四类，分别为私用品、共享品、公用品和共用品。数据要素由于具有非排他性和部分竞争性，属于"共享品"。

准公地悲剧是指当数据要素具有较低的排他性时，共享和利用数据可能会缩小参与者之间的福利差异，但同时可能降低社会的总福利。在准公地悲剧中，由于数据的排他性不足，共享和利用数据的成本较低，这可能导致参与者不再投入充分的资源和努力来创造和维护数据的价值，从而减小数据创新和技术发展的动力。一些数字平台企业利用网络爬虫等技术擅自抓取、复制、使用竞争平台的用户数据及数据产品，比如在"新浪微博诉脉脉案"中，"脉脉"软件服务经营者未经用户同意抓取"新浪微博"的用户数据，包括用户头像、名称、毕业院校、职业背景等个人信息，以及公开发布的微博内容，直接显示在"脉脉"平台上。相关抓取行为使得用户的个人数据和"新浪微博"运营中产生的企业数据被"脉脉"平台以非自愿形式和较低成本获取，导致被抓取方权益受损。

这两类悲剧表明了在数据共享和利用的过程中，需要考虑数据的排他性和合理的激励机制。数据要素过度排他和限制使用可能导致资源浪费和价值减损，而数据过于开放的情况又可能降低数据创新和发展的动力。[①]因此，为了平衡数据价值的最大化实现与参与者之间的福利差异，需要建立适当的数据排他保护和激励机制，合理使用和共享数据，鼓励创新，综合实现数据价值最大化与收益共创共享。

三 数据要素行业监管和市场监管面临的现状和挑战

数字经济时代，数据要素的重要作用也逐渐凸显。基于两类悲剧和现有数据市场存在的各类隐忧，我国亟待建立符合数据要素特征的新型监管模式。2022年12月《中共中央　国务院关于构建数据基础制度更好发挥数据要素作用的意见》（以下简称"数据二十条"）提出要打造安全可信、包容创新、公平开放、监管有效的数据要素市场环境，特别要强化反垄断和反不正当竞争的执法和司法；加强数据安全保护工作，健全网络和数据安全保护体系。随着数字经济的快速发展，个人数据的收集、存储和使用越来越广泛，个人隐私和数据权利的保护成为一个重要问题，应加强数据监管职能，确保个人数据的合法使用、隐私保护和安全性。通过建立

---

① 时建中：《数据概念的解构与数据法律制度的构建　兼论数据法学的学科内涵与体系》，《中外法学》2023年第1期。

健全的数据安全和网络安全制度，加强数据安全风险评估和监测，采取有效的措施保护数据，使数据免受泄露、滥用等问题的侵害。在数字经济中，数据的不正当竞争和滥用行为也需要受到制约和监管。政府应加强数据监管职能，打击数据滥用、侵权和不正当竞争行为，维护公平竞争的市场环境，保护企业和个人的合法权益。通过加强数据监管职能，能够更好地保护个人隐私、维护数据安全、促进公平竞争、优化资源配置，并推动数字经济的健康、可持续发展。这需要政府加强立法、监管、执法的合作，建立健全数据监管体系，结合行业自律、企业自我合规，多主体共同推动数据治理和数字经济的发展。① 本部分基于数据要素的类型化视角，分析数据要素市场失灵的具体特征，探索我国数据领域跨部门综合监管的完善方向。

（一）非隐私个人数据特征及过度收集、滥用个人数据引发的风险

非隐私个人数据具有部分非竞争性，属于共享品。用户使用平台服务时与数字平台达成数据使用协议，提供个人数据。但在市场竞争的作用下，用户的个人数据乃至个人隐私对于数字平台来说是最为重要的商业资源，平台企业常常将个人数据与隐私混淆，强调个人数据的使用价值，过度收集和滥用个人数据，甚至不惜侵犯用户隐私，单方面攫取数据要素收益。在个人数据领域，内部性是主要的市场失灵问题。内部性指的是在交易中未被充分考虑的由一方交易者所经受的交易的成本和效益。② 当交易由于成本或信息不对称等原因而低效率时产生内部性问题。政府监管则通常通过强制公开信息，或设定产品安全（如食品、药品）质量强制标准等形式，对内部性问题加以干预。在数据要素市场，数据要素内部性主要表现为数字平台侵害消费者隐私和安全利益，过度收集和溢用用户个人数据。

数字平台收集用户数据的能力实现了跨越式发展，消费者也越来越关注平台企业的数据收集行为。在数据市场中，用户通常对自己的个人数据

---

① 陈兵：《数字经济与全面依法治国共益治道变革：运行机理和实现路径》，《学术论坛》2022年第6期。

② 〔美〕丹尼尔·F.史普博：《管制与市场》，余晖等译，格致出版社，2017。

缺少控制，数字平台则作为数据的实际收集和使用者，拥有用户的个人数据。尽管世界各国都制定了用户数据收集、使用的强制标准，并允许企业与用户在数据收集方面实现个性化控制，但复杂的用户协议、隐蔽的收集处理手段使得数据收集行为的"知情－同意"原则在实际使用中的效果并不理想。数字平台可能使用冗长、难以理解或模糊的隐私政策和用户协议来隐藏其数据收集和使用行为，这些文件通常包含复杂的法律术语，使用户很难知晓自己的数据被如何使用。数字平台可能在用户不知情或不同意的情况下，与第三方合作伙伴分享用户数据。这些第三方合作伙伴可能包括广告商、营销公司或数据加工商，而这些主体可以进一步利用这些数据投放个人化广告或实现其他目的。数字平台可能通过各种技术手段，如跟踪器、像素标签和设备指纹等，在用户不知情的情况下进行用户的行为和偏好数据收集。企业甚至可能会利用用户数据实行价格歧视。数字平台企业将用户提供的数据与其他来源的数据进行关联和分析，包括从社交媒体、购物记录和地理位置等来源抓取的数据，以获取更全面的用户画像，并根据用户画像对用户进行产品和服务的个性化定价，这对用户和社会整体福利造成严重损害。此外在某些情况下，平台掌握的个人数据可以用来刻画或推测其他相关用户的个人数据乃至隐私特征，对其他用户造成负外部性，进而带来隐私侵害并降低个人数据要素的市场价格。

（二）企业数据要素特征及企业数据垄断、不正当竞争风险

企业数据是在生产经营中生成、存储和处理的数据，具有非竞争性和部分排他性，属于共享品。企业数据的外部性问题及其应对是数据要素监管的重点。外部性是指由交易主体以外的第三方所承担的成本和获得的效益。双方通过直接交易将这些成本和收益内部化可以形成有效的资源配置。数据外部性是由于数据的收集、交易、流通而对交易主体以外的第三方数据市场参与者产生的影响，可能是积极的影响（正外部性），也可能是消极的影响（负外部性）。数据要素的正外部性体现在数据的规模化利用促使数字平台企业提升生产效率，比如搜索引擎的庞大搜索数据可以显著提高其他用户在搜索相关内容时的搜索服务质量和效率，提升其他用户的搜索体验。而数据要素的负外部性问题更加需要得到重视。由于数据要素的价值释放必须通过流动和共享得以实现，数据的负外部性将促使平台企业选择囤积、封锁自己所"占有"的数据，并尽可能抓取、收集其他竞

争者所拥有的数据，这导致数据共享效率低下，引发市场失灵。

通过加强数据的排他性，平台企业还可以凭借数据质量和规模优势利用杠杆效应，跨市场进入实体经济和传统经济（如交通运输、金融保险）领域，将数据优势转化为跨市场的竞争优势。但对于相关行业的一般企业而言，为弥补数据竞争短板、实现数字化转型，则需要向数字平台企业或数据加工企业购买数据产品和服务，从而产生了新的经营成本。平台企业还可以通过拒绝交易、强制搭售等措施，实施数据垄断和不正当竞争行为。

1. 企业数据垄断

数据垄断是数字平台企业通过独占企业数据，实施价格控制等其他限制手段排除竞争，影响市场公平竞争秩序的行为。数据本身具有非竞争性，然而不同企业主体所掌握的数据在规模和质量上有优劣之分，进而形成了数据要素转化获利能力的差异。一些具有市场支配地位的数字平台企业为获得竞争优势选择控制优质数据资源，限制竞争对手获取或使用同样规模和质量的数据，提高数据要素相关市场的进入壁垒，在数据要素市场形成垄断，降低数据要素的价值释放效率。[①] 在庞大的数据规模和算法能力加持下，数字平台可能采取如独家交易、掠夺性定价和自我优待等数据垄断行为。当数据成为数字经济活动所必需的资源时，具有市场支配地位的数字平台有能力限制向其他竞争者共享数据，可能导致排除或限制竞争的结果。此外，具有市场支配地位的数字平台企业还可以通过限制下游竞争企业的数据访问、捆绑数据分析服务等方式阻止竞争对手获取或共享数据，干扰市场竞争秩序。

2. 企业数据驱动型并购

数据要素驱动的数字平台并购成为数字平台领域经营者集中审查的重点关注对象。在数据驱动型并购的经营者集中审查中，《反垄断法》所采取的传统营业额申报标准并不能全面反映数据驱动型并购对市场竞争的影响。一些数字平台为获取数据这一关键生产要素，可能会基于扩大数据要素占有规模、控制特定数据要素市场等目标，进行经营者集中。近年来，如滴滴出行与快的打车、优步合并等数字平台合并事件，都具有数据驱动

---

① 张蕴萍、翟妙如：《数据要素的价值释放及反垄断治理》，《河南师范大学学报》（哲学社会科学版）2022 年第 6 期。

型并购的特征。数据驱动型并购的经营者集中可能具有排除、限制竞争的效果。平台可通过合并、控股或签订协议等途径实现潜在的企业数据集中，不断丰富自身的数据资源，从而谋求竞争优势、控制市场。

3. 企业数据不正当竞争

数据不正当竞争是指数字平台企业利用数据要素和数据使用行为实施的不正当竞争行为。国内的"新浪微博诉蚁坊不正当竞争案""今日头条诉新浪微博不正当竞争案"，以及域外的"领英诉 HiQ 数据抓取案"等一系列典型案件表明，数据抓取与反抓取纠纷已成为企业数据不正当竞争的主要表现形式。抓取方为获得被抓取方的企业数据，为己所用，通常采用爬虫软件自动抓取网页信息等方式，再对获得的数据进行处理、加工和二次利用。被抓取方则选择利用 Robots 协议阻止特定抓取行为，防止竞争对手获得数据。数据抓取是实现数据流动的重要方式，能够使数据要素的价值最大化，如搜索引擎平台服务就是建立在抓取公开数据的基础上，同时符合互联网领域公平、开放、共享和促进信息自由流动的原则。针对抓取与反抓取行为，现行《中华人民共和国反不正当竞争法》主要依靠一般条款，从诚实信用、商业道德等原则性标准进行判定，却忽视了数据抓取和反抓取行为对用户福利和社会总福利可能产生的二重效果。市场监管可以保护市场竞争，防范数据要素的垄断和不正当竞争行为，促进形成公平的竞争环境。同时市场监管以鼓励创新为价值追求，推动数字经济的创新发展。但市场监管需要加强对行业特征和数据生产要素特征的认识，如果对行业不了解或不适应，可能导致监管措施不准确，无法有效维护数字经济领域市场竞争秩序和鼓励创新。

（三）公共数据特征及安全风险

公共数据资源是政府部门、企事业单位在履行公共管理和公共服务职能时产生的数据统称，由于其主要基于政府的公共服务职能产生，因此也被称为"政府数据"。《中华人民共和国数据安全法》（以下简称《数据安全法》）第 15 条规定："国家支持通过开发利用数据提升公共服务的智能化水平"；《国务院关于加强数字政府建设的指导意见》提出要编制公共数据开放目录及相关责任清单，分类分级开放并有序推动公共数据资源开发共用公共数据，释放数据价值。党和国家高度重视公共数据要素的经济价值和社会价值，提升公共数据治理水平，在保障公共数据安全的基础上逐步开放并与各类社会主体共享共用公共数据。① 政府在各级部门建设了公共数据平台和信息系统，用于收集、管理和共享公共数据资源。政府部门主动推动公共数据的共享开放，建立数据开放门户和数据共享机制。各地建设了数据开放平台，向社会公众和企事业单位开放公共数据资源，鼓励数据交流和合作。政府和企事业单位利用公共数据资源进行了丰富的开发应用实践。这些实践涵盖了多个领域，如智慧城市建设、交通运输管理、环境保护、公共安全等。公共数据的开发应用为政府决策提供了数据支持，促进了公共服务的智能化和效率提升。但公共数据相关的信息保护与数据价值释放之间存在平衡难题。对公共数据的治理既要释放公共数据价值、促进创新，又要管控国家利益和公共安全等风险，这使得公共数据的开发、开放和监管面临更为严格的要求。

四　数据要素行业监管和市场监管协调的理论基础

行业监管基于行业分类，目标在于促进本行业的规范和发展。市场监管职能主要由市场监管部门履行，目标在于构建高效规范、公平竞争、充分开放的全国统一大市场。两者在政府监管体系中分工不同，各有侧重。数据要素安全和市场发展涉及监管部门众多、各有分工，监管理念和监管措施协调不足，难免产生权责重复和多头治理的现象。② 完善跨部门综合监管是提高数据要素监管效能、实现数据价值最大化与收益共创共享目标的高效路径。构建数据基础制度，完善数据行业监管和市场监管协同共治的行动机制，从而维护公平有序的市场环境，可以切实降低数据市场主体制度性交易成本，推动数字经济高质量发展。

（一）数据要素行业监管和市场监管之间亟待协调

"数据二十条"提出建立具有中国特色的"三权分置"式数据产权制度体系。通过淡化数据所有权、优化数据使用权益和收益分配机制，促进

---

① 戈晶晶、孟庆国：《以公共数据为抓手推动数据要素市场建设》，《中国信息界》2023 年第 3 期。
② 冯博、于晓淳：《数字平台行业监管与市场监管的分工与协调》，《理论学刊》2023 年第 2 期。

数据要素高效率流通，发挥数据要素的非竞争性，使数据收益最大化。[①]在现有的数据监管体制下，数据要素行业监管和市场监管虽然各尽其责，但缺乏协调。第一，不同于劳动、资本等传统生产要素，数字经济中的数据要素跨行业流通成为一种常态，行业监管仅能在本行业内发挥作用，当数据要素跨行业利用时难免力不从心；反之，行业监管可能基于行业利益考量，限制、禁止数据跨行业流通，形成企业或行业间的"数据孤岛"。第二，针对数据要素流通中的数据安全隐患，单靠市场监管手段效率不足，仍需要行业监管手段针对行业特征采取有效措施，及时有效地化解数据安全风险，提高数据保护水平。因此，数据要素的行业监管与市场监管协调机制是健全数据要素监管的现实需求。[②]

为培育、发展数据市场和数字经济的国际竞争力，近年来，世界主要经济体开始重视数据要素市场建设和价值市场的发展战略、政策措施。2020年2月，欧盟委员会公布了数据生产要素的发展规划，提出"构建一个真正的数据统一市场"的长期发展目标，并颁布了《欧洲数据战略白皮书》等多份规划纲要。数字经济背景下数据领域政府监管的关注目标逐渐从单一的安全维度转向数据安全和数据市场发展并重。要实现数字经济下的数据保护、数据安全和数据高效流通之间的平衡，需要立足于数据生产要素的经济学属性，从政府监管解决数据生产要素"市场失灵"的目标出发，探索具有中国特色的数据治理机制，提升数据资源配置效率，实现数据收益共创共享。在平台经济常态化监管的大背景下，应探索基于跨部门综合监管理念的数据综合监管，完善我国的平台经济治理体系，通过结合政府监管与平台自律，实现各方利益激励相容、收益共享，最大化释放数据要素价值红利。

（二）数据要素跨部门的行业监管和市场监管的合理分工

总的来说，数据保护与竞争发展之间存在相互促进的关系。对于平台企业来说，强化数据保护并不意味着创造企业或行业间的"数据孤岛"，而是通过科学、规范和有效的数据保护措施来促进数据的流通与分享，从

---

① 杨东：《构建数据产权、突出收益分配、强化安全治理，助力数字经济和实体经济深度融合——基于对"数据二十条"的解读》，国家发展和改革委员官方网站，https://www.ndrc.gov.cn/xxgk/jd/jd/202303/t20230317_1351341.html。

② 于立主编《互联网经济学与竞争政策》，商务印书馆，2020。

而实现良性的数据竞争与合理利用。数据分类分级制度可以有效明确各类数据的边界，促进企业数据和公共数据的多元化应用，在尊重数据主体权益和保护个人隐私的基础上，充分释放各类数据的价值。在数据保护与竞争发展之间寻求协同，需要制定和实施相关的法律法规、政策和技术标准，建立数据保护的基本原则和机制，明确各类数据主体的数据权益和数据责任。

在数据跨部门综合监管体系中，应基于数据要素分类分级形成监管政策组合，使市场在数据要素资源配置中起决定性作用的同时，更好地发挥政府的作用。具体来说，就是在跨部门综合监管中重视不同监管部门，特别是行业监管与市场监管的协同配合。以最大化释放价值和收益共创共享为目标，为各类数据划定适当的排他性水平，是数据要素实现分类监管的关键。尽管数据的非竞争性决定了数据潜在的经济价值，然而在现实中，大多数数据主体不愿意无偿分享数据，而是表现出不同程度的排他性。比如，平台企业在掌握企业数据优势后，通常选择向第三方主体收费后提供数据的访问、使用权限，利用数据排他性获得商业利润，形成数据要素过度排他，减损消费者福利。与之相对的，如果数据要素排他性不足，市场主体开发数据缺少激励作用，数据要素价值则不能得到最大化利用。过度排他造成的反公地悲剧和排他不足造成的准公地悲剧成为充分释放数据要素价值的主要阻碍。

"数据二十条"提出推动数据分类分级管理，《数据安全法》第 21 条则明确规定"国家建立数据分类分级保护制度"。但在实践中，数据的多样性和变化性使得数据分类和监管十分复杂。不同类型的数据可能形式和特点"花样百出"，难以"对号入座"简单地进行统一分类和监管。① 基于数据要素非竞争性和部分排他性的基本特征，结合数据行业监管和市场监管实践，提出"两线三区"分析框架（见图 1），作为数据分类监管要旨，其中：横轴代表数据要素的"限用程度"（也称排他性）由弱到强；纵轴代表数据监管效果由弱到强；两条斜线分别是行业监管效果线和市场监管效果线，在第 II 区相交。

第 I 区表示公共数据，重点在于加强市场监管，特别是经济性规制。

---

① 陈兵、郭光坤：《数据分类分级制度的定位与定则——以〈数据安全法〉为中心的展开》，《中国特色社会主义研究》2022 年第 3 期。

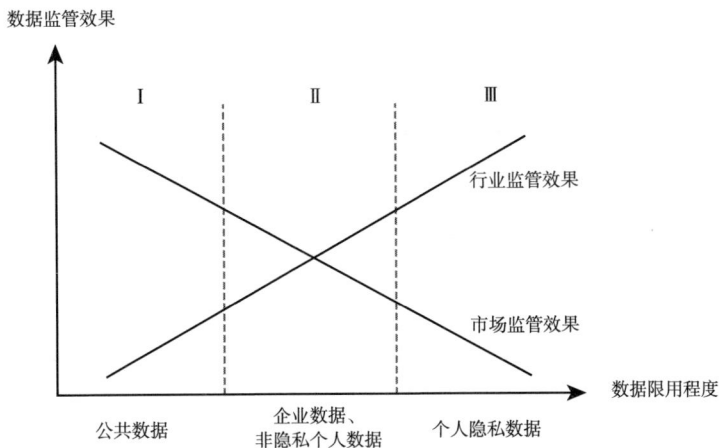

图 1　数据分类及监管政策组合

公共数据多数是由政府或公共服务机构免费提供的，但也可以收取合理费用，以维持市场的正常运作和促成"公地喜剧"。这里的公地喜剧指的是通过市场监管中的经济性规制、为公共数据制定合理价格，实现对公共数据的高效利用和最优资源配置。

　　第Ⅱ区是数据监管的重点区域。在第Ⅱ区中，首先要保证市场机制起决定性作用，保证数据要素在流通、利用中由市场定价，但也要注意"市场失灵"问题，需要重视企业数据作为共享品的非竞争性特征，促进互联互通，避免出现"伪公地悲剧"。同时，也要维持适当的排他性，以保证对市场主体的激励，避免出现准公地悲剧。需要综合考虑数据的共享和利用，同时确保数据的合理限制和市场激励机制。在这方面，监管实践已做出了一些有益的尝试。比如，在国家版权局的指导和国家市场监管总局（国家反垄断局）的处罚下，数字音乐平台相继解除数字音乐独家授权，数字音乐市场实现平台间音乐作品互联互通。实践案例表明，在第Ⅱ区企业数据领域，单一的行业监管或市场监管不能达到最优监管效果，监管部门不可"单打独斗"。在国家数据局制定的数据基础制度框架下，以跨部门综合监管共同应对第Ⅱ区数据的监管挑战。

　　第Ⅲ区表示个人隐私数据，需要加强行业监管，建立相应的个人隐私保护基础制度，以及适应不同行业特点的行业监管规范，加强个人隐私数据的保护，以确保个人隐私的安全和合法使用。

　　"两线三区"分析框架为基于数据分类开展跨部门综合监管提供了一

种思考方法。这种框架能够帮助监管部门理解数据分类的不同特点和对应监管的重点所在，并在制定数据监管政策时形成合理的政策组合。第Ⅱ区的企业数据和非隐私个人数据是实践争议最多、价值潜力最大的重点数据，在数据要素基础制度构建和跨部门综合监管体系完善过程中，需要深入研究、积极应对，确保"疏堵得当"。在数据监管中，注重以数据的排他性强弱合理区分不同类型数据的监管需求，实现数据要素价值最大化、数据收益共创共享的数字经济"公地喜剧"。

五　数据要素行业监管和市场监管的协同路径

（一）国家数据局在数据要素监管体系中的定位

2023年3月，中共中央、国务院印发了《党和国家机构改革方案》，明确提出组建国家数据局，负责协调推进数据基础制度建设，统筹数据资源整合共享和开发利用，统筹推进数字中国、数字经济、数字社会规划和建设等职能。国家数据局在我国数据要素科学发展过程中扮演关键角色，通过协调推进数据基础制度建设、数据资源整合共享和开发利用，制定相应的监管政策和规范，确保统筹数据要素市场的安全、竞争和发展。

国家数据局在数据综合监管中的职责主要集中在数据基础制度、基础设施和基础性规划的统筹设计与建设上，具备基础性和宏观性特征。[①] 首先，国家数据局还负责制定和完善数据管理的基础制度，例如数据政策、法律法规、标准和规范等。这些基础制度的制定和管理旨在推动数据市场的规范化和健康发展，促进数据资源的合理利用和共享。国家数据局负责规划和建设数据基础设施，包括数据中心、数据交换平台、数据共享平台等。这些基础设施的建设旨在提供数据存储、处理和共享的基础支撑，为各行业和领域的数据交流和共享提供便利条件。国家数据局负责进行数据领域的基础性规划，例如国家数据战略、数据发展规划等。这些规划旨在指导数据市场的发展方向，推动数据应用和创新，促进数据经济的发展和国家整体竞争力的提升。

---

① 李爱君：《组建国家数据局释放哪些关键信号》，《人民论坛》2023年第9期。

（二）数据要素跨部门综合监管的职能分工

2023 年 2 月《国务院办公厅关于深入推进跨部门综合监管的指导意见》指出，一些领域仍然存在监管责任不明确、协同机制不完善、风险防范能力不强以及重复检查、多头执法等问题。加强跨部门综合监管是确保数据监管效能的主要路径。数据要素跨部门综合监管包括数据行业监管和数据市场监管，尤为重要的是加强两者的协同。

第一，数据要素跨部门综合监管首先要重视跨行业协同监管。"数据二十条"明确提出要创新数据治理机制，强化分行业监管和跨行业协同监管。由于数据的广泛应用涉及多个行业和领域的监管部门，数据行业监管涉及对各行业的数据收集、使用、流通的监管职能，包括数据收集、处理、存储、传输和共享的各个环节。这种监管可以确保相关行业参与者遵守数据领域相关法律法规和标准，采取适当的数据保护措施，保护个人隐私和数据安全，防止数据滥用和不当行为的发生。加强跨行业监管机制可以协调不同行业部门的职责和专业知识，确保全面而综合的监管覆盖。同时，数据行业监管还可以促进行业规范的制定以及推动行业的发展和创新。

第二，数据要素跨部门综合监管需要在明确行业监管与市场监管的分工的基础上，加强两者的协同。《数据安全法》第六条规定，行业、领域主管部门负有对本行业、本领域的数据安全监管职责。对于行业数据安全问题，行业监管能够更好地了解和适应的特征和需求，制定相应的安全规则和监管措施，有助于促进行业数据保护。但行业监管可能忽视数据生产要素的市场属性，不当的监管措施可能阻碍数据要素跨行业或跨领域流通，产生反市场偏误和行业垄断问题。如果监管过于严格，可能会限制市场竞争。市场监管的重点是保护竞争，但有时可能会忽视数据的其他价值，如个人隐私保护与数据生产要素的技术特征和行业特点。因此，在市场监管中需要考虑如何平衡竞争保护与数据价值共享的关系。为了实现数据市场的健康发展和最大化释放数据价值，需要综合运用行业监管和市场监管，并加强对数据市场特征和数据生产要素特征的认识，这样才能更好地保护竞争、鼓励创新，并实现数据价值共创共享。

第三，数据要素跨部门综合监管可以通过整合行业监管部门与市场监管部门的力量和专业知识，充分考虑行业特征、数据生产要素特征和市场竞争等因素，从而平衡各方利益，特别是实现行业发展目标与维护市场公平竞争秩序之间的有效协调。国际数字平台监管实践也呈现数据监管保护与市场监管（主要是反垄断）之间加强协同的发展趋势。2023 年 7 月，欧盟法院在判决中支持了德国联邦卡特尔局的决定，指出"在审查企业是否滥用支配地位时，成员国竞争机构可以在竞争规则之外，评估相对人的 GDPR① 合规情况，确认相对人的数据利用行为是否构成滥用市场支配地位，并在竞争法的法律基础上采取措施制止该滥用行为"。同时欧洲法院呼吁各国反垄断机构与数据监管机构协同行动。

数据要素跨部门综合监管需要建立合作机制和信息共享机制，确保监管部门之间的协调和合作。此外，还需要制定相关法律法规和政策，明确相关数据监管部门的职能分工。通过科学合理的数据监管，协调数据保护和数字经济发展、数据红利释放，实现数据价值追求。组建国家数据局是一次具有重要意义的机构改革，其作为数据要素跨部门综合监管制度构建的核心，可以协同各行业监管部门、市场监管部门和国家安全部门。虽然国家数据局的职责不涉及对数据安全的监管和对具体行业与领域的治理，但是其在数据基础制度、基础设施和基础性规划方面的工作对于整个数据市场的发展和治理起到了重要的支撑作用。在数据安全保护和合理利用方面，《数据安全法》和《中华人民共和国个人信息保护法》（以下简称《个人信息保护法》）的施行，为个人隐私保护与个人数据合理利用、企业数据和公共数据开放与竞争，提供了明确合理的制度保障。在此基础上，国家数据局可以在职责范围内遵循数据安全和个人信息保护的基本原则，构建数据要素安全保护与发展并举的数据基础制度，并加强监管部门之间的沟通联动，着力实现数据协同治理。《数据安全法》第六条明确"工业、电信、交通、金融、自然资源、卫生健康、教育、科技等主管部门承担本行业、本领域数据安全监管职责"。数据安全风险的特征与行业数据收集、流通和利用的特征密不可分，《数据安全法》赋予行业监管部门制定符合行业特征的数据安全监管规则并开展数据安全监管活动的监管职能。行业监管部门负责数据安全的监管和对特定行业与领域的治理，以确保行业间数据流通、运用的安全合规与

---

① 欧盟《通用数据保护条例》（General Data Protection Regulation，GDPR）。

行业整体发展目标协调，如工信部、中国人民银行、国家金融监管总局、交通运输部和国家卫健委等行业监管部门在各自行业内拥有特定的数据管理职权。这些部门负责制订和实施针对本行业的具体数据安全监管措施和发展规划，并在国家数据局和网信部门的整体框架和要求下，结合本行业的具体情况，负责实施相关政策和规定，并确保本行业的数据安全和发展与整体目标一致。比如，2023 年 7 月，作为银行业行业监管机构的中国人民银行为加强银行业的数据安全管理，起草了《中国人民银行业务领域数据安全管理办法（征求意见稿）》。在重点行业、重点领域由行业监管部门实施数据安全监管，可以有效地衔接数据安全监管职能和现有的行业监管职能，不改变和取代现有的行业管理制度对数据安全的差异化管理要求。各行业监管部门在各自职责范围内承担数据安全监管职责。技术创新特别是人工智能（AI）和自动算法等软、硬件行业前沿技术的发展，可以提高数据的分析、挖掘和利用能力，以及更好地挖掘数据生产要素潜力，在各行各业创造新的商业价值和社会福利；促进数据在不同行业间共享，确保数据的广泛流通和有效利用。

在数据要素市场公平竞争方面，以反垄断与反不正当竞争为主的市场监管将发挥重要作用，在数据要素市场中，《反垄断法》可以用来限制滥用市场支配地位、垄断数据资源的行为，维护市场竞争的公平性。它可以防止数字平台通过垄断数据资源而阻碍其他竞争对手的进入和发展，保护中小企业和创新企业的合法权益。2022 年 8 月《反垄断法》在修正中新增第九条，明确规定经营者不得利用数据和算法、技术、资本优势以及平台规则等从事不正当竞争行为，具有市场支配地位的经营者不得利用数据和算法、技术以及平台规则等从事滥用市场支配地位的行为。该修正为市场监管部门提供了更具体、更明确的法律依据，使其能够更有力地应对数据要素市场的垄断和不正当竞争行为。这一修正表明了立法机关对数字经济领域的重视，并强调了数据在市场竞争中的重要作用。市场监管部门可以依据修正后的法律条款，通过制定相应的实施规则、发布数据要素市场竞争合规指引等方式加强对数据要素市场的监管，并实施必要的调查和处罚。在数据要素市场中，《反不正当竞争法》可以用来制止不利于数据要素流通和价值共享的数据封锁、抓取与反抓取等行为，综合考量商业道德标准与消费者福利标准，在数据要素市场竞争中划定明确的数据利用行为边界。两法的实施可以提高监管明确性，确保经营者了解相关数据利用行为的合法边界和违法后果；也使得消费者能够准确了解和评估数据产品和服务的质量和价值。市场监管部门通过加强反垄断与反不正当竞争执法，着力强化数据要素市场的公平竞争秩序，对数据垄断和不正当竞争行为开展执法处罚。

算法影响评估制度的定位与完善

谢　琳　曾俊森[*]

摘　要： 我国算法影响评估制度泛化、软化以及透明度不足，根源在于其定位模糊。确立算法治理路径是明晰定位的前提，协同治理为算法治理的有效路径。作为协同治理的抓手，算法影响评估制度应当被视为算法协同治理路径的基础性制度。其体现了协同治理的重要特征，包括风险预防规则与后果问责协同、参与治理主体多元化、公私法协同等，有助于激励公私主体合作治理并通过风险阈值协同多种保障措施，实现全过程监管和保护算法技术的发展利益。我国需要围绕其定位进行完善，具体措施包括完善算法风险分级、建立全周期动态的评估制度、提高透明度、构建基于风险和后果的双重问责制。

关键词： 算法影响评估制度　算法风险　风险预防规则　算法问责

引　言

随着算法的广泛应用，算法风险带来的问题引起了广泛关注。为了回应算法风险，《中华人民共和国个人信息保护法》（以下简称《个保法》）以个人信息保护影响评估的形式规定了算法影响评估制度。但是当前《个保法》相关规定存在一定的问题，包括缺少风险分级导致算法影响评估制度泛化、算法影响评估制度"软化"、透明度不足等问题。[①] 表面上，这源

---

　*　谢琳，中山大学法学院副教授，法学博士，研究方向为知识产权法、个人信息保护法、数据法；曾俊森，中山大学法学院法学硕士，研究方向为知识产权法、网络法、金融法。

①　张凌寒：《算法评估制度如何在平台问责中发挥作用》，《上海政法学院学报》（法治论丛）2021年第3期。

于我国法律中没有针对算法影响评估制度的专门规定。实际上，其根源在于我国算法影响评估制度的定位模糊。目前学界将影响评估制度视作单独的保障措施。然而，算法影响评估制度应当被视为算法协同治理路径的基础性制度，以风险程度为阈值统摄其他保障措施作为算法控制者的合规义务和问责依据。本文以算法风险特性和算法治理路径为切入点，深入分析算法影响评估制度的定位，并针对如何完善算法影响评估制度提出建议。

一 算法治理路径的选择

只有先明确路径基础，才能深入探讨算法影响评估制度在算法体系性治理中的定位。针对算法治理，学界提出了多种路径，包括个体赋权路径①、私法规制路径②、元规制路径③、二元监管路径④、协同治理路径⑤。其中，协同治理路径治理效果更佳，能够兼顾算法风险治理和算法发展利益。一方面，协同治理涵盖了个体赋权、私法规制、元规制、二元监管等路径，与算法风险特性和算法治理目标更为适配。另一方面，协同治理理念在我国具有理论基础，如习近平总书记提出的"共建共治共享""社会治理共同体"等原创性理论思想。⑥ 我国相关立法对于协同治理也

---

① 张凌寒：《商业自动化决策的算法解释权研究》，《法律科学》（西北政法大学学报）2018年第3期；解正山：《算法决策规制——以算法"解释权"为中心》，《现代法学》2020年第1期；张建文、李锦华：《欧盟个人数据保护法上的反自动化决策权研究》，《重庆邮电大学学报》（社会科学版）2019年第2期；唐林垚：《"脱离算法自动化决策权"的虚幻承诺》，《东方法学》2020年第6期。

② 刘颖、王佳伟：《算法规制的私法进路》，《上海大学学报》（社会科学版）2021年第6期。

③ 程莹：《元规制模式下的数据保护与算法规制——以欧盟〈通用数据保护条例〉为研究样本》，《法律科学》（西北政法大学学报）2019年第4期。

④ 林洹民：《自动决策算法的法律规制：以数据活动顾问为核心的二元监管路径》，《法律科学》（西北政法大学学报）2019年第3期；张欣：《从算法危机到算法信任：算法治理的多元方案和本土化路径》，《华东政法大学学报》2019年第6期。

⑤ 张欣：《算法解释权与算法治理路径研究》，《中外法学》2019年第6期；许可：《算法规制体系的中国建构与理论反思》，《法律科学》（西北政法大学学报）2022年第1期；张吉豫：《构建多元共治的算法治理体系》，《法律科学》（西北政法大学学报）2022年第1期；谢琳、曾俊森：《个体赋权在算法决策治理中的定位》，《法治社会》2022年第1期。

⑥ 张吉豫：《构建多元共治的算法治理体系》，《法律科学》（西北政法大学学报）2022年第1期。

有所体现，如《关于加强互联网信息服务算法综合治理的指导意见》《互联网信息服务算法推荐管理规定》都提到了"多元共治""多元协同"等理念。

（一）算法风险的独特性

算法风险带来的问题包括算法妨害问题和算法"黑箱"问题，分别对应算法的价值非中立性和不透明性。算法的价值非中立性可能会导致错误、歧视、操纵等算法功能性问题，导致受算法影响主体的权益受损；算法的不透明性导致算法功能性问题难以被发现和问责，加剧公众对算法权利的不安与担忧，甚至弱化人的主体性。因此，算法治理具有双重目标，即解决算法功能性问题和尊重人的主体性。[①] 然而，作为网络法的核心议题之一，算法规制同样会招致"马法"问题的质疑，[②] 即把算法作为调整对象进行专门立法是否具有必要性。

持否定观点者认为算法决策与人工决策具有相似之处，可以通过已有的部门法进行规制。首先，人工决策同样会存在错误、歧视甚至操纵的可能性。其次，人工决策也可能构成"黑箱"。人为的故意隐瞒、决策过程具有高度专业性和复杂性、保护秘密的法律文化、对决策者的信赖都可能使人工决策成为"黑箱"。相关主体可能无法发现决策中存在的问题，并认为相关决策是理所应当的，进而影响个人的主体性。针对上述问题，现有法律通过个体赋权、信息公开、侵权责任等制度，对不当的决策后果进行规制。如果以这种视角观察算法治理，我国就不需要将算法作为单独的调整对象进行立法。然而，目前我国《个保法》《互联网信息服务算法推荐管理规定》和欧盟《通用数据保护条例》（General Data Protection Regulation，GDPR）、《人工智能法案》（Artificial Intelligence Act）等法律法规都将算法作为单独的调整对象。其核心原因在于，算法风险和算法治理具有独特性，无法为传统的部门法所调整。

首先，算法需要治理的原因在于其非中立性，无法适用技术中立原

[①] 谢琳、曾俊森：《个体赋权在算法决策治理中的定位》，《法治社会》2022 年第 1 期。

[②] 丁晓东：《从"马法"到马克思主义之法：网络法的法理学与部门法意义》，《地方立法研究》2021 年第 6 期；戴昕：《超越"马法"？——网络法研究的理论推进》，《地方立法研究》2019 年第 4 期。

则。无论是利用算法进行决策的实现过程，还是法律对于算法的审视都涉及价值判断。如果将算法视为一种技术，传统的技术中立原则可以为其提供正当性基础。如"用刀杀人是刀的错还是人的错"一般，法律只需要以人为核心，规制用刀（工具/技术）人的不法行为即可。然而，算法治理并非单纯的技术问题，不能适用技术中立原则。因为算法在价值维度上具有非中立性。算法设计与运作的全过程都掺入了价值判断。如果输入社会中具有原生性刻板印象的数据，如性别、种族、国籍、健康状况等，并以此为重要的决策依据，就可能会产生歧视性甚至操纵性结果。随着算法的广泛运用，如将算法运用于信贷、保险评估、劳动雇用、市场营销、司法判决、教育培训等方面的决策实施，算法带来的风险将进一步加剧。不同于维纳《控制论》中所设想的利用算法保证军事打击上的精准度，[①] 用于社会决策中的算法涉及价值判断，需要保证结果的公平性和合理性。2018 年，亚马逊就曾经发生过在线招聘系统歧视事件，算法系统在分析简历时，会识别应聘者的性别，并出现降低女性应聘者简历评分的结果。[②] 2021 年 10 月，脸书（Facebook，现更名为 Meta）被曝出在公共媒体中精准推送煽动仇恨和暴力的言论，并以此获得收益。[③] 2023 年 2 月，韩国互联网企业 Kakao Mobility 因为操纵算法为其特许经营出租车提供更多呼叫，被处以 257 亿韩元（约合 2000 万美元）的罚款。[④] 算法用于社会决策已然演变成可以为人所操纵甚至具有自主性的社会权利。

其次，算法技术的复杂性可能会导致社会权利结构失衡。面对技术的复杂性，传统法律对算法的事后问责手段捉襟见肘。随着算法的自主性增强以及算法存在"黑箱"问题，算法权利存在失控的可能性。传统的人工决策中，由于采用科层制，人工决策过程能够为人类所感知，相关问题还能为内部人员所发现与揭露。但是，人工智能、机器深度学习技术的发展

[①] 〔美〕维纳：《控制论（或关于在动物和机器中控制和通信的科学）（第二版）》，郝季仁译，科学出版社，2009。

[②] David Meyer, "Amazon Reportedly Killed an AI Recruitment System Because It Couldn't Stop the Tool from Discriminating Against Women", *Fortune*, October 10, 2018.

[③] Scott Pelley, "Whistleblower: Facebook Is Misleading the Public on Progress Against Hate Speech, Violence, Misinformation," *CBS News*, October 4, 2021.

[④] "Kakao Taxi App Fined for Secretly Giving More Calls to Franchise Cabs," *The Korea Times*, February 14, 2023.

也导致设计者越来越难以解释算法进行决策的过程。① 这种算法技术具有较强的自主性，通过自主收集并分析大量数据，进而更新算法模型，这可能会导致算法控制者只能解释结果与数据以及考量因素之间的相关性，而不是因果关系。相关性和推论取代了因果关系使得问责链条具有不确定性，算法的不法后果将难以被问责。对于传统部门法而言，算法技术的复杂性可能会导致传统的问责制失灵。举例说明，基于侵权责任或者行政责任对算法的歧视性结果进行事后问责，相关主体需要发现问题，并证明算法的歧视性结果与算法设计存在因果关系。但是相关主体可能难以证明算法设计与歧视性结果之间的因果关系，甚至根本无法发现算法的结果存在问题。算法技术的复杂性可能会掩盖算法存在错误、歧视和操纵的功能性问题，算法权利会加剧社会权利的不对等。

综上，算法风险具有独特性，需要通过专门的立法对其进行治理。算法风险的独特性可以归纳为算法的价值非中立性和技术复杂性导致社会权利结构失衡。囿于传统部门法的监管手段存在不足，在进行算法治理时需要从协同治理路径对算法影响评估制度进行理解。

（二）基于风险预防规则与公私合作的协同治理路径

协同治理（Collaborative governance）是指为了制定或实施公共政策或进行公共管理，公共机构直接让非国家利益相关者（包括个人、私人机构）参与集体决策过程和管理共同事务的各种方式的总和。协同治理是通过协商的、正式的、面向共识的，包括正式制度与非正式制度的安排。② 其主要用于应对传统复杂多变的社会事务和"政府—命令"式线性治理手段的不足。③ 针对算法的风险特性和传统部门法的不足，算法治理需要遵循基于风险预防规则与公私合作的协同治理路径。协同治理的具体构建具

---

① Celine Castets-Renard, "Accountability of Algorithms in the GDPR and Beyond: A European Legal Framework on Automated Decision-Making", *Fordham Intellectual Property*, *Media & Entertainment Law Journal*, Vol. 91, p. 101（2019）；Jenna Burrell, "How the Machine 'Thinks': Understanding Opacity in Machine Learning Algorithms", *Big Data & Society*, Vol. 1, p. 3（2016）.

② Chris Ansell, Alison Gash, "Collaborative Governance in Theory and Practice", *Journal of Public Administration Research and Theory*, Vol. 18, p. 543（2007）.

③ 徐嫣、宋世明：《协同治理理论在中国的具体适用研究》，《天津社会科学》2016 年第 2 期；李婷婷：《协作治理：国内研究和域外进展综论》，《社会主义研究》2018 年第 3 期。

有高度场景性。在通过法律进行算法治理的场景中，协同治理理念主要体现为风险预防规则与后果问责协同、治理主体多元化与公私法协同等特征。

1. 风险预防规则与后果问责协同

针对人工决策，传统部门法主要倚重于对后果的问责。然而，在算法治理中，风险预防规则占据更为核心的位置。算法治理需要进行全过程监管，风险预防规则与后果问责协同有助于实现全过程控制。后果问责以风险预防规则的有效实现为前提。

针对具有高度危害性且后果难以扭转的不法行为，传统部门法往往会通过预防规则进行规制。预防规则调整的对象是风险，如《中华人民共和国环境保护法》中的风险评估与预警、环境影响评价、生态红线等制度。[①] 但是，在算法治理中，预防规则的设立不仅因为算法风险存在高度危害性，还在于算法风险和不法后果可能根本无法为人所感知。在个人信息保护领域，风险预防规则逐渐占据重要地位，[②] 这对于算法治理同样具有借鉴意义。无论是个人信息保护还是算法治理，面对具有高度技术复杂性的风险，个体的风险感知能力弱与线性监管的不足都将导致后果问责存在局限性。这与算法治理的时机相关，在具有高度复杂性的场景下，如使用机器学习，算法的自主性较强、更新迭代速度较快，算法治理不能局限于某一阶段，需要全过程监管。因此，对算法设置风险预防规则，实际上是为了形成全过程控制与监管，避免陷入事后无法问责的窘境。对控制者施加更多的风险防范义务更符合算法治理的客观需要。

风险预防规则的落实是后果问责有效实现的重要前提。后果问责可能不如在设计阶段就部署向善的算法。虽然后果问责可以倒逼算法设计者在设计阶段履行相应的义务，但是相关的不当行为必须易于观察且对其惩罚易于执行。只有在解决算法功能性问题的成本低于发现概率乘以处罚成本时，算法控制者才会选择纠正算法系统错误。[③] 当前，通过公开源代码等

---

① 刘明全：《中国环境法预防原则的实质阐释》，《清华法学》2022年第5期。

② 丁晓东：《个人信息保护：原理与实践》，法律出版社，2021。

③ 〔美〕罗伯特·考特、托马斯·尤伦：《法和经济学（第六版）》，史晋川等译，上海人民出版社，2012。

方式提高算法透明度既存在技术难度，也无法实现人类智慧能理解的透明度。[①] 针对算法不当后果进行问责时，需要控制者在一开始就部署可溯源和提高透明度的技术手段，如软件认证、加密承诺等。[②] 如果没有为算法控制者设置相应的预防义务，可能会导致进行后果问责时难以感知和证明算法存在功能性问题。此外，即使无法有效得出准确的因果关系用以问责，预防规则也有助于从全过程对算法进行控制，即控制者在应用算法的全过程实行一系列措施，能够必然得出向善的算法和决策结果，并以后果问责为最后防线。

2. 治理主体的多元化与公私法协同

算法治理主体的多元化，主要体现为公私主体的合作治理。多元主体协同治理与以奥斯特罗姆为代表的制度分析学派所提出的多中心治理理论一脉相承。[③] 在调整涉及技术（工具）的特定社会关系中，传统部门法一般采取公对私进行支配和命令的方式，即公共机构是治理主体，立法并提供强制力保证，使用技术的私主体则为特定社会关系中被规制的对象，需要履行法律规定的义务。如使用菜刀杀人，犯罪人需要受刑事处罚。但是，算法协同治理强调的是公私主体对特定事务进行合作治理，以实现公共目标，公私主体不再是支配与被支配的关系。这源于算法的风险特性和传统线性治理手段的不足。算法治理具有双重目标，即解决算法功能性问题和尊重人的主体性。在实现算法治理目标上，尤其是在解决算法功能性问题上，传统部门法中的线性手段包括个体赋权模式和公共机构的直接监管，都存在不足。

在个体赋权方面，我国《个保法》规定了自动化决策拒绝权、知情权、要求个人信息处理者解释说明权等权利。个体赋权有助于提高个人对算法治理的参与度，从而增强个体对算法的信任。然而，在解决算法功能性问题上，个体权利的效能相当有限。个体赋权模式存在个体能力不足、

---

① Lilian Edwards & Michael Veale, "Slave to the Algorithm: Why a Right to an Explanation Is Probably Not the Remedy You Are Looking for", *Duke Law & Technology Review*, Vol. 16, p. 18 (2017).

② 〔美〕约叔华·A. 克鲁尔、乔安娜·休伊、索伦·巴洛卡斯等：《可问责的算法》，沈伟伟、薛迪译，《地方立法研究》2019 年第 4 期。

③ 〔美〕埃莉诺·奥斯特罗姆：《公共事物的治理之道：集体行动制度的演进》，余逊达译，上海译文出版社，2000。

治理时机不恰当、与其他主体产生利益冲突等问题。① 虽然个体赋权能够解决尊重人的主体性的问题，但是仅凭个体赋权无法有效解决算法功能性问题。

针对算法功能性问题，通过公共机构直接对算法控制者进行问责或许是较为有效的方式。传统的问责遵循"公共机构—私主体"的线性问责模式。然而，在算法治理的场景中，单纯的政府规制无法解决算法功能性问题。首先，公共机构面对快速发展的算法技术缺乏相关的经验与知识，无法直接对算法做出规制。公共机构需要整合社会的其他资源进行监管。其次，由于技术的复杂性和技术的动态性发展，公共机构没有办法在事前提供清晰明确的规范指引。即使公共机构做出规定，这种自上而下的监管也难以追上技术的变化。面对公共机构线性监管失灵的情况，有学者建议实行企业的自我监管。支持企业自我监管的学者认为，即使没有监管效率的问题，企业自我监管也更为灵活和高效，因为企业自我监管是市场驱动的最佳选择。② 私主体参与其自身的监管，随着时间的推移，其可能会更自愿地接受和遵守规则。③ 然而，自我监管意味着受规制者自行决定监管的内容和执行，实行自我问责，往往不受公共利益的限制或缺乏私主体间的竞争。自我监管即使具有公共性导向，也可能因为缺少强制力而存在规避的风险。在多元利益复杂交错或者利益高度冲突的情形下，自我监管难以促使各方利益达成实质性的共识，其所带来的灵活性与效率难以实现。自我监管同样可能会导致问责失灵。因此，解决算法功能性问题需要公共机构与私主体的合作治理。公共机构作为公共利益代表对私主体进行引导和问责，私主体提供专业支持以提高治理的灵活性和效率。一次性的事前规则转变为持续的、动态的监管，有助于适应技术复杂性和动态性发展。

除了具有公私主体合作治理的特性，协同治理路径还体现了公私法协同的发展趋势。网络法的出现让公法与私法看似严格划分的边界变得模糊。在我国网络法发展的过程中，无论是相关的研究还是在法律制定

---

① 谢琳、曾俊森：《个体赋权在算法决策治理中的定位》，《法治社会》2022 年第 1 期。

② Dennis D. Hirsch，"The Law and Policy of Online Privacy：Regulation, Self-Regulation, or Co-Regulation？"，*Seattle University Law Review*，Vol. 34, pp. 455-459（2011）.

③ Emily S. Bremer，"Private Complements to Public Governance"，*Missouri Law Review*，Vol. 81, p. 1123（2017）.

上，都逐渐呈现公私法协同或者融合的倾向。① 我国《个保法》的法律渊源、调整关系、保护群体与保护法益、损害救济和监管制度等维度都呈现公私法协同或融合的趋势。② 以公私主体合作治理为例，其对应的是监管制度上的公私法融合，包括政府的命令式监管、企业自我监管以及基于个体权利的监管。以《个保法》调整的法律关系为例，其调整的法律关系主要是持续性的不平等关系，这给传统的公私法二元划分带来了挑战。③ 随着算法权利的兴起，单纯的公私法二元划分已经无法适应算法权利发展。于私法而言，针对算法权利的不平等关系影响了私法调整的平等主体之间的关系；于公法而言，算法权利形成的不平等关系与传统的公权力与个人的关系存在差异。在算法治理中，公私法的融合与公私主体合作治理将成为必然趋势。

综上，算法治理的路径基础应当为协同治理路径。其体现为风险预防规则与后果问责协同形成全过程监管、公私主体合作治理与公私法协同趋势。算法影响评估的定位与完善，需要基于算法协同治理路径进行理解。

二 算法影响评估制度的定位

国外研究将算法影响评估制度作为问责工具箱中的一种独立技术工具，④ 我国相关研究对算法影响评估与其他保障措施之间的关系讨论相对不足。⑤ 基于协同治理路径对算法影响评估进行理解，其不应该与其他技术措施一样被视为单独的保障措施。算法影响评估制度应为算法治理的基础性制度。算法影响评估通过控制算法运行的风险阈值，统摄涵盖算法全过程的保障措施作为控制者的合规义务和问责依据。算法影响评估的定位

---

① 宋亚辉、金苗：《迈向公私法融合的网络法研究（2007—2021）》，《浙江学刊》2023 年第 2 期。
② 丁晓东：《个人信息公私法融合保护的多维解读》，《法治研究》2002 年第 5 期。
③ 丁晓东：《个人信息保护：原理与实践》，法律出版社，2021。
④ Margot E. Kaminski, "Binary Governance: Lessons from the GDPR's Approach to Algorithmic Accountability", *Southern California Law Review*, Vol. 92, p. 1570 (2019).
⑤ 张凌寒：《算法评估制度如何在平台问责中发挥作用》，《上海政法学院学报》（法治论丛）2021 年第 3 期；张欣：《算法影响评估制度的构建机理与中国方案》，《法商研究》2021 年第 2 期。

与协同治理路径的特征有关，包括治理主体多元化、公私法协同、风险预防规则与后果问责协同等。此外，监管机构无法在事前提供具体的技术指引和保障。一方面，制定算法影响评估制度有助于协同风险预防规则与后果问责，成为事前、事中监管和后果问责的重要抓手。通过要求算法控制者进行算法影响评估，可以进一步要求算法控制者部署与风险相适应的其他技术措施。另一方面，算法影响评估有助于在实践中协同多元主体的优势，进一步探索有效的技术措施并细化相关规定。下文将基于算法影响评估的定位阐释其运作机理。

（一）算法治理的基础性制度

为了应对算法风险，我国《个保法》第55条和第56条规定了个人信息保护影响评估制度，欧盟 GDPR 第35条规定了数据保护影响评估机制。然而，算法影响评估并非孤立的技术措施，算法影响评估制度应该被理解为算法治理的基础性制度。这意味着算法影响评估与其他保障措施不是并列关系。在当前缺少明确指引的情况下，算法影响评估制度可以根据风险程度判断需要部署的具体保障措施。举例说明，控制者可以通过算法影响评估检验算法的风险程度，在监管机构和数据保护官的指导下判断需要采取何种保障措施，如算法备案、溯源措施等。在采取措施后，控制者可以再次通过算法影响评估检验是否符合低风险要求。之所以将算法影响评估制度作为基础性制度，是因为当前法律缺少对算法风险分级和保障措施的规定，但是，这并不代表未来立法不需要进一步细化指引。对于某些低风险算法而言，部署算法影响评估及其统摄的其他保障措施并非必要。如果将算法影响评估作为法律规定的单独保障措施，这将导向所有算法都必须接受评估的观念。长此以往，法律将怠于对算法治理做出细化指引。无论是立足于当下规定还是未来的立法，只有将算法影响评估制度作为基础性制度，才能形成合规成本与风险程度相适应的算法治理。

算法治理需要兼顾算法风险规制和算法发展利益。算法治理和算法影响评估制度都以风险为治理对象，主要是因为算法风险具有独特性。但是以风险为治理对象需要非常谨慎，因为风险并没有真实损害法益，过于严格的规制可能会影响算法技术的发展。国务院早在2017年就发布了《新一代人工智能发展规划》，其中提到我国要抓住人工智能发展的重大战略机遇，构筑人工智能发展的优势。对于以算法技术为基础的人工智能科技，我国保持包容审慎的态度，对于人工智能带来的社会治理问题，我国主要采取最大限度降低风险，确保人工智能安全、可靠、可控发展的策略。① 以算法影响评估制度为算法治理的基础性制度实际上体现了风险控制的思路，以算法影响评估为判断算法能否运行的"阀门"，要求控制者围绕风险程度部署适度的技术措施。此外，如前文所述，面对具有复杂性的算法治理，公共机构无法在事前形成具体细致的规则进行指导，也无法依靠线性监管控制算法运行的全过程。在事前指引不足的情况下，将算法影响评估制度作为基础性制度形成了重要抓手。通过整合公私主体进行治理以及通过风险阈值协同多种保障措施，有助于形成全过程监管，在治理过程中探索出有效的治理方式。

（二）促进公私主体合作治理

将算法影响评估制度作为基础性制度能够促进公私主体合作治理。算法影响评估可以整合多元主体的资源，形成风险预防规则与后果问责协同的过程控制，最终在治理过程中逐渐形成有效的治理经验，为细化法律规则提供指引。

首先，算法影响评估制度有助于整合多元主体的力量解决算法功能性问题，克服线性监管的不足。推动算法影响评估的首要力量是公共机构。② 作为政策制定者，公共机构需要为算法影响评估制度的实施制定指南，如我国国家市场监督管理总局、国家标准化管理委员会发布的《信息安全技术——个人信息安全影响评估指南》③ 以及欧盟的《数据影响评估指南》④

---

① 《国务院关于印发新一代人工智能发展规划的通知》（国发〔2017〕35 号），2017 年 7 月 20 日发布；《生成式人工智能服务管理暂行办法》，国家互联网信息办公室、中华人民共和国国家发展和改革委员会、中华人民共和国教育部、中华人民共和国科学技术部、中华人民共和国工业和信息化部、中华人民共和国公安部、国家广播电视总局令第 15 号，2023 年 7 月 10 日发布。

② Kirk Emerson, Tina Nabatchi & Stephen Balogh, "An Integrative Framework for Collaborative Governance", *Journal of Public Administration Research and Theory*, Vol. 22, p. 5 (2012).

③ 国家市场监督管理总局、国家标准化管理委员会：《信息安全技术——个人信息安全影响评估指南》（GB/T 39335-2020），2020 年 11 月 19 日发布，2021 年 6 月 1 日实施。

④ Article 29 Data Protection Working Party, Guidelines on Data Protection Impact Assessment (DPIA) and Determining Whether Processing is "Likely to Result in a High Risk" for the Purposes of Regulation 2016/679, WP 248.

和《自动化决策指南》。为了使得算法治理不偏离目标，公共机构还需要承担起监管者的角色。但是，公共机构难以事无巨细地规定相应的技术要求，也难以控制算法在运行中不发生变更，这使事后问责变得困难。此外，协同治理还需要公私主体之间达成共识，并形成共同的行动能力。通过算法影响评估制度划定各主体的义务与责任，有助于整合公私主体的能力与资源并朝着一致的目标进行治理。算法影响评估过程相当于一种软性的准入规则，要求一家公司与政府进行对话，并在使用自动化决策之前调整其风险管理流程。例如，欧盟 GDPR 第 36 条规定，如果评估结果显示控制者未采取措施，将导致处理过程出现高风险，控制者应在处理前咨询监管机构。以算法影响评估制度为抓手给控制者施加义务，并不是为了加重控制者的负担，而是算法治理需要依赖算法控制者。只有通过算法影响评估制度激励算法控制者参与制定并遵守防止错误、偏见和歧视的实质性规则，才能有效实现算法治理。正如西特伦（Citron）教授指出，程序员在进行算法代码设计时不可避免地参与规则制定。[①] 这与莱斯格（Lessig）教授在《代码 2.0：网络空间中的法律》一书中所提到的"代码即法律"如出一辙。[②]

其次，以算法影响评估为抓手有助于实现风险预防规则与后果问责的协同，形成全过程控制。由于算法存在复杂性与多变性，且监管机构缺乏相应的能力，监管机构只能通过规定较为宽泛的标准或保护原则划定算法运行的最低阈值，即算法必须在低风险下运行，并推荐相关主体采取降低风险的保障措施。欧盟 GDPR 和《自动化决策指南》关于自动化决策的规定也遵循这一路径。在这种情况下，法律制度就会激励所有使用自动化决策的主体进行影响评估。虽然欧盟 GDPR 要求只有高风险的自动化决策才需要进行算法影响评估，但是目前高风险范围划定尚不清晰。为了确保算法系统的合规性，相关主体可能会部署适当的保障措施降低风险，甚至进行算法影响评估检查是否存在高风险，这有助于在当前形成有效的风险预防和过程监管。此外，我国《个保法》和欧盟 GDPR 要求相关责任主体对算法影响评估进行记录与留档。算法影响评估提供了自动化决策系统中检

---

① Danielle Keats Citron, "Technological Due Process", *Washington University Law Review*, Vol. 85, p.1288（2018）.

② 〔美〕劳伦斯·莱斯格：《代码 2.0：网络空间中的法律》（修订版），李旭、沈伟伟译，清华大学出版社，2018。

测和消除算法歧视的跟踪记录，为事后的追责提供了相对可靠的依据。

最后，在公私主体合作治理的长期探索中，将逐渐形成统一且有效的治理规则。在算法影响评估中，算法控制者会尝试通过各种保障措施来满足低风险的要求，如定期的算法审计、提供人工复核渠道、引入第三方监督等。这相当于让算法控制者通过算法影响评估制度参与算法治理的规则制定。由于目前尚未形成统一且明确的行业标准，算法治理需要在实践中形成有效的治理经验。公共机构与私主体在影响评估中的互动，有助于公共机构在反复的评估中逐渐形成统一的规则，也有助于私主体探索出有效的保障措施。在制定算法治理规则的过程中，将逐渐形成更有效的法律合规文化，这也是协同治理的一个核心目标。①

（三）以风险为阈值协同多种保障措施

算法影响评估制度旨在解决不确定性和风险问题。一方面，需要评估的风险是为社会所关切的可能会产生新的且不稳定的危险。如美国在 1960 年初次提出的技术影响评估制度，用于评估基因编辑、超音速运输等技术。② 另一方面，相关的危险一旦形成可能会导致难以挽回的损失。如我国现有的环境影响评估制度，用于预防环境污染等风险。同理，算法影响评估制度同样以风险为算法的运行阈值，只有算法决策处于较低风险的状态才能被允许使用。如前文所述，算法影响评估并非独立的技术措施，算法影响评估制度是以风险为阈值统摄其他技术措施的基础性制度，可以发挥不同技术措施的协同作用。

学界研究曾试图从多个技术角度对算法进行问责，如算法设计的价值输入③、算法备案④、算法审计⑤、软件认证、加密承诺、零知识证明

---

① Margot E. Kaminski, "Binary Governance: Lessons from the GDPR's Approach to Algorithmic Accountability", *Southern California Law Review*, Vol. 92, pp. 1529-1568 (2019).

② David Banta, "What Is Technology Assessment?", *International Journal of Technology Assessment in Health Care*, Vol. 25, p. 7 (2009).

③ 王聪：《"共同善"维度下的算法规制》，《法学》2019 年第 12 期。

④ 张吉豫：《论算法备案制度》，《东方法学》2023 年第 3 期。我国《互联网信息服务算法推荐管理规定》第 24 条、第 25 条、第 26 条以及第 33 条规定了与算法备案相关的制度以及法律责任。

⑤ 张欣、宋雨鑫：《算法审计的制度逻辑和本土化构建》，《郑州大学学报》（哲学社会科学版）2022 年第 6 期；张永忠、张宝山：《算法规制的路径创新：论我国算法审计制度的构建》，《电子政务》2022 年第 10 期。

（Zero-Knowledge proofs）①、创造提起公益诉讼的诉由②、举报人保护制度③、反事实证明解释（Counterfactual explanation）等。相关研究具有较大的技术意义，但其均只是局限在特定的治理手段，众多技术手段在单独存在时，其治理效果可能存在较大的局限性。本文并不打算从技术角度逐一分析其有效性与局限，面对复杂多变的算法技术，目前监管机构同样也无法提供准确且必然有效的指引。但是，通过算法影响评估的风险阈值进行判断，有助于在实践中探索出有效且与风险相适应的保障措施，在降低治理成本与降低风险上实现有效平衡。欧盟 GDPR 第 35 条要求数据影响评估分析数据控制者提供的保障措施、安全措施与机制等，而第 22 条第 3 款则要求数据控制者提供合适的保障措施。虽然欧盟 GDPR 正文并没有细致规定具体的保障措施，仅要求数据控制者至少保障数据主体要求人工干预、提出观点与质疑的权利。但是，通过评估保障措施的设置是否与算法风险相匹配并涵盖算法运作的全过程，有助于在实践中探索有效的算法治理技术措施并且逐步形成具体细致的规则指引。

欧盟在《自动化决策指南》中推荐了一系列保障措施供数据控制者进行选择。④ 虽然相关的措施目前只是监管机构的推荐，但是其为数据控制者降低风险以通过风险评估提供了指引。尽管在单独实施这些保障措施时，存在一定的局限性，但是基于风险程度设置系统性的多个保障措施能够发挥各自的优势，起到较好的保障作用。在算法影响评估过程中细化风险分级分类和对应的保障措施，通过动态、持续监管的算法影响评估统摄所有的保障措施，最终综合治理效能与合规成本可探索出有效的治理手段。这为在企业中培养真正的算法责任而又不阻碍技术和商业发展提供了

---

① 〔美〕约叔华·A. 克鲁尔、乔安娜·休伊、索伦·巴洛卡斯等：《可问责的算法》，沈伟伟、薛迪译，《地方立法研究》2019 年第 4 期。

② Deven R. Desai and Joshua A. Kroll, "Trust but Verify: A Guide to Algorithms and the Law", *Harvard Journal of Law & Technology*, Vol. 31, p. 1 (2017).

③ Sonia K. Katyal, "Private Accountability in the Age of Artificial Intelligence", *UCLA Law Review*, Vol. 66, p. 54 (2019).

④ 综合《自动化决策指南》以及欧盟各国的立法，这些措施包括：（1）定期进行质量保证检查，以防止歧视和不公平对待；（2）算法审计（甚至可以交予独立的第三方审计）；（3）获取第三方对其算法的合同保证；（4）保障数据最小利用的措施；（5）匿名化或假名化措施；（6）涉及机器学习审核过程的行为准则；（7）伦理审查委员会等保障措施。

新的可能性。① 算法影响评估制度不是法律家长主义的产物，而是在长期合规中超越合规本身，让算法控制者意识到算法风险的危害并自觉参与算法治理。②

综上，算法影响评估制度应当被理解为算法治理的基础性制度。作为算法治理的良好抓手，其有助于实施公私主体合作治理、风险预防规则与后果问责协同以及协同与风险相适应的多种保障措施。通过算法影响评估进行协同治理，将有助于在实践中兼顾算法风险治理和技术发展利益。

三　基于过程监管的制度完善

以算法影响评估制度的定位观之，算法影响评估制度应当被描述为以风险程度为判断标准、实施持续性监管、综合运用多种算法治理手段的基础性制度。但是，目前我国相关规定在算法风险分级、监管时机和覆盖范围、透明度等方面存在不足。针对上述问题，算法影响评估制度需要基于其定位与协同治理路径的特征，从过程监管的角度进行完善。

（一）完善算法风险分级

我国《个保法》第 55 条仅规定了在使用算法决策时，个人信息处理者需要履行个人信息影响评估义务，但是并没有根据风险程度明确需要实施影响评估的算法类型，可能会导致算法影响评估的泛化。根据风险进行分级评估已经成为各国的通行做法。③ 根据欧盟 GDPR 第 35 条的规定，只有在算法决策对个人权益产生高风险时才需要进行算法影响评估。欧盟《自动化决策指南》则指出，如果算法决策对数据主体进行画像评分，且决策的结果具有重大影响，那么相关的算法为高风险。我国未根据风险等级划分实施影响评估的算法类型不符合国际通行做法，也与我国法律法规——如《互联网信息服务算法推荐管理规定》《生成式人工智能服务管

---

①　Bryce Goodman, *A Step Towards Accountable Algorithms？: Algorithmic Discrimination and the European Union General Data Protection* （2017），www. semanticscholar. org.

②　Andrew D. Selbst, "An Institutional View of Algorithmic Impact Assessments", *Harvard Journal of Law & Technology*, Vol. 35：1, p. 117 （2021）.

③　张凌寒：《算法评估制度如何在平台问责中发挥作用》，《上海政法学院学报》（法治论丛）2021 年第 3 期。

理暂行办法》——采取风险分级管理的理念相悖。① 这样的规定可能会提高部分企业的合规成本，不利于算法技术的发展。举例说明，在我国新闻管理出版较为严格的情况下，新闻算法自动化推荐就不存在较大的风险，不会出现脸书社交平台推荐仇视言论的情况；音乐平台通过算法推荐适合用户收听的音乐不会出现高风险的情况；网课平台利用算法进行课程推荐同样也不会出现高风险的情况。如果对这些类型的算法也需要进行影响评估，可能会给控制者带来过高的合规成本，影响算法的发展利益。

我国算法影响评估制度应当根据算法的类型划分风险等级。算法风险可以根据不同的要素进行分类。欧盟 GDPR 在第 24 条"控制者责任"中也列举了判断控制者需要采取相应保障措施的要素，包括处理的性质、范围、场景和目的，以及对自然人权利和自由的不同可能性和严重程度的风险。

首先，风险等级可以基于算法的性质及其对个人权益产生的影响划定。如欧盟 GDPR 第 22 条禁止条款认定对个人权益有重大影响的全自动化决策属于高风险的算法决策。而欧盟《人工智能法案》② 在第 9 条规定，当人工智能系统本身是一种产品或者是被用作产品的安全组件时，其属于高风险系统。将算法模型作为产品或者产品的安全组件和全自动化决策属于算法的性质。对个人权益产生重大影响则属于算法产生的影响。在算法产生的影响方面，德国《联邦数据保护法》③ 与斯洛文尼亚《数据保护法》④ 进行了更为细致的规定，即当算法决策出现消极结果的时候，算法决策才需要受到特定的规制。例如，在通过算法决策决定是否通过银行信贷申请时，如果贷款人获得了贷款资格，算法决策则不需要受到规制，反之则需要接受规制。

其次，算法系统的使用领域和使用目的同样可以作为风险等级划定要素。法国作为欧盟的成员国，其《数据保护法》通过加入算法系统的使用

---

① 《互联网信息服务算法推荐管理规定》第 23 条；《生成式人工智能服务管理暂行办法》第 3 条、第 16 条。

② Proposal for a Regulation of the European Parliament and of the Council Laying Down Harmonised Rules on Artificial Intelligence（Artificial Intelligence Act）and Amending Certain Union Legislative Acts，COM（2021）206 final.

③ Federal Data Protection Act（BDSG），section 37.（English version），www.gesetze-im-internet.de.

④ Personal Data Protection Act of Republic of Slovenia（ZVOP-2），www.ip-rs.si.

领域与使用目的要素，区分了三个领域的自动化决策，并对其提出了不同的要求，包括司法领域的自动化决策、行政领域的全自动化决策以及其他对个人产生重大影响的自动化决策。司法领域的所有自动化决策都被禁止，行政领域只有全自动化决策才需要被禁止。欧盟《人工智能法案》则在附件三中列举了相关的高风险系统，包括将人工智能系统用于自然人的生物识别和分类，关键基础设施的运营与管理，教育与职业培训，劳动雇用、工人管理和自主创业，评估获得基本的私人服务和公共服务及福利的资格，法律强制执行，移民、庇护和边境管制管理，司法、行政和民主程序等方面。此外，风险程度可以基于处理数据所属主体进行划定，如英国数据监管机构（ICO）将处理儿童数据的算法决策视为高风险决策，需要进行算法影响评估。①

最后，算法模型输入的数据类型会影响算法的风险等级划定。德国《联邦数据保护法》规定，如果决策涉及个人健康数据，控制者还需要提供更多的保障措施，如审核、定期检查、匿名化、指定数据保护官、提高有关人员意识等措施。德国将涉及个人健康数据（敏感数据）的算法决策视为高风险决策。

总之，算法的风险等级可以根据算法的性质、产生的影响、使用的领域、使用目的、使用场景、输入数据类型、敏感数据在决策中的比重以及数据所属主体等要素进行综合划定。在未来的专门立法中，应当相应地体现算法风险分级以及判断标准。在相关规定缺位的情况下，可以在算法影响评估实践中分析哪些要素导致算法风险升高的可能性较大，探索出能够对未来立法发挥指引性作用的风险分级标准。

（二）建立全周期动态的评估制度

欧盟《数据影响评估指南》将算法影响评估设想为一个迭代的、持续的过程，而不是一次性的过程。其要求至少在风险发生变化时定期审查数据影响评估。② 我国《个保法》第 55 条只规定了需要进行个人信息保护影

---

① Information Commissioner's Office, What If We Want to Profile Children or Make Automated Decisions about Them? https: //ico. org. uk.

② Article 29 Data Protection Working Party, Guidelines on Data Protection Impact Assessment (DPIA) and Determining Whether Processing Is "Likely to Result in a High Risk" for the Purposes of Regulation 2016/679, WP 248.

响评估的条件，没有明确相应的程序。我国《个人信息安全影响评估指南》在个人信息保护影响评估的概述中，将其描述为一种持续监管个人信息处理过程风险的机制。但是该指南附录 A 第 7 条只规定了个人信息保护影响评估需要在自动化决策规划设计阶段或者首次使用前进行，属于一种事前静态的算法影响评估。有学者将域外算法影响评估制度分为两种类型：以美国为代表的封闭合规型与以欧盟为代表的开放反思型。[①] 区分两种类型的标准之一是算法影响评估制度的实施时机。美国联邦《算法问责法案》[②] 规定算法影响评估必须在算法系统投入使用前进行，属于一种事前静态的算法影响评估。相反，欧盟 GDPR 与加拿大《自动化决策指令》都要求建立全周期动态的算法影响评估。加拿大《自动化决策指令》不仅要求在使用算法决策前对相关系统进行评估，在算法决策实施后以及算法决策功能范围或者系统范围发生变化时同样需要对相关系统实施评估。显然我国算法影响评估制度属于封闭合规型，因为我国仅规定了在算法决策系统设计阶段或者首次使用前进行影响评估。如前文所述，基于协同治理路径的算法影响评估制度旨在建立全过程监管。但是，我国相关规定并不符合建立全周期动态算法影响评估的要求。

首先，算法的复杂性需要全周期动态的治理手段。算法具有多变性与复杂性，在机器学习的场景下，算法会不断更新迭代，风险可能会随着算法的更新迭代而发生变化。如果只在算法设计阶段或者首次使用阶段进行算法影响评估，后续算法多变性导致的风险就无法被持续监测。此外，仅凭一次性事前静态评估会导致算法控制者采用应付式合规策略，不利于算法问责和建立有效的协同治理路径。

其次，算法功能性问题会出现于算法运作的全过程，一次性事前静态评估难以发现算法功能性问题。前文在论述个体赋权的局限性时指出，监管的时机对于算法治理具有重要意义，个体的控制能力弱导致其无法监管算法运行的全过程。从数据输入、数据分析、算法学习更新迭代到做出决策都可能会产生错误、歧视和操纵等问题，如果坚持一次性事前静态评估，可能会出现与个体赋权模式一样的局限性。因此，为了有效发现、监测并解决算法功能性问题，算法影响评估制度需要建立覆盖全过程、全周

---

① 张恩典：《算法影响评估制度的反思与建构》，《电子政务》2021 年第 11 期。

② Algorithmic Accountability Act of 2022, www. congress. gov.

期的动态监管。

最后，作为算法影响评估基础的协同治理路径也不是一次性静态治理，而是全周期动态治理。建立全过程动态算法影响评估制度与协同治理路径更为适配。协同治理之所以被提倡，是因为其具有改善复杂、不确定、不断变化的情况的潜力。① 这就要求协同治理必须具有一定灵活性，适应不同的复杂环境。在协同治理过程中，可能会出现不同的挑战或机遇。举例说明，受到协同治理的影响，问题可能会得到解决（或没有解决），或者新的研究发现采取其他治理手段更有效果，又或者协同治理过程中出现了新的利益相关者。② 在这些情况下，协同治理的内容都需要进行适当调整。算法技术更新迭代的速度较快，往往具有复杂性与不确定性。由于全过程动态监管需要更为灵活的政策和强大的专业知识，公共机构需要整合不同主体的资源与能力实现协同治理。一次性事前静态的算法影响评估无法与协同治理相适配。因此，在未来的适用或者完善立法时，算法影响评估制度应当被理解为覆盖算法运作全周期的、具有灵活性的动态评估制度。算法影响评估不应当局限于一次性事前静态评估，当算法风险变化时，控制者需要更新评估。

（三）提高透明度

提高算法透明度是早期研究着重提到的治理手段，面对算法"黑箱"问题，提高透明度是应对信息不对称和权利不对称的重要手段。在传统的行政决策中，政府信息公开与行政相对人参与听证等制度安排都属于提高决策透明度的手段，是平衡个体力量与公权力的重要手段。囿于个体赋权模式的局限性与不足，基于算法解释权提高算法透明度无法有效解决算法功能性问题。但是，提高透明度对于算法治理仍然有着至关重要的作用。透明度与问责两个概念密不可分，没有透明度就难以实现有效的问责③，

---

① Judith E. Innes & David E. Booher, "Consensus Building and Complex Adaptive Systems: A Framework for Evaluating Collaborative Planning", *Journal of the American Planning Association*, Vol. 65: 4, pp. 412–423 (1999).

② Kirk Emerson, Tina Nabatchi & Stephen Balogh, "An Integrative Framework for Collaborative Governance", *Journal of Public Administration Research and Theory*, Vol. 22: 1, pp. 1–29 (2012).

③ Jonathan Fox, "The Uncertain Relationship Between Transparency and Accountability", *Development in Practice*, Vol, 17: 4–5, pp. 633–671 (2007).

提高算法的透明度有利于实现问责制。因此，在适用和建构算法影响评估制度时，应当重视其提高透明度的作用。但是，目前我国相关规定中并没有针对算法影响评估提高透明度义务的条款，可能会导致算法影响评估提高透明度的作用被忽视。

算法影响评估制度提高透明度通过多维度的义务发挥作用。首先，提高透明度体现为算法控制者向监管机构披露信息，这类信息的披露主要是为了给监管机构提供监测和追责的依据。这并不代表算法控制者必须机械性地公布所有源代码。公开源代码既无法监测其在机器学习场景下的复杂变化，也无法向监管机构和受算法影响的主体提供有意义的问责信息。根据我国《信息安全技术——个人信息安全影响评估指南》的规定，在进行算法影响评估后，评估报告必须披露评估报告适用范围、涉及主体、法规标准、评估对象、风险判定、保障措施等信息。[1] 虽然评估报告涉及的内容在一定程度上提供了可问责的信息记录，但这类信息主要是用于算法控制者证明其已经履行了合规义务。对于监管机构的监测与问责，以可理解的方式披露算法内在运作原理的信息可能更有意义。[2] 相关研究将算法解释区分为以算法模型为核心的解释和以数据主体为核心的解释。[3] 前者主要是提供机器学习模型的广泛信息，这类信息主要是以人类可理解的方式解释与模型有关的信息，主要涉及算法模型的背景信息、训练元数据、运作逻辑、算法模型等信息。对此类信息进行批评的观点主要是针对其无法为数据主体提供有意义的解释，[4] 但是这并不代表机器学习模型本身的相关信息对算法问责不重要。对于算法问责来说，以可理解的方式向监管机构披露算法模型的相关信息相当于把设计阶段的具体要素进行记录存档，

---

[1] 具体包括：个人信息保护专员的审批页面，评估报告适用范围，实施评估及撰写报告的人员信息，参考的法律、法规和标准，个人信息影响评估对象（明确涉及的个人敏感信息）、评估内容、涉及的相关方，以及个人权益影响分析结果、安全保护措施分析结果、安全事件发生的可能性分析结果、风险判定的准则、合规性分析结果、风险分析过程及结果、风险处置建议等。

[2] 曾俊森：《算法解释权研究：缘起、内涵与限度——以欧盟〈通用数据保护条例〉及各国立法为视角》，《中山大学青年法律评论》第 6 卷，法律出版社，2022。

[3] Lilian Edwards & Michael Veale，"Slave to the Algorithm：Why a Right to an Explanation Is Probably Not the Remedy You Are Looking for"，*Duke Law & Technology Review*，Vol. 16，pp. 18-84（2017）.

[4] 丁晓东：《基于信任的自动化决策：算法解释权的原理反思与制度重构》，《中国法学》2022 年第 1 期。

既有利于事后问责时通过分析机器学习模型确定责任链条或者减免控制者的责任，也有利于保护算法模型的知识产权与商业秘密。因为其披露的对象是相关监管机构而不是经由算法解释权公开披露，监管机构需要履行相应的保密义务。在影响公共重大利益的情况下，披露以算法模型为核心的信息显得尤为重要。

其次，提高透明度体现为算法控制者向公众披露信息。有研究指出欧盟 GDPR 的数据影响评估制度在公众透明度上存在一定的不足，包括对公众公开的不足和对利益相关主体的公开不足。① 虽然欧盟 GDPR 的数据影响评估被誉为算法问责制的有效工具，但是这个过程实际上并不涉及向公众披露信息。尽管提高透明度自身并不足以实现有效的算法问责，但这仍然是算法问责必不可少的环节。欧盟 GDPR 和我国《个保法》《信息安全技术——个人信息安全影响评估指南》都有关于向公众公布算法影响评估报告部分内容的建议。但是这些规定并非强制性的，也没有相应的问责机制，在构建信任的算法方面存在较大的不足。提高透明度有助于尊重个人主体性，提高公众对于算法的信任度，增强使用算法的合法性。在算法协同治理路径中，缺乏透明度可能会影响算法影响评估制度的程序合法性。协同治理实际上相当于将各个主体置于公共论坛进行讨论，形成多方主体之间的对话。换言之，影响评估应该是一个受监管的实体、监管机构和第三方独立主体等利益相关者之间的多方对话。在适用算法影响评估制度的过程中，应当发挥其提高算法透明度的作用。通过算法影响评估提高透明度的方式包括线性的"监管主体—被监管主体"的信息披露与协同的公众透明，前者目的在于为事后问责提供依据，后者目的在于提高算法问责的协同性与算法运作过程合法性。

四 基于算法问责的制度完善

从法律经济学的角度来看，问责制是一种成本配置的方式，使得施害人将其施加于他人身上的成本内部化。问责制用以激励相关主体采取相应

---

① European Parliamentary Research Service，"A Governance Framework for Algorithmic Accountability and Transparency"，*Panel for the Future of Science and Technology*，2019.

的预防措施、威慑相关主体实施特定行为，或对不法行为进行扭转。① 作为算法协同治理的重要体现，算法影响评估制度可能会出现"软化"问题，需要通过专门问责加大监管强度。但是，目前我国缺乏对算法问责的专门规定，相关研究对其讨论较少。基于算法影响评估制度风险预防规则与后果问责协同的特征，算法问责需要构建起以风险与后果为调整对象的双重问责制。

（一）算法影响评估制度的"软化"问题

算法影响评估制度可能会产生"软化"问题。当前，我国不仅存在众多的影响评估制度，相关的法律法规效力层级纷繁复杂，还缺少专门的问责制。2021年6月全国信息安全标准化技术委员会实施的《信息安全技术个人——信息安全影响评估指南》对个人信息安全影响评估进行了具体规定。在此之前，2020年10月国家市场监督管理总局和国家标准化管理委员会发布的《信息安全技术——个人信息安全规范》，其规定了企业需要进行个人信息安全影响评估制度；2020年7月《工业和信息化部办公厅关于做好2020年电信和互联网行业网络数据安全管理工作的通知》发布，其要求开展网络数据安全合规性评估。此外，网信办还颁布了《个人信息出境评估指南》。众多效力层级不明、种类繁杂的评估制度可能会导致企业的合规成本高企，影响算法治理的效能。张凌寒教授指出，当算法影响评估制度缺乏更为严格的监管时，可能会难以激励平台投入资源并切实履行合规义务，因此算法影响评估制度需要严格的监管与问责。② 在未来的法律适用或者立法上，我国需要进一步梳理并统一协调现有的算法影响评估制度要求，建立具有针对性的问责制。

应当认识到算法影响评估制度的"软化"问题是由协同治理的性质所导致的。如前文所述，协同治理是被监管者自我监管与公共机构外部监管的结合体。算法影响评估制度既有监管机构通过履行法定职责和监管问责维护公共利益，又整合被监管主体、第三方主体、受决策影响主体的资源与能力进行治理，兼具公益性和灵活性。因此，算法影响评估制度本身整

---

① 〔美〕罗伯特·考特、托马斯·尤伦：《法和经济学（第六版）》，史晋川等译，上海人民出版社，2012。

② 张凌寒：《算法评估制度如何在平台问责中发挥作用》，《上海政法学院学报》（法治论丛）2021年第3期。

合了"软"和"硬"两种规则，包括公共监管、私营机构自我监管与第三方监管。这种模式既有助于突破自上而下监管的局限性、提高治理的灵活性，也有助于公共机构保障算法治理维护公共利益。之所以要避免算法影响评估制度"软化"，是因为具有灵活性的治理手段（自我监管和第三方监管）高度倚重于相关主体的自觉性。如果缺乏监管与问责，私营机构的逐利性可能会削弱其履行合规义务的积极性。[①] 因此，监管机构必须通过问责制施加相应的成本，激励相关主体履行义务。算法问责制的构建也应当与协同治理路径的特征相适应，形成以风险治理为核心的双重问责制。一方面以算法控制者履行合规义务为问责对象，另一方面以算法产生的不利后果为问责对象。

（二）建构以风险治理为核心的双重问责制

算法的双重问责制包括对算法控制者履行合规义务的问责和对算法不利后果的问责。前者指向算法控制者的风险合规义务，如算法控制者是否设置适当的保障措施降低算法风险、是否定期进行审计、是否部署了可溯源的存档措施；后者则指向算法产生的不利后果，如产生歧视、错误、操纵以及损害公共利益等后果。算法双重问责制的构建以风险治理为核心。一方面，算法治理以控制算法风险为核心；另一方面，基于风险和后果的问责制都需要根据风险等级配置相应的义务和问责强度。此举有助于合理配置算法控制者的合规成本，激励算法控制者全过程监测并控制算法在低风险情形下运行，形成持续性的治理。

第一，对算法控制者风险预防合规义务的问责，需要根据算法风险等级配置相应的合规义务和问责强度。如前文所述，根据风险等级将算法划分为不同类型是世界通行的做法。同样，基于风险等级对不同的算法类型配置相应的保障措施和问责制是更为妥当的做法。我国《互联网信息服务算法推荐管理规定》提到了算法分级分类的理念和健全算法分级分类体系。但是对于算法和监管问责如何分级分类我国并没有相关的规定。欧盟《人工智能法案》将人工智能的风险分为四个等级，包括不可接受的风险（Unacceptable Risk）、高风险（High Risk）、有限风险

---

① Andrew D. Selbst, "An Institutional View of Algorithmic Impact Assessments", *Harvard Journal of Law & Technology*, Vol. 35, p. 117 (2021).

（Limited Risk）、低风险（Low Risk）或者极少的危险（Minimal Risk）。只有在系统可能对基本权利和安全构成高风险时，控制者才需要根据《人工智能法案》承担相应的义务。对于其他非高风险的系统，控制者只需要履行有限的透明度义务，例如在人工智能与人类进行互动时，向相关主体披露能够标记正在使用人工智能系统的信息。对于高风险的人工智能系统，保障高质量数据，保障人工智能运行的记录存档和可追溯性措施、人工智能系统透明度，以及保障人工监督、系统准确性和稳健性是严格必要的。这些措施有助于减轻人工智能带来的基本权利和安全风险，以及其他现有法律框架未涵盖的风险。德国数据伦理委员会呼吁在德国甚至整个欧洲引入基于风险的方法来监管算法系统，并根据此类系统可能造成的危害实施不同的控制措施。德国数据伦理委员会建议使用五个级别来评估算法系统，级别根据"发生伤害的可能性和伤害的严重性"来划分。1级系统是指"潜在危害为零或可忽略不计"，如饮水机使用算法控制机器是否出水，此类系统不需要采取特殊措施；2级系统是指存在一些潜在危害的系统，如导航系统利用算法匹配车辆与用户，[①] 相关系统需要采取正式的实质性的措施，如提高透明度、公布算法影响评估报告、公布监测系统的程序（算法审计程序、监管机构的监管程序、事后控制程序等）；3级系统是指有重大或者定期的潜在危害的应用程序，如进行个性化定价的算法系统，这类系统需要采取额外的措施，如设置事前批准程序；4级系统是指具有严重危害潜力的应用程序，如在信用评分方面具有准垄断地位的公司使用算法决策，这类系统需要更多的附加措施，例如在应用程序接口设置"永远在线"的监管界面，实施实时、持续的监督；5级系统是指具有无法维持的潜在危害的应用程序，如使用算法控制武器或者直接进行司法裁判，这类系统将需要"完全或部分禁止"。[②] 由于需要履行的义务与风险等级相适应，在进行监管和问责时，控制者需要承担的责任也将与算法的风险等级相匹配。在算法系统存在较高风险而相关主体又未履行相适应的义务降低风险时，其将因为合规义务履行不到位而被问责。

---

① 张凌寒：《算法评估制度如何在平台问责中发挥作用》，《上海政法学院学报》（法治论丛）2021年第3期。

② The Data Ethics Commission, Opinion of the Data Ethics Commission, www.bmj.de.

综上，算法控制者合规义务以及问责强度应当与风险等级相适应。基于风险分级对算法控制者合规义务以及问责强度进行配置符合比例原则。欧盟《人工智能法案》明确指出，法案通过协调规制标准、提供指引和相应的合规工具，帮助控制者和用户遵守法案中的规定，并将其成本降至最低。控制者根据法案需要付出的合规成本，将与其遵循该法案所实现的目标以及获得的经济利益和声誉成比例。① 基于风险等级合理地划分算法类型并配置最低的义务要求，优化合规成本，有助于激励主体履行合规义务，降低风险。

第二，对算法控制者仍需要设置基于算法产生后果的问责。传统的问责制一般遵循"法律事实—法律责任"的链条，即基于特定法律事实追究相应的法律责任。这种问责制属于事后问责，相当于为算法全过程监管设置了最终底线。由于算法"黑箱"与算法持续变化的复杂性，以控制算法风险的合规义务为问责依据有助于实现全过程算法监管。但是，保证算法低风险运行无法完全消除其可能出现的消极后果，因此算法问责还需要设置基于算法产生后果的问责。我国《个保法》和欧盟GDPR设置了要求算法控制者记录算法运作过程并部署可追溯性措施以及进行定期审计的合规义务，以便于监管机构进行基于算法不利后果的问责。

基于后果的问责与基于风险预防合规的问责存在紧密联系。首先，后果问责仍然需要根据算法风险等级适用不同的归责原则。如侵权归责原则中的一般过错归责、过错推定、严格责任。举例说明，用于武器控制的算法产生的风险属于不可接受的风险，此类算法可能就需要严格责任的认定原则。这种责任分配方式符合侵权法理论中对于产品的归责原则。《美国侵权法第三次重述》提到了产品归责的"消费者期待"原则，当产品存在不合理危险缺陷时，生产者需要承担严格责任。② 这与我国《产品质量法》中关于生产者需要对产品缺陷承担严格责任的规定是一致的。算法复杂性导致受影响主体难以证明算法的缺陷、损害与因果关系，通过严格责任合理配置成本，有利于对算法进行问责。而对于风险程度较低的算法系统，

---

① 司晓、曹建峰：《论人工智能的民事责任：以自动驾驶汽车和智能机器人为切入点》，《法律科学》（西北政法大学学报）2017年第5期。

② Victor E. Schwartz, "The Restatement (Third) of Torts: Products Liability: A Guide to its Highlights", *Tort & Insurance Law Journal*, Vol. 34, pp. 87-88 (1998).

如欧盟《人工智能法案》中低风险或者极少的危险的人工智能，则适用一般过错归责原则，需要从主观过错、侵权行为、损害、因果关系等方面对算法行为进行评价。[①] 其次，风险合规义务的履行可以作为过错归责中的主观过错认定和减免责任事由的依据。对于主观过错认定，如果控制者基于监管机构的指引履行了合规义务，保证算法在低风险的过程中运行，一般认定其不存在主观过错。但是，如果控制者没有履行足够的合规义务或者本身有足以发现并预防算法损害的能力却未提供保障，则应当认定其具有过错。针对高风险算法的严格责任，可以参考《中华人民共和国产品质量法》及《中华人民共和国消费者权益保护法》对产品严格责任规定的减免事由，如产品未投入流通领域或者投入时不存在缺陷又或者流通时的科学技术水平尚不能发现缺陷存在。如果控制者能够证明其根据算法风险等级采取了适当的措施防止不利后果出现，则可以适度减免其需要承担的责任。

综上，基于算法协同治理路径的特性，解决算法影响评估制度"软化"问题需要构建基于风险和后果的双重问责制。以风险等级为判断履行义务程度与问责强度的阈值，有助于建构与风险相适应的义务和责任承担机制，合理配置算法控制者的合规成本。

结　语

算法影响评估制度是构建算法协同治理路径的基础性制度。通过算法影响评估制度实施公私主体合作治理、风险预防规则与后果问责协同、协同与风险相适应的多种保障措施，有助于形成算法的全过程监管并兼顾算法的技术发展利益。未来相关立法应当围绕算法影响评估制度的定位对其进行完善，包括完善算法风险分级、建立全周期动态的评估制度、发挥算法影响评估制度提高透明度的作用、建构基于风险和后果的双重问责制。

[①] Johanna Chamberlain, "The Risk-Based Approach of the European Union's Proposed Artificial Intelligence Regulation: Some Comments from a Tort Law Perspective", *European Journal of Risk Regulation*, Vol. 34, pp. 1-13 (2023).

平台封禁行为的反不正当竞争法规制[*]

袁　嘉　左添熠[**]

摘　要： 以不予直链、封闭接口等为表现形式的平台封禁行为具有主体特殊性、目的多样性以及效果复杂性等特征，司法实践中法官对此类行为的不正当认定难以准确把握。在认定依据上，互联网专条适用具有局限性，宜以一般条款加以认定；在认定范式上，既有的行业惯例原则、最小特权原则等裁判规则存在适用依据有待检验、适用范围存在局限和适用效果存在偏差等缺陷。基于此，在宏观上应当明确平台封禁行为的规制理念、规制时机和规制方法；在微观上宜引入比例原则作为具体方法，以目的适当性、手段必要性和结果均衡性考量行为是否构成不正当竞争，以此解决平台经营者权利行使的私权性与公共性之间的冲突，实现多元利益的平衡保护。

关键词： 封禁行为　不正当竞争　消费者利益　比例原则

随着平台经济发展迈入成熟期，经历多轮并购整合，平台间竞争形态逐渐由同行业的商业模式竞争转变为跨行业领域的生态系统竞争。[①] 作为流量入口把持者和分发控制者的平台企业不再单向度地追求广告收入等商业利益的获取，而是希望在激烈的注意力竞争中牢牢占据优势地位，实现商业生态系统的稳定与扩张，因此自然而然显露出抵御市场进入者的意图

---

[*]　基金项目：司法部国家法治与法学理论研究项目"互联网平台竞争的反垄断规制"（18SFB2051）；四川大学"智慧法治"超前部署学科项目。

[**]　袁嘉，四川大学法学院创新与竞争法研究中心主任、副教授，德国波恩大学法学博士，研究方向为竞争法；左添熠，四川大学法学院创新与竞争法研究中心研究员助理，研究方向为竞争法。

[①]　陈兵：《因应超级平台对反垄断法规制的挑战》，《法学》2020年第2期。

和行为，而其常用的抵御手段，正是利用组织管理者掌握的自治权实施的封禁行为，其表现形式包括屏蔽链接、封禁账号和封闭接口等。

平台封禁行为自诞生伊始，其定性问题便在学界引发广泛争议。肯定观点认为，一方面，封禁行为具有合法性，《中华人民共和国电子商务法》《中华人民共和国网络安全法》等法律法规强化了平台企业在数字空间治理中的主体责任，其依据自治规则实施封禁行为，有利于维护平台生态、保障用户体验，应予以肯定。[①] 另一方面，封禁行为具有合理性，平台作为经营者，对于经济利益有着天然的追求，其具有充分的经营自主权，不具有为其他企业免费提供数据资源"搭便车"的义务。[②] 否定观点则认为，其一，于市场竞争秩序而言，在平台的产品属性和管理权利塑造其公共性的背景下，平台通过实施封禁行为人为制造和维持进入壁垒，提高竞争对手成本，会阻碍相关市场"可竞争性"的形成。[③] 其二，于消费者利益而言，封禁行为实则是强制消费者接受平台对其公平交易权等合法权利的限制，阻碍其自主获取相应的产品或服务，提升了信息获取成本，影响了消费体验。[④] 其三，于数字经济的健康发展而言，封禁行为促成了"围墙花园"的形成，与互联互通的价值理念相背离，最终将阻碍数据要素流通、利用和价值释放。[⑤]

学界争鸣尚未尘埃落定，随着平台经济如火如荼的发展，以"字节跳动诉腾讯屏蔽抖音案"等为代表的平台封禁案件大量涌入法院。基于平台封禁行为本身具有主体特殊性、目的多样性和效果复杂性等特征，其模糊不清的认定边界让法院在审理此类案件时颇感棘手，而其行为的高频度与广泛影响亦显示，明确此类行为的规制标准已经成为维护互联网正当竞争秩序的迫切需要。[⑥] 本文拟从归纳平台封禁行为的表现形式与形成原因入手，基于对司法判例的实证研究，从中凝练裁判规则并加以反思，进而对完善认定标准提出构想。

---

① 姚辉、阚梓冰：《电商平台中的自治与法治——兼议平台治理中的司法态度》，《求是学刊》2020年第4期。

② 袁波：《走出互联网领域反垄断法分析的七个误区——以"微信封禁飞书"事件为中心》，《竞争政策研究》2020年第1期。

③ 黄尹旭：《Web3.0时代重构竞争法治的开放和统一》，《东方法学》2023年第3期。

④ 刘继峰、张佳红：《平台封禁行为的竞争法分析》，《当代经济科学》2023年第1期。

⑤ 焦海涛：《平台互联互通义务及其实现》，《探索与争鸣》2022年第3期。

⑥ 周樨平：《竞争法视野中互联网不当干扰行为的判断标准——兼评"非公益必要不干扰原则"》，《法学》2015年第5期。

一　平台封禁行为的形成机理与规制路径

(一) 平台封禁行为的概念厘清

平台封禁行为目前在学理上并未形成专门语义，因此开展研究首先要进行概念厘清。对学界当前有关观点进行爬梳，可以发现核心争议在于对封禁行为采用广义理解还是狭义理解。狭义上的平台封禁行为是指平台企业利用技术手段限制或者禁止竞争对手的应用程序接口接入，使其无法实现数据互操作的行为；[①] 广义上的平台封禁行为则指平台企业在流量获取、分发和变现过程中，利用技术手段对竞争对手进行限制或禁止的行为，其不仅包括不予直链、封闭接口，还包括流量分发限制、账号屏蔽封禁等行为。[②]

两相比较，对于平台封禁行为采用广义理解更为适宜，其原因在于：首先，从行为内容上看，平台经济竞争的核心因素是具有稀缺性的用户注意力，而其外在表现为网络流量，广义理解捕捉到了这一核心特征，聚焦流量传导机制过程中实施的限制禁止行为，这种理解广泛地涵盖了各种形式的封禁行为，具有概念上的周延性。其次，从行为主体上看，狭义理解仅关注数字平台作为流量入口的把持者，可以通过开放或者闭合应用程序接口，控制竞争对手与用户的接触机会；而未关注数字平台同样是流量分发机制的控制者，其亦可以通过对流量、流速和流向的控制影响竞争机制正常运作，如搜索降权、流量限制等。最后，从行为对象上看，狭义理解只关注直接作用于竞争对手的封禁行为，而忽视了通过对消费者、平台内经营者等实施封禁行为，以间接影响竞争对手、扰乱竞争秩序的行为实践。如在"饿了么诉美团不正当竞争纠纷案"中，美团公司就被指针对同时入驻两个平台的商户，通过限制平台配送范围、强制商铺下架等方式，要求商户停止使用饿了么平台的服务。[③]

[①]　周围：《规制平台封禁行为的反垄断法分析——基于自我优待的视角》，《法学》2022 年第 7 期。

[②]　郝俊淇、虎靖杰：《互联网平台封禁行为的发生机理和规制考量》，《价格理论与实践》2022 年第 7 期。

[③]　参见江苏省高级人民法院（2021）苏民终 1545 号民事判决书。

（二）平台封禁行为的类型提炼

对于平台封禁行为进行类型化提炼，有利于把握不同场景下封禁行为实施的侧重点，促成行为的具化分析与精准规制。当前学界对于平台封禁行为表现形式多采用列举法进行阐释，如有学者提出包含链接封禁、拒绝封禁和拒绝服务三种行为，[①] 亦有学者提出包含"二选一"、不予直链、自我优待和封闭接口四种行为。[②] 逐项列举对于理解平台封禁行为内容具有一定裨益，但难免由于无法穷尽，挂一漏万，因此宜采用概括式的方法，通过提取行为划分核心特征，对其进行类型提炼。

一是根据封禁行为的实施对象，可以划分为内容封禁、用户封禁、IP封禁和接口封禁。差异化的封禁行为主要是为应对实践中类型多样的违规行为，内容封禁主要是由于平台负有审查过滤义务，其需要对涉黄、涉暴恐等违法违规内容进行屏蔽处理。[③] 用户封禁主要是由于用户实施违规行为，如违规交易、侵犯他人隐私和传播违法信息等。IP封禁和接口封禁则主要是出于维护网络安全和用户权益保障，用于应对大量实施垃圾信息发布、恶意爆破登录和超量数据访问的行为。

二是根据封禁行为的作为形态，可以将其划分为积极性的平台封禁行为和消极性的平台封禁行为两类。前者主要指平台企业以积极的行动和态度实施的封禁行为，如通过预设屏蔽名录、设置用户举报系统和构建内容审核机制等促成平台封禁行为的积极实施。后者主要指平台企业负有及时开放应用程序接口的行为义务，且具备接口开放能力，但其通过不予审核、拖延时间和增设条件等方式怠于履行相应的义务，导致平台参与者无法公平接入的行为。

三是根据封禁行为的实现程度，可以划分为完全性的平台封禁行为和限制性的平台封禁行为两类。前者主要指针对封禁对象，平台经营者实施全面而长期的屏蔽封锁，使其完全无法获取流量的行为。后者则指在平台参与者流量获取、分发和变现过程中，平台企业在流量传导时间、次数和范围等方面施加限制的行为，如搜索降权、可见时间限制和可见范围限制等。

---

① 刘晓春：《数字平台生态系统的反垄断法定位与规制》，《思想战线》2022年第1期。
② 张江莉、张镅：《互联网"平台封禁"的反垄断法规制》，《竞争政策研究》2020年第5期。
③ 陈兵：《互联网屏蔽行为的反不正当竞争法规制》，《法学》2021年第6期。

(三) 平台封禁行为的成因分析

平台封禁行为的违法性判定之所以饱受争议，原因在于其中夹杂着平台自治权、经营自主权和合同债权等多重权源，使得行为实施的边界和限度难以厘清。明确行为实施的实践动因是合理规制平台封禁行为的关键，为平台主体市场的组织管理者和市场竞争参与者的双重身份提供了重要的观察视角。

作为市场的组织管理者，封禁行为是平台企业对内维护交易秩序、保障用户权益的一种治理手段。传统的商业模式通过商品生产创造价值，而在平台经济的商业模式下，其通过促成多边主体的信息交互与市场交易，共同创造价值。在这一场景下，为追求良性健康的市场秩序，平台参与者选择与平台经营者达成协议，通过权利义务关系的约定，促成交易行为的规范和约束。借由其中用户对于部分权利和自由的让渡，平台经营者获得相应的监督管理权。[1] 而为规制复杂多样的违规行为，平台内部亦设置了完备的责任体系，包括申诫罚、财产罚、行为罚和资格罚等，平台封禁对应其中最为严厉的资格罚，往往被用于规制严重违反平台自治规范的行为，如重复多次违规、恶意传播违法信息和非法获取个人信息等。[2]

作为市场竞争参与者，封禁行为亦是平台企业对外维持和获取竞争优势的重要手段。在扩大用户规模、提高市场份额的目标驱动下，平台企业在建立之初多采用开放共建模式，即通过 OPEN-API 开放协议，将应用程序封装成一系列编程接口予以开放，使得第三方可以直接调用该接口访问应用程序，实现数据的请求和响应。[3] 依托开放协议，于平台用户而言，其在保护隐私的前提下提高了使用不同平台产品服务的便捷程度；于第三方主体而言，平台接口的调用提高了数据信息采集效率，节省了开发

---

[1] 刘权：《网络平台的公共性及其实现——以电商平台的法律规制为视角》，《法学研究》2020 年第 2 期。

[2] 《腾讯软件许可及服务协议》"用户行为规范"部分第 8.4 条、《支付宝服务协议》第四部分"账户的注册、使用和注销"以及第五部分"使用支付宝服务的注意事项"、《美团用户服务协议》第四部分"用户行为规范与责任承担"中责任承担条款、《哔哩哔哩弹幕网用户使用协议》第四部分"使用规则"第 4.12.13 条用户协议中普遍规定了以账号封禁为内容的责任形式。

[3] 许可：《数据保护的三重进路——评新浪微博诉脉脉不正当竞争案》，《上海大学学报》（社会科学版）2017 年第 6 期。

和维护成本；而于平台本身而言，数据的高频次调用和多场景使用丰富了数据来源，增强了用户黏性。但随着数字经济发展，平台企业在用户规模接近峰值、原有市场份额趋近饱和后，开始以"生态竞争"为经营策略向新行业、新领域拓展，在此过程中，为巩固和发展竞争优势，平台封禁行为是其频繁应用的重要竞争手段，贯穿流量获取、分发和变现等各个环节。

从企业角度出发，流量、数据等资源作为平台企业的核心资产，选择开放对象、确定开放方式和决定开放内容是其经营自主权的体现，实施平台封禁行为具有合理性；但是从社会角度出发，在数字平台公共性日益凸显的背景下，部分平台企业通过封禁行为不正当谋取商业利益或破坏他人竞争优势，乃至人为设置市场进入壁垒阻碍有效竞争格局形成，已然危及市场公平竞争秩序，给经济社会发展和消费者福祉带来不利影响，此时，法律的介入便成为必要。①

（四）规制平台封禁行为的路径选择

就平台封禁行为的规制路径而言，当前学界倾向于从《反垄断法》角度切入，如探究适用滥用市场支配地位专章中的拒绝交易、差别待遇条款，② 以及借鉴欧盟直接规制模式和德国预防性规制模式对超级平台施加专门义务等。③ 但不可忽视的是，以可行性标准考量，从《反垄断法》的微观进路看，垄断纠纷在法律实践中面临相关市场界定困难、举证成本高昂和败诉率高等现实问题，同时消极禁止的法律责任难以提供具有可操作性的开放行为指引，无法承载"互联互通"的宏大愿景；从《反垄断法》的宏观进路看，受到市场动态竞争和错误成本理论的双重约束，谦抑性适用的执法观念决定了其不宜频繁使用，过度执法和强制开放将挫伤经营者投资和创新的积极性。④

在此背景下，考虑到平台封禁行为被《反垄断法》和《反不正当竞争法》竞合调整，以最优威慑理论加以审视，威慑效果取决于追责力度与查

---

① 张晨颖：《公共性视角下的互联网平台反垄断规制》，《法学研究》2021年第4期。
② 殷继国：《互联网平台封禁行为的反垄断法规制》，《现代法学》2021年第4期。
③ 郭传凯：《超级平台企业滥用市场力量行为的法律规制——一种专门性规制的路径》，《法商研究》2022年第6期。
④ 周汉华：《互操作的意义及法律构造》，《中外法学》2023年第3期。

处概率的结合,[①] 对于竞合行为,欲实现理想的执法效果,应当构建起《反垄断法》和《反不正当竞争法》的良性互动机制,《反垄断法》严厉的法律责任决定了其定位于威慑吓阻,不宜高频使用;[②] 在一般情况下,应当由《反不正当竞争法》介入,通过个案裁判中的事实澄清和属性评估,促使竞争秩序不断优化完善,以量变促成质变,发挥对垄断形成的预防作用。

二 平台封禁行为反不正当竞争法规制的现状检视

不正当竞争行为认定遵循基本的三段论逻辑,要解决的首要问题就是寻找大前提——法律规范。我国《反不正当竞争法》采取"列举条款+兜底规定"模式,为防止"向一般条款逃逸",对平台封禁行为的性质认定应当首先考虑具体行为条款的适用,只有在穷尽现有规范仍无法对行为进行法律评价的情况下,一般条款才作为"须填补的标准"适用其中。

(一)平台封禁行为不正当竞争认定的依据探寻

1. 互联网专条适用的局限性

对于平台封禁进行具体行为条款下的审视,考虑到其行为特征,应当首先考虑互联网专条的适用,即是否构成《反不正当竞争法》第 12 条第 2 款第 3 项规定的恶意不兼容行为。但通过对行为事实与规范要件的比较,平台封禁行为显然不能适用互联网专条,原因有以下几点。

首先在行为内容上,考量互联网专条出台的实践背景,其是基于"3Q 大战"中个案裁判的归纳总结,因此对不兼容行为应当进行目的性限缩解释,即不兼容范围应当限制为"在同一用户终端排斥其他软件加载或者运行"的行为,[③] 而平台封禁的实施范围限制在平台内部的事前准入或者事中管理,未达到干扰软件运行的程度。其次在主观目的上,封禁行为难以

[①] See Becker, S. Gary, "Crime and Punishment: An Economic Approach," *Journal of Political Economy*, Vol. 76. pp. 169, 205 – 207 (1968).

[②] 孔祥俊:《论互联网平台反垄断的宏观定位——基于政治、政策和法律的分析》,《比较法研究》2021 年第 2 期。

[③] 孔祥俊:《论反不正当竞争法修订的若干问题——评〈中华人民共和国反不正当竞争法(修订草案)〉》,《东方法学》2017 年第 3 期。

被认定为"恶意"，一方面其是为维护平台生态利益，即通过减少用户在使用软件过程中遭受的烦扰行为，提升用户体验，促进平台健康发展；另一方面是出于自主经营的需要，开放或者封闭是经营者出于商业利益最大化的选择，采取限制或者禁止是平台自治的结果，其本身有正当的权限来源。最后在实施效果上，平台内部不为其他经营者提供服务或者帮助的行为，也无法达成互联网专条定义条款中规定的对其他网络产品或者服务造成"妨碍、破坏正常运行"的损害后果的条件。①

在不能评价为恶意不兼容行为的情况下，基于兜底条款一般只调整在行为特征、性质上与《反不正当竞争法》第12条前3款类似的行为，因此对平台封禁行为的性质认定不得不溯及一般条款，立足于《反不正当竞争法》的法益、价值和宗旨展开分析。

2. 一般条款适用的合理性

一般条款的功能在于面对列举式规定未能涵摄的不正当竞争行为，以原则性内容提供补充性的规制方案。面对性质复杂、种类多样的平台封禁行为，一般条款的灵活性、开放性与包容性恰恰能对其予以有效回应，进而在法益的权衡中实现激励与约束的平衡。

检视当前我国《反不正当竞争法》一般条款的规范结构，其主要由定义条款和原则条款两部分构成，两者合力发挥补充性调整的作用。定义条款从侧面树立了对未能被列举条款所涵摄行为进行不正当性判断的原则性标准；而具体性标准则最终指向了第2条第1款原则条款的规定，其中"诚实信用"及"商业道德"是核心要素。随着一般条款在互联网不正当竞争案件中的频繁适用，其适用条件逐渐呈现"规制结构化"的形态，并于2010年在"海带配额案"②中正式确立。比照"海带配额案"中确立的适用条件，适用一般条款对平台封禁行为进行违法性认定具有一定合理性。其一，平台封禁行为不能为传统不正当竞争行为的规范要件所涵摄，属于互联网新型不正当竞争行为；其二，其他经营者因为平台封禁行为确有遭受交易机会受限、经济利益受损等结果；其三，封禁行为可能扰乱市场竞争秩序，因违背诚实信用原则和公认的商业道德而具备可责性。

---

① 叶明、张洁：《反不正当竞争法视角下互联网平台屏蔽行为的违法性认定研究》，《中国应用法学》2020年第4期。

② 参见最高人民法院民事裁定书（2009）民申字第1065号。

（二）平台封禁行为不正当竞争认定的基本范式

一般条款为平台封禁行为的规制确立了认定依据，但面对"商业道德"这一极具模糊性和不确定性的法律概念，如何具化认定规则成为行为违法性认定中亟待解决的重要问题。检视我国业已形成的判例实践，对其中阐释商业道德的裁判规则加以提取，可以发现在封禁行为不正当竞争认定中，行业惯例原则、非公益必要不干扰原则和最小特权原则等有其适用空间。

1. 行业惯例原则

商业道德是商业活动中应当遵守的道德标准和原则，行业惯例则是经过长期商业实践，在特定行业被普遍认可、共同遵循的行为准则。基于两者在发生起源和内容指向上高度近似，司法裁判中也常常援引行业协会或自律组织制定的从业规范、自律公约和技术规则等认定商业道德。2022 年3 月，在最高人民法院颁布的关于《反不正当竞争法》适用的司法解释中，"以行业惯例认定商业道德"的裁判规则得到进一步肯认。针对平台封禁行为，行业惯例原则在"奇虎诉百度 Robots 协议案"中得到充分阐释。法院指出百度公司在缺乏合理、正当理由的情况下，以对网络搜索引擎区别对待的方式，限制奇虎公司的"360 搜索"获取网站相关内容，违背了Robots 协议和《互联网搜索引擎服务自律公约》中要求遵循的公平、开放和促进信息流通原则，因此违背公认的商业道德，构成不正当竞争行为。①

随着数字经济应用场景的丰富与行业实践的深入，相关行业领域的竞争合规共识亦得到进一步强化。针对平台封禁行为，互联网行业领域内已经形成的《互联网信息服务算法应用自律公约》、《加强互联网平台规则透明度自律公约》和《互联网终端软件服务行业自律公约》等均对防止平台自治权不当扩张、促进平台经济健康发展发挥重要的规范指引作用。对其中涉及的规范内容加以梳理，一方面从程序正义角度，要求平台经营者公开入驻对接平台的申请材料、受理条件、处理流程和反馈时限等，有利于防止以拖延审核等为代表的消极性的封禁行为泛滥。另一方面从实体正义角度，规定除恶意广告外，不得针对特定信息服务商，屏蔽其提供的合法页面和内容，同时要求提高网址链接管理中违规判定和处置标准的公开透

---

① 参见北京市高级人民法院（2017）京民终 487 号民事判决书。

明程度，亦有利于通过外部监督机制，提高对平台实施封禁行为的约束力。

2. 非公益必要不干扰原则

在司法实践中，为消解商业道德的模糊性和不确定性，法官亦逐渐探索和提炼出一些商业道德认定的具体细则。非公益必要不干扰原则发端于"百度诉奇虎插标案"①，依判决书之阐述，可以提炼出原则适用需要具备以下条件：①干扰行为应当具有合理性，即以实现公益目的为限，维护相关用户和社会公众的利益，并且不得随意滥用或扩张；②干扰行为应当具有必要性，在采取其他手段能够达成目的的情况下，不得实施干扰行为。③干扰行为实施者承担干扰行为正当性的举证责任。该原则一经提出便受到实务界的推崇，随后在多起恶意插标、屏蔽广告等网络干扰案件中得到广泛应用，如"优酷与 UC 浏览器不正当竞争纠纷案"②"爱奇艺与极路由不正当竞争纠纷案"③ 等。

非公益必要不干扰原则适用的理据在于其与平台企业市场组织管理者的角色相适配。进言之，在公共治理变迁和信息技术赋权背景下，平台企业的公共性日益彰显，其作为数字空间中的组织管理者，恰如政府干预应当接受市场失灵的边界约束，其亦应充分尊重市场内部的自我调节，不宜过多、过深地介入私主体的交易，即以"不介入为原则，以介入为例外"。2022 年底，《反不正当竞争法（修订草案意见稿）》再次将引入"相对优势地位制度"提上议程，而其中有关不得干扰正常交易的规定与该场景下"非公益必要不干扰"原则具有内在一致性。以"格兰仕诉天猫案"为例，2019 年，格兰仕电器宣布和拼多多平台达成战略合作，随后在"6.18 大促"活动期间，其遭遇天猫平台运用屏蔽店铺、搜索降权等方式限制流量，直接导致旗下多家旗舰店销售额同比下滑超六成，该案中商家方即认为，平台作为交易场所提供者不能限制乃至剥夺其公平参与市场竞争的机会。④

3. 最小特权原则

在"百度诉奇虎插标案"⑤ 的再审中，奇虎公司指出二审法院忽略了

---

① 参见北京市高级人民法院（2013）高民终字第 2352 号民事判决书。
② 参见北京市第一中级人民法院（2014）一中民终字第 00236 号民事裁定书。
③ 参见北京知识产权法院（2014）京知民终字第 79 号民事判决书。
④ 参见周益帆《格兰仕起诉天猫，"二选一"之争将如何落幕？》，央广网，www.cnr.cn。
⑤ 参见最高人民法院（2014）民申字第 873 号民事裁定书。

安全软件与一般软件的区别，随后法院应用最小特权原则予以回应，指出虽然安全软件在系统运行中具有优先性，但这种特权并非不受限制的，相关经营者应当以实现安全软件功能为基础发挥作用。针对安全软件的双重身份，在"搜狗诉奇虎不正当竞争案"① 中，法院又创设了"一视同仁规则"，指出安全软件在"双重身份"下应当具有更高的克制性，特别是自己参与竞争的行业，应当将安全软件服务与浏览器业务最大限度分离，保证两者的相对独立。平台经济背景下，许多互联网平台企业兼具经营者、管理者的"双重身份"，也由此引发了社会公众对于其"既当裁判员，又当运动员"的隐忧，而最小特权原则和一视同仁规则对此恰好有适用的空间。

（三）平台封禁行为不正当竞争认定的范式检讨

行业惯例原则等裁判规则的出现丰富了商业道德的内涵阐释，充实了判决文书的论证说理，补足了制定法中出现的法律漏洞，为类案判决提供了具有可操作性的规则指引。但遗憾的是，上述路径仍存在不同程度的遗憾和缺陷，在实践中具体表现为适用依据有待检验、适用范围存在局限和适用效果存在偏差等。

1. 适用依据

从行业惯例出发解读商业道德，进而结合行为特征认定是否构成不正当竞争行为，其实质遵循演绎推理的逻辑，即"大前提—小前提—结论"。但行业惯例是否有利于市场的长期均衡与有效竞争、能否作为"一般性的知识前提"适用，尚需要进行进一步检验，② 其原因在于行业协会、产业联盟等主体组织下形成的自律公约多具有利益偏好，即侧重维护"在位者"的商业模式和竞争优势，而较少考虑"进入者"的生存处境与发展需求。反映在规范内容上，其多立足于既有的竞争格局和商业模式，主张市场主体对于他人的经营活动应当充分尊重、互不干扰，这在增量竞争阶段尚且具有合理性，但在用户规模"触顶"、市场进入存量竞争阶段后，对于静态竞争的强调势必将阻碍中小企业以"寄生共存"、"破坏性创新"和"模仿式再创新"等形式参与市场活动，长此以往亦将不利于市场有效竞

---

① 参见北京市高级人民法院（2015）高民（知）终字第 1071 号民事判决书。
② 范长军：《行业惯例与不正当竞争》，《法学家》2015 年第 5 期。

争与创新发展；尤其是在数据等资源尚未定分止争的背景下，不正当竞争行为认定中对于自律公约等不加检验地引用可能导致变相扩大知识产权专有权保护范围，[1] 促成数据资源圈占和垄断力量形成。此外，数字经济发展背景下，由于信息技术更迭和商业模式涌现，许多行业尚未形成普遍认可和遵循的行为规范，[2] 难以为商业道德的认识和理解提供客观解读，由此进一步凸显了商业道德认定在适用依据上面临的窘迫局面。

2. 适用范围

依托司法者在疑难案件中的事实提炼与法律推理，搜索引擎、安全软件等行业形成了相对稳定的不正当竞争认定规则，对于平台封禁形成了有效的边界约束，但其规则并不具有普适性，若将其类推至网络社交、电子商务等行业领域，难免会产生"南橘北枳"的问题。如在搜索引擎领域，Robots 协议之所以能被普遍遵循和认可，原因在于其具有互利性，即搜索引擎对于公开网站的数据爬取非但不会损及网站利益，反而将促成其宣传推广，提升网页浏览量。因此为促进信息流动，搜索引擎行业内以允许爬取为原则，以不允许爬取为例外，平台若通过"白名单"设置等行为限制或者禁止爬取数据，即构成不正当竞争行为。但在网络社交、餐饮点评等领域，接口接入引致的数据爬取行为不仅可能无法给数字平台带来流量利益，还可能由于爬取方对数据进行竞争性使用，而导致对于平台产品服务的"实质性替代"，损及其本应获取的流量收益，[3] 在此情形下，数字平台实施封禁行为具有合理性。由此可以发现，数字平台治理具有相当程度的复杂性，面对场景化的平台封禁行为，需要对商业模式、经营规模、技术能力和竞争策略等进行综合考量，是要求普遍性的一视同仁还是允许合理的差别待遇，尚需要进行个案的具体分析。

3. 适用效果

检视业已形成的判例实践，判定平台封禁行为是否违背商业道德，多着眼于竞争性利益的得失比较，这将难免导致案件裁判落入"经营者中心主义"的窠臼，偏离"竞争法保护竞争而非竞争者"的正常轨道，最终阻碍消费者利益和社会公共利益的实现。具言之，首先，竞争是对有限资源

---

① 孔祥俊：《论"搭便车"的反不正当竞争法定位》，《比较法研究》2023 年第 2 期。

② 陈耿华：《反不正当竞争法一般条款扩张适用的理论批判及规则改进》，《法学》2023 年第 1 期。

③ 周樨平：《数据爬取的不正当竞争认定规则研究》，《南大法学》2023 年第 2 期。

的争夺，一方竞争性利益的增长往往意味着另一方竞争性利益受损，市场竞争往往与损害如影随形，因此资源的有限性和损害的相互性确立了损害结果的中性性质，即损害本身不具有是与非的色彩，不能以损害有无和多少的结果倒推道德上的可责性，其判断理据应当回归行为正当与否的考量。

其次，在管理规则、服务协议等自治规则影响下，当前对于平台封禁行为正当性的考量实则带有"封禁合理"的预设立场，其具体表现为举证责任的倾斜与裁判结果的失衡，一旦封禁行为形式上符合自治规则条款内容，法院即认定封禁行为具有正当性，数字平台依托于此，常常超脱于法律之外。这从形式公平的角度审视似乎无可非议，但从实质公平的角度出发，该种认定模式忽略了平台经营者对于平台参与者的相对优势地位，即其在规则制定之初，便通过条款设计拓展了管理范围、强化了管理，并加重了用户行为义务，由此自治规则本身便带有价值偏好，[①] 而这种失衡的权利分配格局经由司法裁判的再次确认，实际上助推了自治权利的膨胀扩张与生态垄断的形成发展。

最后，"经营者中心主义"下的认定模式忽视消费者利益，导致难以因应平台封禁行为中消费者利益普遍受损的现实问题。在传统的竞争法观念中，消费者利益属于"反射性利益"，即通过对市场公平自由竞争秩序的维护，促进产品价格降低、质量提高和可替代性增强等，实现对消费者福利的间接保护。然而在数字经济时代，从应用消费心理学的定价营销策略到围绕消费者偏好推送内容的算法技术，以消费者为中心的产销格局正在逐步形成，经济社会开始由"经营者中心主义"向"消费者中心主义"转向，消费者公平交易权、自由选择权等合法权益的重要性进一步凸显。然而在反射性保护视角下，消费者利益却未得到与之相称的保护强度。

具言之，实践中许多平台封禁行为常常以牺牲消费者利益为代价，达成破坏竞争对手交易机会或交易优势的目的，如通过多重链接跳转提高消费者信息获取成本，进而减少对竞争对手产品的访问浏览；又如不当标识"安全警告"和"诱导分享"等，限制消费者对于外部链接的访问。对此司法裁判却未给予足够重视，对于消费者利益仅仅是一种附带式的间接保

---

① 陈荣昌：《网络平台信息内容的自我规制》，《深圳社会科学》2023 年第 3 期。

护，即消费者利益损害的认定服务于竞争者损害认定的结论，[①] 以"将损害消费者长期利益"等为由草草带过，而缺乏对消费体验、自主选择等因素的具体考量。长此以往，随着行业内部头部固化趋势显著，锁定效应增强，不对称地位之下消费者议价能力进一步减弱，"用脚投票"已成奢望。

三 平台封禁行为反不正当竞争法规制的体系塑造

欲实现对平台封禁行为的合理规制，一方面要防止不正当竞争行为泛化认定导致的过度介入，为平台自治留出充足空间，充分激发其参与社会治理的积极性和主动性；另一方面也要防止包容审慎监管异化为弱监管、慢监管和不监管，[②] 导致平台企业恣意实施封禁行为排挤竞争对手、获取市场力量，形成"赢者通吃"格局。因此应从宏观与微观两个层面明确平台封禁行为治理的制度架构，从宏观上讨论反不正当竞争法规制平台封禁行为的规制理念、规制时机和规制范围等；从微观上引入比例原则作为具体方法，以目的适当性、手段必要性和结果均衡性考量封禁行为是否构成不正当竞争。

（一）以动态竞争观形塑规制理念

竞争观是指对市场竞争的基本态度、观念和评判，[③] 秉持何种竞争观将直接决定不正当竞争行为规制中规制理念、规制时机与规制范围的选择。竞争行为"泛道德化"评判的实质是一种静态的竞争观，即主张互不干扰、相安无事的竞争状态，在静态竞争观的支配下，一旦经营者的竞争性利益受到他人市场行为之损害，法律即介入其中进行调整，对竞争损害予以否定性的评价。

然而市场经济下优胜劣汰的机制决定了市场竞争不是一潭死水，而是具有强烈的对抗性，在剑拔弩张的激烈竞争中创造活力和激励创新。恰如亚当·斯密所言："竞争能够产生其自身的和谐，市场得以自我调整并从

---

① 陈耿华：《论竞争法保障消费者利益的模式重构》，《法律科学》（西北政法大学学报）2020 年第 6 期。

② 孙晋、王帅：《数字市场"防止资本无序扩张"的竞争要义与监管改革》，《探索与争鸣》2022 年第 7 期。

③ 孔祥俊：《反不正当竞争法新原理·原论》，法律出版社，2019。

中受益。"① 在面对损害相互性的事实前提时，法律经济学奠基人罗纳德·科斯曾有过一段著名论述："当面对具有交互性的损害事实时，人们一般将该问题归结为甲给乙造成损害，思考的对策是如何制止甲。然而其实我们真正需要思考的是：是允许甲损害乙，还是允许乙损害甲？"② 与我们的问题结合起来，我们需要思考的是原告与被告之间的竞争性利益谁更值得保护的问题，而非产生竞争性损害即需要予以否定性评价进行制止。

代入平台封禁行为的情境中，数据流量等是经营者争夺的核心资源，其中涉及生产、加工、流通和使用等多个环节，派生出资源持有者、加工使用者和产品经营者等多方主体，由于当前法律规范并未对其进行定分止争，加之竞争形式层出不穷，利益冲突与损害的发生在所难免。面对损害相互性的客观事实，动态竞争观下，一是在规制理念上，应当认识到数字经济的本质是创新和竞争，商业模式总是变动不居的，若用法律对既有模式进行倾斜性保护，则商业实践往往难以发展进步。因此在数据资源尚未进行清晰产权界定的背景下，不能概括性地认定用户进入某平台，该平台即可排他性地获得与其交易机会和数据流量等竞争性利益，进而预设平台封禁行为具有合理性的价值立场，为平台阻挡本应承担的市场风险，阻滞市场资源的优化配置。易言之，封禁行为的不正当竞争认定需要回归行为规制法的功能定位，结合经营者利益、竞争者利益和消费者利益等多元法益进行综合评判，以此保护富有活力的竞争机制，而不能机械套用自治规则、自律公约等规范进行形式审查，或者仅以"搭便车"、不劳而获等道德直觉进行简单评判，直接认定封禁行为不具有违法性。

二是在规制时机上，法律介入的限度在于矫正市场失灵，由此《反不正当竞争法》的调整应当秉持谦抑适度的态度，因为若不当介入或过度介入，将正当合理的市场行为认定为不正当竞争行为，可能侵夺公共空间，损害自由竞争；③ 尤其是封禁行为位于《反不正当竞争法》与《反垄断法》调整的交叉地带，若对封禁行为构成不正当竞争进行宽泛认定，必将导致不当干预市场竞争，激化两法的适用冲突。具言之，一方面，在违法性的判定中，须认识到由于用户需求、服务内容和功能定位等的差异，不

---

① 〔美〕戴维·J. 格伯尔：《二十世纪欧洲的法律与竞争》，冯克利、魏志海译，中国社会科学出版社，2004。

② 〔美〕罗纳德·哈里·科斯：《企业、市场与法律》，盛洪、陈郁译，格致出版社，2014。

③ 孔祥俊：《论"搭便车"的反不正当竞争法定位》，《比较法研究》2023 年第 2 期。

同平台对于外部链接、服务接入等行为的接纳程度存在差异，因此封禁行为的实施范围与程度亦存在差别，如注重隐私安全价值的平台往往封闭性较强，其可能对绝大部分外部链接持排斥态度，在该种情境下，只要其行为实施具有普遍性，而非针对特定经营者，即可认为该平台实施封禁行为不具有违法性。另一方面，在有责性的判定中，对待实施封禁行为的平台提出的抗辩理由，亦需要结合封禁场景、封禁对象和封禁程度等进行考量，尽管平台的产品属性和管理塑造了其公共属性，但并不意味着其负有普遍性的开放义务。在激烈的市场竞争中，平台经营者亦需要维持自身产品服务的竞争力，维持盈利空间，当竞争对手出于恶意竞争目的，通过诱导内容分享、爬取用户信息等方式削弱其市场份额或扰乱其内部生态时，其基于善意采取相应的封禁行为予以回应，由此产生的竞争性损害应当是被允许的。

三是在规制范围上，应当将损害消费者利益的平台封禁行为纳入其中，实现对消费者利益的直接保护。围绕消费者利益，传统观念认为由《消费者权益保护法》对其进行直接保护，而《反不正当竞争法》通过维护竞争秩序对其实现间接保护。该种观念的产生有其历史渊源，即《反不正当竞争法》脱胎于侵权法，其诞生之初旨在保护诚信经营者免受不诚信竞争对手的商业攻击，防止"劣币驱逐良币"，因此消费者利益、社会公共利益彼时尚未进入认知视野。[①] 数字经济时代，由于消费者是数据流量等核心资源的生产者，消费者注意力成为各大平台激烈争夺的对象，倚仗法律赋权与技术赋能，平台企业对消费者的干预能力增强，而为获取交易机会和谋取竞争优势，其频频对消费者实施滋扰行为，如提高信息获取成本、加大服务获取难度、塑造产品认知偏差等。由于损害呈现非类型化、非权利化的特征，消费者在此情境下往往难以获得直接保护，而其为抵御商业滋扰，通过使用外部产品和服务实施的对抗行为，又因《反不正当竞争法》司法实践中"经营者中心主义"的裁判模式而遭遇忽视，进而难以实现"自力救济"，消费者就此完全处于被动地位。在消费者结构性弱势地位凸显与现有保护模式难以形成有效因应的背景下，"以竞争法直接保护消费者利益"的命题呼之欲出，[②] 2017年，我国《反不正当竞争法》在

---

①　张占江：《论不正当竞争认定的界限》，《政法论丛》2021年第2期。

②　张佳红：《平台封禁行为下消费者利益的保护》，《中国流通经济》2023年第1期。

一般条款中正式引入"保护消费者利益",这意味着在法律属性定位和具体适用上亦将发生重大变革。

以竞争法直接保护消费者利益,并非将消费者作为独立对象进行直接保护,而是在认定行为不正当性时,将消费者利益纳入考量因素之中,重点考量其自主选择和行为自由,为消费者抵御平台的过度扩张提供保护"盾牌"。以平台封禁广告屏蔽插件为例,该种场景下不能因为平台提出"优化用户体验""保障用户安全"的理由而认定其不具有违法性,而是要考量到,一方面广告屏蔽插件的引入是消费者自主选择的结果,有利于产品体验和服务质量的提升;另一方面,广告屏蔽并不足以触及视频网站的生存底线,相反,通过技术产品的引入有时还能激励其开拓新的经营模式和竞争空间,促成产品和服务的推陈出新,如广告内容的创新和收入来源的多样化等。

(二) 引入比例原则作为规制方法

平台封禁行为具有主体特殊性、目的多样性和效果复杂性等特征,面对利益多元化引起的冲突,意图一劳永逸地寻求实体规范解读商业道德,其最终结果可能是缘木求鱼,以一种新的不确定替换另一种不确定。欲实现较为理想的规制效果,即既发挥一般条款的兜底调整作用,又实现规则指引的稳定性和可预期性,较为可行的方式是引入法律论证框架,通过程序约束引导法官以市场效果为标准进行利益衡量,进而做出契合行业实践和法理精神的评判,防止对既有裁判规则的机械套用。

依拉伦茨的论述,利益衡量应当首先考虑法的位阶次序,即在相互冲突的法益之中,优先保护具有价值优越性的法益。[①] 然而在平台封禁行为相关案件中,往往涉及经营者、竞争者、消费者的利益,而这三者的利益处于同一位阶,因此如何进行三者的权衡和比较就变得颇为棘手。当需要适用"两害相权取其轻"的思维方式时,可以考虑引入强调"目的与手段的适当性"的比例原则解决这一难题。尽管比例原则作为公法原则,通常作用于公权对私权可能产生影响的领域,但平台封禁行为的特殊性在于,其引发争议的根源恰恰在于平台经营者权利行使的私权性与公共性存在冲

---

① 〔德〕卡尔·拉伦茨:《法学方法论》,陈爱娥译,商务印书馆,2003。

突，① 因此比例原则有其适用的"土壤"。比例原则由适当性、必要性、均衡性三大原则构成，在适用上具有顺序性，唯有上一个原则的要求得到满足，方可适用下一个原则。为具化比例原则的适用逻辑，本文以平台封禁行为为例证，在利益平衡保护理念的指引下，对平台封禁行为的正当性予以判定。

1. 行为目的的适当性审查

适当性原则关注行为与目的的联系，要求行为能够实现或者至少有助于目的的达成。② 它包含两个重要因素：一是目的性因素，即竞争行为所追求的目的必须合法；二是可能性因素，即竞争行为所采取的手段必须能够或者足够实现上述目的。

平台往往依据"自治管理规范"做出封禁行为，封禁行为是平台自治权行使的具体方式，有其正当性基础，一方面是数据爆炸背景下政府监管不足与合作治理模式的外在需求，另一方面是平台立法演进背景下平台责任扩充与管理权补充的内在需求。③ 因此原则上应当认可平台封禁行为能够实现或至少有助于实现维护平台运行秩序和用户良好体验的目的，在例外情况下加以司法干预，即其行为并非为实现上述目的，而是具有针对性或指向性，为不正当地谋取竞争优势或者排除他人竞争优势的情况。

2. 行为手段的必要性审查

必要性原则要求在诸多能够同等实现该目的的方式中，选择对其他经营者损害最小的一种。平台治理场域下，该原则客观上对平台封禁行为提出了"执法金字塔"（Enforcement Pyramid）的要求，将其权利实施限制在平台治理的必需范围内，以此防止私人处罚权的不当扩大，平衡平台参与者之间的多元利益。具体而言，"执法金字塔"是回应型规制理论的核心模型，其要求规制机构在执法工具的选择上，依循"金字塔"自下而上的逻辑次序拾级而上，首先应当选择"金字塔"底部威慑力较弱、协商色彩较浓的劝服机制，只有在该机制失效后，才逐级而上，不断提高监管工具的威慑力。④ 平台自治权中处罚权的行使本身有多种手段，如信誉罚、行

---

① 史欣媛：《论比例原则在经济法中的适用》，《现代法学》2022 年第 2 期。
② 应松年主编《当代中国行政法（第一卷）》，人民出版社，2018。
③ 时建中、马栋：《双重身份视角下平台自治与反垄断监管的界限》，《竞争政策研究》2020 年第 4 期。
④ 卢超：《互联网信息内容监管约谈工具研究》，《中国行政管理》2019 年第 2 期。

为罚、财产罚等，而平台封禁行为属于其中程度最重的处罚。内容屏蔽、搜索降权通过减损交易机会间接影响其经济利益，而封禁账号、关停店铺等则直接剥夺了经营主体资格，因此封禁行为一般应当适用严重违反平台自治管理规范的行为，毕竟"杀鸡焉用宰牛刀"。

具体而言，在社交平台情境下，对于外部链接，不存在诱导分享、关注等情形的，而仅仅是未接入商业合作的，应当保证用户基本的选择权——自主分享的权利，对于该链接不能直接屏蔽内容或者标示警示字样，而应当保证用户可以接收该链接并知晓如何通过其他路径了解分享信息。在电商平台情境下，对于平台内经营者与其他平台达成合作，平台可以通过调整优惠费率等方式加以调整，而不能采取关停店铺、限缩配送范围、搜索降权等方式直接干预其经营活动，限制剥夺经营者自主经营权、公平交易权。在开放平台情境下，用户请求登录第三方应用，其他经营者申请 API 授权时，在符合开放平台相关准入条款的前提下，平台应当一视同仁，给予其准入资格，实现平台"提供开放交易场所"的基础功能，而不能以直接或者间接手段限制其进入。

值得一提的是，权利与义务总是相伴而生，互联网平台在被赋予平台自治权的同时，也负有提前告知、充分解释等义务，尤其是在自治行为技术性、隐蔽性和复杂性越来越强的背景下，应当保障其他经营者基本的知情权。而这就要求互联网平台将封禁行为的适用行为和具体措施事先列明于平台自治管理规范中。对于并未列明的"处理情形"，如与其他平台进行商业合作等；对于并未列明的"制裁方式"，如搜索降权、内容屏蔽、限缩配送范围等，在出现上述情形且缺乏合理理由的情况下，应当认定该竞争行为具有不正当性。

3. 行为结果的均衡性审查

均衡性原则要求行为为达成目的造成的损害，不能与其获得的利益明显失衡。对平台封禁行为加以审视，在多元利益衡量视角下，其行为损害合比例性的主要要求是竞争秩序不受实质性扭曲，具体而言，一方面体现在保护竞争者基于自由竞争享有的利益，另一方面体现在保护消费者自由决策不受扭曲的利益。在竞争者利益层面，其行为往往可以通过适当性、必要性审查进行评估，行为结果的审查自不待言，毕竟"毒树结出恶果"；而在消费者利益层面，则需要进一步通过均衡性审查加以判断，消费者利益的核心是消费者自由决策机制，其内在价值在于"消费者偏好"作用的充分发挥，进而实现市场机制的有序运行和市场资源的优化配置。而欲充分保障消费者自由决策，具体包括两方面要求，一方面是信息传播的真实性，要求尊重消费者知情权和公平交易权，使其了解商品和服务的真实情况；另一方面是消费者选择的自由性，要求尊重消费者的自主选择权，其能够就是否消费、如何消费做出独立的选择判断。①

数字经济运行中，在大数据、算法等技术手段加持下，平台经营者与参与者之间的信息不对称程度加剧，亦加大了消费者自由决策机制受到扭曲的风险。当前平台针对消费者实施的搜索降权、内容屏蔽和标示警示标识等行为，可以被高度凝练为引诱误导行为和侵害选择自由两种类型，这实质上是通过限制、剥夺消费者自主选择权、知情权等基本权利，影响其他经营者经济利益，进而达成威慑平台经营者与其进行排他性交易或者直接排除其他平台经营者竞争的目的，属于不正当地获取竞争优势和限制、排除他人竞争优势，应当被认定为不正当竞争行为。

四　结论

数字平台通过实施封禁行为不正当谋取商业利益或破坏他人竞争优势，已然危及公平自由的竞争秩序和消费者福祉，亟待受到有效规制。在规制路径上，当前研究多着眼于《反垄断法》，然而其在法律实施中面临相关市场界定困难、举证成本高昂和败诉率高等现实问题。在此背景下，考虑到封禁行为被《反垄断法》和《反不正当竞争法》竞合调整，以最优威慑理论加以审视，宜构建起《反垄断法》与《反不正当竞争法》良性互动的调整机制，《反垄断法》本身威慑吓阻的定位决定了其不宜频繁动用，在一般情况下，应当由《反不正当竞争法》介入，通过个案裁判中的事实澄清与法律认定，促成场景化情境下行为边界的明晰和竞争秩序的优化，充分发挥预防垄断形成的作用。

进言之，在认定依据上，囿于互联网专条适用范围，宜以一般条款加以认定；在认定范式上，行业惯例原则、非公益必要不干扰原则、最小特权原则等裁判规则有其适用空间，但仍存在适用依据有待检验、适用范围存在限制和适用效果存在偏差等现实问题，尤其是在反射保护模式下，

---

① 张占江：《论反不正当竞争法的谦抑性》，《法学》2019年第3期。

"经营者中心主义"的裁判思路忽视了对于消费体验、自主选择等消费者利益的适当考量，导致消费者结构性弱势地位越发凸显。为解决上述问题，促成对平台封禁行为的合理规制，应当从宏观与微观两个层面明确行为治理的制度架构。在宏观上秉持动态竞争观的规制理念，结合经营者、竞争者和消费者利益进行综合评判，避免对于自治规则、自律公约等规范不加检验地机械套用，防止预设"封禁合理"的价值立场，以此维护富有活力的市场竞争机制。在微观上引入比例原则作为具体方法，对行为目的进行适当性审查，对行为手段进行必要性审查，对行为结果进行均衡性审查，以此明晰平台封禁行为的不正当竞争认定规则，解决平台经营者权利行使的私权性与公共性之间的冲突，实现多元利益的平衡保护。

游戏换皮《著作权法》 规制路径之局限与突破

董慧娟 玉昊林[*]

摘 要：随着我国游戏产业发展，游戏换皮现象频频出现，对游戏创作者的创新动力和游戏市场公平竞争环境造成了不容小觑的消极影响。既有案例表明，在司法实践中我国法院大多倾向于以《著作权法》对游戏换皮予以规制。然而，受到思想与表达二分法自身的限制，《著作权法》保护模式难以实现保护属于思想范畴的游戏规则等核心要素的目的，而混同原则和必要场景原则也进一步加大了以《著作权法》规制游戏换皮的阻力。不妨另辟蹊径，在参考借鉴韩、日、德等国立法或司法经验的基础上，考虑尝试在《反不正当竞争法》中明确创设禁止"不当模仿竞争者产品"的具体条款，作为规制游戏换皮的一种新思路，以达到激活、保护游戏产业创新与维护公平竞争市场环境的双重目标。

关键词：游戏换皮 不正当竞争 游戏规则

一 问题的提出

根据中国音像与数字出版协会发布的《2022 年中国游戏产业报告》，2022 年中国游戏市场实际收入已经达到了 2658.44 亿元。[①] 由于游戏产业的高回报率和网络时代获取游戏信息的低成本，游戏换皮现象频频出现，可

---

[*] 董慧娟，厦门大学知识产权研究院副教授，研究方向为知识产权法；玉昊林，厦门大学知识产权研究院硕士研究生，研究方向为知识产权法。

[①] 参见《〈2022 年中国游戏产业报告〉正式发布》，中国音像与数字出版协会官网，www.cadpa.org.cn/3271/202302/41574.html。

能严重损害相关权利人的合法权益，对游戏市场的健康发展产生消极影响。

"游戏换皮"，也称"游戏克隆"，学界目前并无公认定义。孔祥俊教授认为，"游戏换皮"指游戏开发者抄袭他人在先游戏作品的玩法、规则、数值体系、技能体系、操作界面布局等对游戏操作体验最关键的元素，而仅更换游戏故事背景设定等文学元素，角色形象、动画特效、图标、按钮等美术元素以及音效、配乐等音乐元素，从而达到与在先游戏作品在外观上既有明显区别又似曾相识，同时互动性、操作体验实质性相似的效果。① 有学者认为，"游戏换皮"指游戏厂商发布的游戏是受到特定既有游戏的启发，甚至与既有游戏非常类似，可以是在游戏思想、游戏故事、游戏视觉呈现或者其他元素方面的类似，以获取经济利益。② 一般而言，我们可将游戏换皮理解为，在后游戏使用了与在先游戏不同的美术形象、音乐等元素，但在玩法规则方面（如数值属性、技能体系、操作界面等）与在先游戏几乎完全相同或构成实质性相似的行为。

在司法实践中，我国大部分权利人是以换皮游戏侵犯著作权为由提起诉讼的。从既有判例看，在"太极熊猫"诉"花千骨"案③、"我的世界"诉"迷你世界"案④等典型案例中，各法院对于能否利用《中华人民共和国著作权法》（以下简称《著作权法》）规制游戏换皮行为、《中华人民共和国反不正当竞争法》（以下简称《反不正当竞争法》或"反法"）与《著作权法》的关系如何，是否可以或应如何通过《反不正当竞争法》规制游戏换皮行为等问题，存在较大分歧，部分案例中一审、二审法院观点不同的情况时有发生。从学界研究现状看，既有研究主要集中于从《著作权法》角度分析游戏换皮的侵权问题⑤，鲜有从《反不正当竞争法》角

---

① 孔祥俊：《论反不正当竞争法的二元法益保护谱系——基于新业态新模式新成果的观察》，《政法论丛》2021 年第 2 期。

② C. Lunsford，"Drawing a Line Between Idea and Expression in Videogame Copyright：The Evolution of Substantial Similarity for Videogame Clones"，*Intell. Prop. L. Bull.*，Vol. 18，p. 87（2013）.

③ 苏州蜗牛数字科技股份有限公司诉成都天象互动科技有限公司等侵害著作权纠纷案，参见江苏省苏州市中级人民法院（2015）苏中知民初字第 00201 号民事判决书。

④ 广州网易计算机系统有限公司、上海网之易吾世界网络科技有限公司诉深圳市迷你玩科技有限公司著作权侵权及不正当竞争纠纷案，参见广东省高级人民法院（2021）粤民终 1035 号民事判决书。

⑤ 朱艺浩：《论网络游戏的著作权法保护》，《知识产权》2018 年第 2 期；张学军：《网络游戏与著作权保护相关问题探讨》，《中国版权》2016 年第 5 期；张书青：《网络游戏著作权法保护的路径选择与模式优化——评〈蓝月传奇〉案》，《电子知识产权》2020 年第 7 期。

度规制游戏换皮行为的深入研究，本文拟重点探讨相关问题并力图提出较具体的建议。

二 《著作权法》规制游戏换皮之局限与困境

我国《著作权法》在第三次修正中已将"电影作品和以类似摄制电影的方法创作的作品"修改为"视听作品"，在涵盖的作品种类与范围上，一般认为是扩大了保护范围。[①] 不少学者认为，应将网络游戏这一特殊作品形式纳入《著作权法》予以保护。但不可否认的是，即使将游戏认定为视听作品，或是"符合作品特征的其他智力成果"，也同样要受到《著作权法》中"思想表达二分法"这一基本原则的限制，或是避开混同原则与必要场景原则，游戏换皮才有可能被认定为构成著作权侵权。这三项障碍，成为以《著作权法》规制游戏换皮绕不开的"石头"，使《著作权法》规制之路呈现捉襟见肘的尴尬局面。

（一）游戏规则的性质及其层级细分须受制于思想与表达二分法

游戏规则作为一款游戏的核心元素，决定了一款游戏的核心玩法、游玩难度以及受众群体等内容，是游戏制作者所构思的游戏游玩方法，其中蕴含了制作者的独创性，表达出其允许或者希望玩家在既定的框架内游玩一款游戏以达到最佳游戏体验的目标追求。游戏规则在实际游戏中可能体现为游戏内的画面、文字、对话等内容，但是这些内容并不等同于游戏制作者所构思出的游戏规则本身，究其本质，该规则本身依然只是一种思想。

在司法实务中，我国法院一般采用"视听作品"（或其前身"类电作品"）对游戏整体提供保护。[②] 有学者认为，该法定作品类型的保护范围仅在于"一系列有伴音或无伴音的画面"，并不能延伸至作品的非画面因素。[③]

[①] 石宏：《〈著作权法〉第三次修改的重要内容及价值考量》，《知识产权》2021年第2期。

[②] 暴雪娱乐有限公司等诉广州四三九九信息科技有限公司等著作权侵权及不正当竞争纠纷案，参见上海市浦东新区人民法院（2017）沪0115民初77945号民事判决书。

[③] 崔国斌：《视听作品画面与内容的二分思路》，《知识产权》2020年第5期。

然而，既有案例似乎已暗示为游戏规则本身提供保护的倾向。例如，法院在"太极熊猫"诉"花千骨"案的作品比对过程中，不仅比对了两款游戏的画面，还对游戏画面背后所隐藏的游戏规则一并进行了比对，例如副本挑战内容、副本挑战成功后获得的道具、玩家升级机制等内容，并最终认定"花千骨"的主要玩法规则与"太极熊猫"实质相似、具有一一对应关系，构成著作权侵权。在"昆仑墟"诉"青云灵剑诀"等 5 款游戏案中，法院也做了类似判决。① 审理过程中，除比对游戏画面截图、UI 界面、道具等内容之外，还对游戏前 81 级游戏的任务框架及所对应的级别、主线任务每一级别的推进过程、人物关系等属于游戏画面以外的内容均进行了比对，最终得出两者实质性相似的结论。在这些裁判文书中，虽然主张对游戏界面体现的具有表达性的游戏规则予以保护，但实际结果是将游戏规则本身与游戏界面所体现的规则混为一谈，一并提供了保护。② 如此一来，可能导致为游戏规则和游戏界面提供过度保护的嫌疑或危险。

最尴尬的一点是，以《著作权法》规制游戏换皮，或将其认定为著作权侵权的路径，或多或少存在逻辑无法自洽的问题，难以自圆其说。《著作权法》保护的是创作者的独创性表达，于网络游戏作品而言，其典型体现是各种画面、界面、文字、标识等，是综合性的，一般涵盖能感知的画面、声音、音乐等；既然保护的是表达，而在后游戏的"皮"（画面等外部性的属于"表达"的部分）已经被换了，也许完全不同了，自然也就不存在将两个游戏的画面等具体表达进行比较的必要性了，即使经过比较，也难以认定构成"相似"或"实质性相似"，否则显然会构成自相矛盾。例如，就"我的世界"和"迷你世界"两者带给玩家的视觉体验而言，是完全不同的，也不一定存在市场上的可替代性或者对在先游戏的潜在市场产生消极影响，相反，绝大部分玩家不仅不会混淆两者，两个游戏还各自有一群"铁杆粉丝"，根据消费者心理学，普通消费者尚不至于仅因玩法相似但画面（"皮"）不同而产生混淆，因为"换皮"后视觉上的差异是十分明显的。

---

① 上海菲狐网络科技有限公司、霍尔果斯侠之谷信息科技有限公司等著作权权属、侵权纠纷案，参见广州知识产权法院（2021）粤 73 民终 1245 号民事判决书。
② 张伟君：《呈现于视听作品中的游戏规则依然是思想而并非表达——对若干游戏著作权侵权纠纷案判决的评述》，《电子知识产权》2021 年第 5 期。

（二）规制游戏换皮须受限于混同原则与必要场景原则

随着游戏产业不断发展，现已产生较多相对固定的游戏类型，而相同类型的游戏往往采用或存在相似游戏规则，其中大部分规则可被划归公有领域。即使通过游戏画面等体现的游戏规则被认定为具象到一定程度的"表达"，并主张构成"实质性相似"，其也很有可能被认定为相关游戏领域的有限表达方式，从而被排除在权利人权利范围之外。① 在"空手道游戏"案中，美国第九巡回上诉法院即认为，两款空手道游戏的相似性来源于无法保护的表达，因为此种表达与空手道游戏的思路本身是不可分割的。此外，与混同原则密切相关的另一原则——必要场景原则也要求，若在先作品的某一场景为表达某一主题所必需，那么在后作品以自己的表达所描绘的相同场景将不构成侵权。②

上述两个原则的目的均在于防止特定情况下某种表达被不合理地垄断，但换皮游戏恰好利用了这一点，企图在短时间内模仿他人游戏以攫取利益。除抄袭模仿游戏规则外，换皮游戏通常还会对游戏界面设置、动画特效等内容进行一定程度的模仿或照搬，例如，只对被换皮游戏（在先游戏）的相应设计进行如颜色、大小、位置等方面的细微改动，而保留其大部分游戏设计思路，这种改动一旦被法院判定为适用混同原则或必要场景原则从而不构成侵犯著作权，结果就是权利人的权益无法得到救济。

三 从域外经验看以《反不正当竞争法》 规制游戏换皮的可能的新路径

囿于上述种种限制，试图通过《著作权法》中的"接触+实质性相似"等侵权判定规则或其他基本原理，对游戏换皮涉及的先后两款游戏进行比对，进而实现有效规制，实属不易，即使勉强为之，也不免引发争议。这一点在我国部分案件裁判过程中已有充分体现，既有的几个以《著作权法》保护游戏规则、规制游戏换皮的典型案例，或多或少存在超越或

① 何培育、李源信：《"换皮游戏"司法规制的困境及对策探析》，《电子知识产权》2020年第9期。
② 王迁：《知识产权法教程（第七版）》，中国人民大学出版社，2021。

违背思想与表达二分法之嫌疑。

事实上，换一种思路，以《反不正当竞争法》来规制，或许能表现出更强的生命力和更优越的适应性，能更有效地满足打击游戏换皮的现实需求，这或许是更理想、效果更好的路径。在这一方面，域外司法经验和相关立法或许能提供些许参考，值得我们持续研究与关注。

（一）韩国"农场英雄传奇"诉"森林工坊"案评介

在韩国，"农场英雄传奇"诉"森林工坊"一案可谓经历了一波三折，三级法院的意见分歧凸显了相关问题的复杂性。

2014 年，原告 King 公司以被告 Avocado 公司开发运营的"森林工坊"游戏侵犯其"农场英雄传奇"游戏的著作权并构成不正当竞争为由，向韩国首尔中央区地方法院提起民事诉讼。原告主张，游戏规则属于"表达"，被告游戏规则与原告游戏规则的组合、具体化、选择、排列等都相同或实质性相似，构成著作权侵权。同时，原告还主张其投入了长久积累的经验、技术以及巨大的人力、物力到"农场英雄传奇"游戏的开发中，被告却在原告游戏正式进入韩国市场前，对其游戏中新的规则和表达形式等进行模仿或极小更改后即上市并提供服务。该行为构成韩国《反不正当竞争与保护商业秘密法》第 2 条第 1 款规定的不正当竞争行为以及韩国《民法》中的不法行为。被告则认为，其一，游戏规则不属于韩国《著作权法》保护对象；其二，为赢得玩家青睐，被告在游戏开发过程中也引入了新的游戏规则和操作方法；其三，原告并未因被告行为而导致其任何经济利益被侵犯，因此，其行为不属于著作权侵权，也不构成不正当竞争行为。

一审法院认为，被告的行为不构成著作权侵权，但构成不正当竞争。[①] 因为游戏的特定规则都内化于表达中，难以被认定为作者的个性表达，原告游戏与被告游戏重叠的游戏规则部分不属于韩国《著作权法》的保护对象。此外，受韩国《著作权法》保护的具体表达部分经法院比对也基本不相似，由此判定不构成著作权侵权。但被告为自身利益，违反公平的商业惯例或竞争秩序，擅自将他人投入相当资金或努力获得的成果用于自己的销售，并对他人经济利益造成损失的行为，构成了《反不正当竞争与保护商业秘密法》第 2 条第 1 款规定的不正当竞争行为以及韩国《民法》第

---

① 2014 가합 567553 저작권침해금지등청구의소.

750条规定的侵权行为。

二审法院持不同看法，虽然认可一审法院关于被告不构成著作权侵权的判决，却否认了被告构成不正当竞争行为的定性。① 二审法院认为，如果将某行为认定为违反《反不正当竞争与保护商业秘密法》第2条第1款的不正当竞争，则需要构成"特别事由"之一，这些特别事由为：其一，用窃取等不正当手段获得他人成果或思想的；其二，与在先者有合同上的义务等，却违反合同义务并进行模仿的；其三，有意妨碍同行业竞争者营业的目的，而使用竞争者的成果；其四，原封不动地借用他人的大部分成果，未加入模仿者创造性要素而直接模仿的。二审法院最终认为被告不构成上述"特别事由"，判决其不构成不正当竞争。

再审法院在比对两款游戏的相关元素后认为，二审法院错误地认定原告游戏与被告游戏整体并未构成实质性相似，这属于未尽必要审理义务而影响判决的错误，于是撤销原判、发回重审，未就其他上诉理由做出判决。②

在该案中，对游戏换皮的性质，韩国法院间的态度存在较大差异，反映了相关问题具有一定的争议性，值得深入探究。

其一，从韩国《著作权法》角度看，一审、二审法院均对利用韩国《著作权法》保护游戏规则给予否定性评价，认为游戏规则本身即属于无法受韩国《著作权法》保护的表达。再审法院则认为，被告游戏抄袭了原告游戏的独创性思路、美术场景及主要元素的选择、布置和组合，导致两款游戏给玩家的感觉基本相似，且被告游戏的新增部分或元素所占比例很小，故可以认定两款游戏基本相似，构成"实质性相似"。

其二，从《反不正当竞争与保护商业秘密法》角度看，一审法院认为被告行为构成为自身利益违反公平商业惯例或竞争秩序、擅自使用他人投入相当资金或努力而获得的成果，并对他人经济利益造成损失的不正当竞争；二审法院则认为被告游戏不存在构成不正当竞争的"特别事由"，否认了一审判决；再审法院对是否构成不正当竞争的问题并未表态。就不正当竞争的构成与适用来说，一审法院偏宽松、广义，而二审法院则偏严格、谨慎与谦抑。可见，《反不正当竞争与保护商业秘密法》中对直接攫

① 2015 나 2063761 저작권침해금지등청구의소.
② 2017 다 212095 저작권침해금지등청구의소.

取或"窃取"其他竞争者通过努力获得的有商业价值的成果的行为进行规制的思路,在游戏换皮类案件中显然大有用武之地,而对其能否构成著作权法意义上的侵权,所存争议似乎更大,在诸如是否构成"实质性相似"的判定上难度更大,显得扑朔迷离、不便于操作。否则,一审、二审法院又何必绕过韩国《著作权法》转而援引《反不正当竞争与保护商业秘密法》相关条款呢?

事实上,一审、二审法院的分歧主要集中于《反不正当竞争与保护商业秘密法》相关条款的适用。对于不构成著作权侵权这一点,两个法院是有默契的。二审法院之所以认定被告不构成不正当竞争,主要是源于韩国《反不正当竞争与保护商业秘密法》中对"附带性模仿"行为的允许,该法明确禁止"直接性模仿"但不禁止"附带性模仿",这一考量是基于《反不正当竞争与保护商业秘密法》的立法宗旨,在保护创新与保护消费者福利之间试图实现适当平衡的结果。韩国《反不正当竞争与保护商业秘密法》中的"附带性模仿",是指以他人的成果为基础,加入模仿者自身独创性的要素。[①] 如此看来,换皮游戏恰好符合了这一特点,利用他人在先游戏中的相关成果,进行些微改变后即进入市场,挤占甚至试图抢先占领在先游戏的市场空间。

在我国相关游戏换皮案件中,基于时间、费用等方面成本的考量,换皮游戏对游戏内容的改变,通常不涉及修改成本较高的英雄模式、战斗等级、收集规则等核心规则,而往往对美术外观等修改成本较低的部分进行改动,这种些微改动从游戏整体上看也许不足以或者不容易被认定为"创造性要素"。韩国上述案件的二审法院在比对后认为,被告游戏是"在他人成果中加入创造性要素",仅是合法范围内的"附带性模仿",而非《反不正当竞争与保护商业秘密法》禁止的"直接性模仿"。这表明,需要深入分析比对两款游戏的外部形态、要素等方面,至关重要的是,在后游戏对在先游戏的事实上的模仿或"照搬"、"挪用"的量与度,涉及"直接性模仿"与"附带性模仿"之间的区分、辨析与司法认定问题。

总之,在韩国,利用《反不正当竞争与保护商业秘密法》规制游戏换皮类行为,既有相关立法依据,也有相关司法经验,兼具适用空间与实际操作上的可行性。

---

① 孙磊:《游戏出海:外国游戏法案例评析》,中国法制出版社,2022。

（二）域外司法与相关立法参考

对于模仿他人产品的行为，日本、德国等国也有相关法律规定。

日本《反不正当竞争法》第 2（1）（iii）条规定，为转让、出租、转让或出租模仿他人产品构造的产品而展示、出口或进口的行为，属于不正当竞争行为之一；该法第 19（1）（v）条还规定，若是在日本自首次销售之日起已超过 3 年的产品，针对转让、出租、展示、出口或者进口模仿该产品构造的产品之行为，不再加以规制。可见，日本对于模仿他人产品构造的相关行为的禁止，是以构成不正当竞争行为来规制的，但有前提条件，且以 3 年保护期为限。此举旨在禁止他人于在先者收回投资成本前实施不正当竞争行为，但并非永久性禁止他人对既有产品的构造的模仿。[①]这种保护模式既承认对他人在先投资与付出努力的保护，又明确限定了保护期限，对保护创新、投资与维护市场自由竞争及消费者福利等都做了适当平衡与综合考量，[②] 应承认其具有一定的合理性与可操作性。

根据德国法相关规定，德国《反不正当竞争法》可为《著作权法》未提供保护之对象提供保护，如在立法者修改《著作权法》、将计算机软件与数据库纳入保护范围前，必要时均是由法官依据德国《反不正当竞争法》第 1 条的一般条款提供保护的。此外，当侵权人与被侵权人之间存在竞争关系时，被侵权人不仅可寻求《著作权法》保护，也可依据其德国《反不正当竞争法》第 1 条为"不享有保护权的成果"寻求《反不正当竞争法》上的保护。这种超越特定权利的、对投入方面的竞争法保护，只有在发生了某种特定的攫取他人成果的情况下才会适用。[③]

（三）域外经验的启示

如上所述，日、德两国均为竞争者通过《反不正当竞争法》（简称"反法"）保护自己的产品不被他人模仿、抄袭留下了适用依据与空间，

---

① 刘维：《论反不正当竞争法对知识产权补充保护之边界》，载王先林主编《竞争法律与政策评论》，上海交通大学出版社，2017。

② 在前述韩国"农场英雄传奇"诉"森林工坊"案中，二审法院认为，基于市场经济秩序的考量，游戏作品进入市场一段时间后应当认为其进入了公有领域，可供竞争者自由使用。这与日本相关规定有一定的相似之处，只是韩国未明确具体期限，而日本明确规定为 3 年。

③ 〔德〕M. 雷炳德：《著作权法》，张恩民译，法律出版社，2005。

"反法"在规制游戏换皮方面显然是有用武之地的。

至于"反法"与《著作权法》的适用关系问题，我国学界观点不一，主要有"补充保护说"和"平行保护说"。"补充保护说"认为，对于知识产权专门法已明确规定的内容，要优先适用知识产权专门法，"反法"只能提供次要的补充保护，在适用上两者是特别法与一般法的关系。① "平行保护说"则认为，知识产权专门法并非当然优先于"反法"，也不排斥"反法"的适用，知识产权专门法和"反法"在权益保护上呈并列关系。② 相比之下，"平行保护说"更值得赞同，因为《著作权法》与"反法"在立法目的等方面的差异决定了两者在适用条件、侵权判断标准等方面也存在诸多差异，两者的关系更像是一种规范选择竞合③，而非补充关系或者特别法与一般法的关系。两者立法目的的不同，决定了两者针对同一保护客体或对象的切入点或救济方式也不同，《著作权法》侧重于事先赋予权利人排他性权利并为其提供积极保护，是一种预先的"圈地"、确定权利范围与边界；"反法"则以维护市场竞争秩序、经营者与消费者合法权益为出发点，以诚信原则和公认商业道德为标准，于事后评判某行为的合法性。这导致两部法律在获得救济的条件与保护方式上产生差异，这是两者的实质性差异，而非保护对象不同。④

由上分析可以推断，为同一对象提供的保护，《著作权法》与"反法"的适用可能是并行不悖的，而非应当优先或者当然优先适用《著作权法》。具体要选择援引何种法律依据及相关请求权，应由当事人自主选择。即使"反法"保护了知识产权专门法未保护的对象，也不过是因为在具体市场竞争过程中侵权人的行为满足了不正当竞争行为的构成要件，而不应考虑知识产权专门法是否已为该对象提供保护。这一点，在韩国前述案例的裁判文书和德国《著作权法》与"反法"的相关固定关系中均得以印证。

具体到游戏换皮领域，将游戏规则——无论是抽象规则、基本规则，还是具体规则、具象化的规则的表达——划至"思想"范畴，虽然可能导

① 韦之：《论不正当竞争法与知识产权法的关系》，《北京大学学报》（哲学社会科学版）1999年第6期。
② 郑友德、万志前：《论商标法和反不正当竞争法对商标权益的平行保护》，《法商研究》2009年第6期。
③ 卢纯昕：《知识产权法与反不正当竞争法竞合的适用规则》，《法治论坛》2021年第1期。
④ 张伟君：《从"金庸诉江南"案看反不正当竞争法与知识产权法的关系》，《知识产权》2018年第10期。

致游戏换皮行为难以被认定为著作权侵权行为，但这并不影响"反法"的适用空间。"反法"规制游戏换皮的有效性或效果，关键取决于立法者的规制目的与立法技术、司法者适用时的解释力等。例如，至少需评估如下几个问题：游戏换皮行为是否足够重要或典型，以至于在类型化各种不正当竞争行为时有必要将其升格为典型类型，抑或将其纳入某一具体条款（情形）的涵盖范围？此种不正当竞争行为的具体构成要件如何？这些均须从"反法"自身体系与规范内容等方面予以综合考量。

四　我国以《反不正当竞争法》规制游戏换皮的可行性及方案选择

（一）"反法"规制游戏换皮的可行性

依据我国"反法"相关规定，某种行为是否构成不正当竞争，一般应包括四个要件，即：主体为经营者、客体为竞争者或消费者的权益或者社会公共利益、主观方面有过错、客观方面实施了违反诚信原则或公认商业道德的行为。[①]

首先，游戏换皮行为人企图通过出售换皮游戏来盈利，换皮游戏有可能挤占被换皮游戏的市场并具有盈利目的，游戏换皮者显然属于经营者和竞争者，客观上存在竞争关系。其次，从行为客体看，游戏换皮行为可能损害竞争者或消费者的权益及社会公共利益；因为实施游戏换皮的经营者会侵害游戏市场竞争对手的合法权益，能用更短的开发时间、周期与更少的资金投入打造出另一款模仿性游戏，以不正当手段侵占或挤占他人市场，可能对游戏相关市场的公平竞争秩序产生消极影响。从长远看，对游戏市场创新及投资的适度保护以及公平竞争秩序的维护都十分重要，不应助长不劳而获的风气，否则可能影响游戏产业生态、减损消费者福利。再次，游戏换皮者主观上有过错，一般存在通过模仿或仿照他人游戏策划文档与数值设计、更换界面图片等方式实现换皮的故意，有短期内盈利的目的，主观过错较为明显。最后，换皮者实施了违反诚信原则或公认商业道

---

① 江帆：《竞争法》，法律出版社，2019。

德的行为。"反不正当竞争法是维护商业伦理的法律"[①]，游戏换皮的目的往往是通过攫取他人通过巨大投入、努力创造出的游戏具体规则与设计等重要因素而获利，不利于鼓励创新与诚信经营，换皮者因而获得竞争优势或有利地位是不公平的，游戏换皮行为显然也符合第四个要件。

综上，对游戏换皮转而采用"反法"规制路径，既有合理性也有可行性。值得深究的是，我国现行法中有哪些可供司法适用的具体规定或条款，及其具体适用、规制效果与作用如何。

（二）我国"反法"规制游戏换皮的具体方案选择

从我国"反法"相关规定和既有案例来看，通过"反法"规制游戏换皮的可选方案大体有两种：一是通过适用"反法"具体条款，即列举的若干不正当竞争行为的典型样态或类型来规制；二是通过"反法"第2条即一般条款寻求兜底性保护。

1. 对通过"反法"现有具体条款规制游戏换皮的质疑

直接适用"反法"具体条款固然是理想方案，但考虑到游戏换皮自身的特殊性，我国现行的"反法"中似乎尚缺乏能直接、普遍适用的具体条款。

首先看市场混淆行为。以市场混淆行为来规制游戏换皮，客观上存在困难，也不具有普遍适用性。因为换皮游戏与被换皮游戏的发行时间往往较为接近，被换皮游戏的市场影响力可能尚未形成或者不足，不易被认定为"有一定影响的商品"；而且游戏界面等要素也不宜被认定为"有一定影响的""商品名称、包装、装潢"等。最重要的是，市场混淆的重点在于"混淆"二字，强行套用"反法"第6条规定的"市场混淆行为"规制游戏换皮，实难达到期待的理想效果。这种格格不入，至少在"我的世界"诉"迷你世界"著作权侵权及不正当竞争纠纷一案中已展露无遗。

其次看虚假宣传行为。虚假宣传行为条款同样难以适用规制游戏换皮。原因在于，"反法"第8条规定的虚假宣传行为中所要求的"虚假"要件，在游戏换皮中一般较为少见或者并不存在，其宣传内容往往是真实的，无"搭便车"之嫌。虽然换皮游戏抄袭或模仿了被换皮游戏，但对外宣传时一般重点对自身进行宣传，要想认定其构成"虚假或者引人误解的

---

① 孔祥俊：《反不正当竞争法新论》，人民出版社，2001。

商业宣传""欺骗、误导消费者"，可能仅在少数案件①中能成立。

最后看侵犯商业秘密的具体条款。② 事实上，以主张商业秘密保护为由的游戏换皮侵权案在实践中较为少见，一是因为原告要就"商业秘密"本身和以"不正当手段""获取权利人的商业秘密"等行为承担较重的举证责任；二是因为大部分换皮游戏是通过外部手段抄袭或模仿被换皮游戏，而非直接从游戏厂商内部窃取游戏源代码等原始信息（"商业秘密"），因此"反法"第9条规定的侵犯商业秘密具体条款也难以普遍适用。

2. 对适用"反法"一般条款规制游戏换皮的谨慎保留

既然"反法"具体条款难以直接、普遍适用，不如转而寻求"反法"第2条第一款的一般条款，即兜底性保护方案。我国司法实践中，"炉石传说"诉"卧龙传说"案和"魔兽世界"诉"全民魔兽"案③都是"反法"一般条款适用的典型案例，法院都依据"反法"一般条款作了支持原告的判决。另一典型案例是"我的世界"诉"迷你世界"案。该案二审法院认为，游戏规则作为一种智力成果，在一定条件下具有在法律上保护的价值，但并非只能在《著作权法》视野下寻求保护路径，视听作品不能"包打一切"，不能将内容要素替代画面表达进行比对，换言之，不能将内容要素当成"画面表达"进行比对。同时，就该案中不正当竞争纠纷的裁判思路，二审法院明确指出，这并非对著作权保护范围的扩展，而是基于另外的法律价值和目标来综合考虑被诉行为的"正当性"与否，因此仍有依法评判该行为的必要性。法院最终通过"反法"一般条款认定被告的行为构成了不正当竞争。

不过，与此相反，也有法院对"反法"一般条款的适用表明了否定态

---

① 深圳市腾讯计算机系统有限公司诉畅游云端（北京）科技有限公司等著作权侵权及不正当竞争纠纷案，参见广东省高级人民法院（2020）粤民终763号民事判决书。

② 珠海仟游科技有限公司等诉徐昊等侵害技术秘密纠纷案，参见广东省高级人民法院（2019）粤知民终457号民事判决书。

③ 暴雪娱乐有限公司等诉上海游易网络科技有限公司擅自使用知名商品特有装潢纠纷、虚假宣传纠纷、其他不正当竞争纠纷案，参见上海市第一中级人民法院（2014）沪一中民五（知）初字第22号民事判决书；暴雪娱乐有限公司等诉北京分播时代网络科技公司等侵犯著作权及不正当竞争纠纷案，参见广东省广州市中级人民法院（2016）粤民终1775号民事判决书。

度。① 其主要理由在于,一是应保持"反法"的谦抑性;二是在判决中已使用《著作权法》评判后不应再使用"反法"进行重复评判;三是原告并未证明其进行了区别于游戏公有领域之外的个性化特别设置,也未举证证明被告实施了导致原告遭受损害的不正当竞争行为。因此,法院在相关案件中认定被告的行为不构成不正当竞争。

事实上,是否考虑适用"反法"一般条款规制某种行为(包括评判游戏换皮的"正当性"与否),理应从行为本身着眼,以规制市场中的不正当竞争行为为最终目的。至于"保持"一般条款的"谦抑性",也应服从并服务于"反法"自身立法目的的实现。值得注意的是,在能适用具体条款予以规制的情况下,宜优先适用具体条款;但当适用具体条款无法达到规制目的以实现"反法"立法目的时,必要时完全可以适用一般条款。以游戏换皮类案件为例,正是因为《著作权法》传统理论已经无力圆满解决此类问题,转向诉诸"反法"领域;而在"反法"视野下,当上文列举的三种条款以及其他具体条款均无法妥善应对时,部分法院才转而适用一般条款,判定其是否为不正当竞争行为,以达到规制目的。试想,当《著作权法》无力规制游戏换皮时,由"反法"具体条款规制是不二之选,不过前提是"反法"中有可供适用的具体条款等既有法律资源。

简言之,"反法"一般条款的适用的确有必要保持一定的谦抑性;但其谦抑性是相对的。一般条款的适用,尽管是非优先性的、位次在后的"让位性"适用,但并非"缺位性"适用,而应"该出手时就出手"。

由此可见,在我国,对于"反法"一般条款在规制游戏换皮中的适用空间,总体宜持谨慎、保守态度。在规制游戏换皮问题上,加强对游戏换皮作为典型不正当竞争行为的适格性与类型化研究,以及对相关具体条款的开发性研究,或许是一种更长远、更周全、更妥适的解决方案。

3. 研究创设禁止不当模仿竞争者产品的"反法"具体条款

如上所述,"反法"对市场混淆行为、虚假宣传行为与侵犯商业秘密的禁止,虽然可以打击一部分游戏换皮现象,但均未触及游戏换皮的核心与灵魂,未击中要害——换皮游戏对被换皮游戏的规则、设计、玩法等要素的抄袭或模仿。尽管适用"反法"一般条款来规制游戏换皮能起到一定

---

① 腾讯公司诉广州爱九游信息技术有限公司、青岛魔伴科技有限公司等著作权权属、侵权纠纷案,参见广州知识产权法院(2020)粤 73 民终 5293 号民事判定书。

作用，却难逃学者关于适用标准模糊、"向一般条款逃逸"等质疑。因此，待时机成熟，建议我国"反法"考虑适时创设禁止不正当模仿竞争者产品的具体条款。在具体条款设计思路与内容上，德、日等域外立法、司法经验及精神可供我国参考。

依据德国《反不正当竞争法》相关规定，不当模仿他人成果构成"不正当商业行为"，要符合以下几个要件：第一，须是商业行为；第二，具有显著侵害性；第三，经营者模仿竞争者的成果并在市场上供应；第四，该竞争者的成果不受知识产权专门法的保护，但具备竞争属性；第五，存在使经营者行为构成不正当行为的特殊情形。[①] 而对于其中的"显著侵害性"要件，德国《反不正当竞争法》第4条第三项列举了三种情形：第一，模仿产生了不可避免的商品来源欺骗；第二，模仿不合理地利用或损害了被模仿商品或服务的商誉；第三，模仿者通过不诚实手段获取了使用于复制品的信息与材料。此外，该条款也不排除其他导致模仿构成不正当行为的特殊情况，主要是通过模仿阻碍竞争者的情形，例如有计划的系统性的模仿。

若以上述"显著侵害性"要件来分析游戏换皮行为，游戏换皮显然构成典型的通过有计划的系统性的模仿阻碍竞争者、不当损害公平竞争的第四种情形，应被认定为不当模仿他人成果类不正当竞争行为。换皮现象往往是在竞争者新产品尚未面市或者面市后不久，就有计划地系统地模仿竞争者的产品并大量投放市场，从而阻碍竞争者新产品在市场上的竞争。

将我国"反法"具体条款（包括"市场混淆行为""虚假宣传行为"）与德国的不当模仿他人成果类不正当竞争行为的具体条款进行比较，不难发现，德国《反不正当竞争法》中的"显著侵害性"具有更宽泛的内涵与外延，其并不以被模仿产品的声誉被利用或受损为必要条件。尽管其《反不正当竞争法》第4条第三项列举了三种情形，分别指向模仿导致商品来源欺骗、模仿导致不合理地利用或损害对方商誉、模仿者通过不当手段获取信息与材料，但也仍旧为其他模仿他人成果类不正当竞争行为特殊情况，尤其是通过模仿阻碍竞争者或损害公平竞争的情形，预留了足够的可适用空间。这表明，除了明确列举的三种具体情形，企图通过模仿来阻碍竞争者或者损害竞争秩序的行为将同样构成不当模仿他人成果类不

---

① 范长军：《德国反不正当竞争法研究》，法律出版社，2010。

正当竞争行为。

十分遗憾的是，我国"反法"在不正当竞争行为的具体条款中，欠缺与德国上述规定或精神相类似的具体条款。从立法看，"反法"在对模仿行为可能导致的对竞争的损害这一点上，相关研究或关注度不够。从该法第 6 条中有关"市场混淆行为"的规定看，要想适用"他人擅自使用知名商品特有装潢"来规制游戏换皮，就必须证明该"特有装潢"是否具备区别功能或者显著性，涉及游戏的名称、相关标志、界面等元素，"装潢"是否被大众普遍知晓或是否具有影响力、声誉、知名度。而这一点往往存在悖论，因为换皮游戏与被换皮游戏的发行、面市时间往往很接近，司法实践中就有部分法院认为，被换皮游戏尚未被相关公众普遍知晓，因此不会对其相关诉讼请求予以支持。① 毕竟，在被换皮游戏（被模仿产品）面市前，其几乎还来不及形成声誉或者声誉不大。

因此，我国可以考虑完善"反法"中不正当竞争行为的具体条款，为游戏换皮现象提供更适当的、新的"反法"规制路径。具体而言，我国应充分审视那些较为严重的游戏换皮行为，通过对此种模仿行为的手段、程度、面市时间，其对被换皮游戏（竞争者）的阻碍、对公平有序竞争秩序的损害等方面进行综合考察，最终明确划定范围，以若干构成要件，将有必要予以规制或禁止的模仿类不正当竞争行为（包括典型的游戏换皮等）纳入"反法"具体条款范围内。此外，以下几点建议可供参考。

其一，对于模仿类不正当竞争行为，我国可以考虑在"反法"中赋予其相对独立的地位，使其成为一种类型化的、典型的不正当竞争行为。当然其前提是，该类行为足够重要或足够典型。在立法时，应当为此类行为预留必要的、较为广泛的适用空间，适当拓展其内涵与外延，使其具备足够的解释空间与一定的灵活性，便于在司法中的适用。

其二，我国对游戏换皮的规制，在"反法"具体条款的设计上，也应当考虑设定一个适当的保护期限。目的在于，在确保被换皮游戏（在先游戏）的投入得以收回的前提下，保持适度平衡，保障市场竞争的公平、有序开展，防止游戏规则、设计等被不合理地垄断。

---

① 暴雪娱乐有限公司等诉上海游易网络科技有限公司擅自使用知名商品特有装潢纠纷、虚假宣传纠纷、其他不正当竞争纠纷案，参见上海市第一中级人民法院（2014）沪一中民五（知）初字第 22 号民事判决书。

其三，特别值得注意的是，我国关于禁止不正当模仿竞争者产品的具体条款，需要密切结合我国游戏产业发展状况、特点、产业需求等本国国情来定制，要以大量的产业调研为立法的基础性前期准备工作，需要充分倾听来自游戏产业界的声音。

五　结语

互动性是网络游戏的本质特征和灵魂，游戏是一种特殊商品，游戏规则等是决定一款游戏是否好玩的核心所在。随着我国游戏市场的日益扩大，可以预见游戏换皮现象未来可能不少见。利用反不正当竞争法规制游戏换皮行为，不仅有制度上的可行性，也有其合理性，在现行《著作权法》难以有效规制游戏换皮行为的情况下，可考虑在条件成熟时增设禁止不正当模仿竞争者产品的具体条款，以维护游戏市场公平、有序的良性竞争秩序。

法学模型：人工智能设计前置和法理逻辑

孟中洋　韩崇华*

摘　要： 目前人工智能技术在法的创制与实施领域的适用与改进，仍然逾越不了以约根森难题为代表的规范推理难关。而推导法学正是通过将法学命题符号化建立一个法学规范形式体系，进而通过基本原理和规则来完成推导过程。法律推导概念是世界范围内的首创，为人工智能技术的法理设计提供基础模型，使人工智能技术在法律领域的应用更加全面、精确和可靠，为人工智能技术与法治的无缝连接提供更广阔的前景，同时为解决传统法学中存在的诸多难题提供解决方案。

关键词： 法学模型　人工智能　推导法学　法理逻辑

引　言

虽然理查·萨斯金（Richard Susskind）等专家学者早在 20 世纪 80 年代就预言人工智能将彻底改变法律服务模式，他认为律师应该准备好要么和机器竞争，要么搭建机器，[①] 但我们必须清醒地看到，目前人工智能技术在解决法律核心问题方面尚未有实质性进展，虽然一些西方高校和法学

---

*　孟中洋，中国人民大学法学院法硕实务导师，研究方向为法学逻辑学、民法建模、法律人工智能等；韩崇华，山东省潍坊市中级人民法院法官，研究方向为民法建模、法律人工智能、数学及计算机等。

① 〔美〕理查·萨斯金：《明日世界的律师》，麦慧芬译，商周出版社（台湾），2014。

专家积极参与了司法人工智能产品的研发①，但其应用仍然局限于借鉴数据分析等思维方式，因而始终触及不到法律的核心逻辑领域，包括符合法学规律的智能算法以及深入理解和应用这种算法的原理和方法。由此引发对法律人工智能与传统法学理论双向大讨论就不是偶然的，甚至引起一些学者对法律人工智能的猛烈抨击。例如，中国政法大学朱赫夫博士指出，以形式逻辑判断真假不适用于法律领域，这是法律人工智能所面临的最大困境之一。② 因此，未来的发展需要更加深入的技术研发和跨学科合作，以开发出更加卓越的人工智能算法，并将其与法律的核心逻辑系统结合，使其能够更好地应用于实际案件处理，从而提高司法效率和精度。同时，也需要法律学者对法律本身进行重新思考，探讨如何通过透彻理解法律的核心逻辑和原则，为人工智能技术提供更加精准、合理的应用方向和方法。学者们清醒地意识到，要使人工智能技术在法律实践中真正发挥作用，必须理解法律逻辑的特殊性，以适配司法领域的算法并进行领域优化。③ 在人工智能深刻影响传统审判的变革中，算法扮演着重要角色，未来审判新思维、新模式在很大程度上取决于算法革命。因此，开发和应用更加高效、准确、精细的人工智能算法，结合法律特点和司法实践需求进行领域优化，是未来法律人工智能应用的一个关键方向。

为此，本文从民法的角度展开人工智能算法的讨论。民法中确实存在一些以民法法则形式承载的规律性规范被普遍适用，因此最容易发掘法律的规律性。而这种算法需要从复杂的案情离析出最小的要素，根据案情将各要素之间的关系转化为形式逻辑关系进行推演，这种推演是建立在一套无矛盾的公理化体系之上的。同时，这套公理化体系必须牢固地建立在数理化体系基础之上。由此可见，发掘民法中的规律性规范，并将其转换为

① 例如，美国法律人工智能平台 LawGeex 与斯坦福大学、杜克大学法学院和南加州大学的法学院教授开展合作，设计人工智能程序就 4 小时审查 5 项保密协议与 20 名有经验的人类律师展开竞争，主要考察仲裁、关系保密和赔偿的准确界定问题。康奈尔大学、哈佛大学、斯坦福大学等高校的一批学者利用决策树、迭代算法等机器学习算法，分析了美国法院 15 万余份重罪案件的承办法官所做的保释或假释决定，研究美国法官在做出嫌疑人保释或假释决定时究竟考虑了何种因素。参见左卫民《从通用化走向专门化：反思中国司法人工智能的运用》，《法学论坛》2020 年第 2 期。

② 朱赫夫：《跨越"约根森困境"——论人工智能的法律世界》，第十六届"全国法理学博士生论坛"，2020。

③ 王禄生：《司法大数据与人工智能技术应用的风险及伦理规制》，《法商研究》2019 年第 2 期。

算法，需要将法律规范、案情信息等多维数据输入算法中，通过形式逻辑关系进行推演，得出准确的结果。同时，在算法的建立过程中，需要制定清晰的公理化体系并将其牢固地建立在数理化体系之上，以确保算法的准确性和稳定性。

一　法律人工智能的前置条件与推导法学的解决方案

法律人工智能化必然是解决法律问题的智能化，它得以付诸实践的前置条件之一是必须有一套表达法律个性的算法。法律人工智能能否实现，或者说有没有这种算法，决定了人工智能研发能否在法律领域深层展开。

（一）法律人工智能的前置条件

数据、算力、算法是人工智能底层设计的三要素。对于法律人工智能来讲，法律大数据分析已步入优化和提升通道，获得数据要素已不成问题；算力作为计算机计算的能力，制程精度已有相当的技术储备，而且其发展是相对独立的，获得算力要素也已不是难题；目前唯一缺乏的是符合法律规律的法理逻辑，即算法。

算法是通过一系列解决问题的清晰指令拓展人类认知的确定性工具。人的大脑结构决定了人类的意识具有发散性，但计算机需要执行的是指令化的运算。对于法律人工智能来讲，算法指令化要求把法律人的情感和主观判断排除在计算过程之外，进而保证计算过程的同一性和客观性。正如黑格尔所言，人们必须在摆脱这类限制和顾虑的情况下，去观察思维规定作为逻辑性或纯粹合乎理性的东西自在且自为的样子。[1] 法律认知过程可分解为法律思维和法律计算（法律分析与判断）两部分，它们之间的联系纽带正是我们寻求的适合法律个性的逻辑工具。[2]

人们面临的难题在于，一方面，目前所谓的法律逻辑仍是"逻辑+案例"的普通逻辑，不同于人工智能适用的数理逻辑（形式逻辑），同时，法学虽然对关系的精确性要求极高，但缺乏自然科学中量的精确性需求，

---

[1]　〔德〕黑格尔：《逻辑学（上卷）》，杨一之译，商务印书馆，2001。
[2]　逻辑一旦内化为法律适用中的技术性规范，始终会影响法律思维模式的构建，进而保障法律思维合法性的理性实现。参见李丽、吕建武《法律适用中的逻辑困境与出路》，《政法论丛》2016 年第 2 期。

所以数学逻辑又无法直接应用。另一方面，传统法学研究过于注重思辨，偏重法典、法条与判例解析，在借鉴自然科学方法论方面的深度明显不足，因而缺乏对法律现象精密分析和对法学规律系统描述的能力。这是人工智能无法切入法律内核的根本原因，也大大削弱了法律人对法律人工智能的信心和预期。

（二）约根森难题的本质

强调论证严谨的法学应是人工智能最契合的理论配置，然而，法律论证恰恰遇到了规范推理的约根森难题。[①]

从语义学讲，根据语句所运用的助动词的不同，大致可分为范式语句和陈述语句。使用了"应当""禁止""可以"等这类道义助动词的语句被称为范式语句或规范语句，如"公民应当依法纳税""债务应当履行""机动车、非机动车必须右侧通行"等就是规范语句；陈述语句是描述一个事实的语句，如"我是公民""我负有债务""我驾驶机动车辆"等。约根森提出了规范语句能否进行逻辑推断的难题。直觉上，规范推理是有效的，如"公民应当依法纳税"，"我是公民"，所以"我应当依法纳税"。但是根据经典逻辑，规范语句无法作为推理的前提或结论，因而无法展开推理。一般意义上，推理的有效性由真假赋值体系评价。而诸如"公民应当依法纳税"等规范语句没有真假的事实评价，只有合理不合理、恶与善等道义的评价，所以规范语句之间没有推理逻辑关系。约根森难题意味着，一方面，规范语句不能作为逻辑推理的前提或结论；另一方面，在直觉上，很多包含规范语句的道义推理是合乎情理的。

温伯格指出，至少在不同的系统中，社会现实中存在大量不相容的规范共存的现象，如"车辆应当右行"适用于中国，而"车辆应当左行"适用于英国。安德森进一步指出，规范是人为制定而非推理出来的，所以规范之间不存在逻辑推理关系。[②] 佩雷尔曼在研究正义问题时同样遇到了价值判断逻辑的两难问题，要么不可能存在价值判断的逻辑，因为价值判断只不过是我们的希望和情感的纯粹主观表达；要么这种逻辑与形式的必然

---

① 王洪：《逻辑能解法律论证之困吗？》，《政法论坛》2019 年第 5 期。

② 雷磊：《走出"约根森困境"？——法律规范的逻辑推断难题及其可能出路》，《法制与社会发展》2016 年第 2 期。

性和经验的普遍性不相容。① 这说明，普通逻辑并不是法律真正契合的逻辑。作为结论的规范语句，如"我驾车应当右行"不能表达新的规范，仅仅实现对已有规范的具体表达，也就是说，人为制定的规范推导不出未知（或者开放式）的结论，那么这种推导也就失去了意义。我们认为，这才是约根森难题所欲表达的本质。

但是我们在法学建模中发现，例如"债务应当履行"，从实证分析，在现实社会任何系统中都有一致的规定，没有哪个国家或地区反常地规定"债务不必偿还"。从语义分析，因为"债务"本身就蕴含着"应当履行"的民法意义。这类规范之间之所以可能展开推理，是因为其在语义上前提蕴含结论，前提规范逻辑值可以传递到结论规范。从这个角度讲，我们不得不思考一个问题："债务应当履行"究竟是纯粹人设的规则，还是按照法律法则（法律规律涵摄而来的规则）推导出的结论？如果它是由法律法则推导出的结论，那么这一法则究竟是什么？更进一步，如果真的存在这类规范，那么纯粹人设性规范和法则性规范的边界在哪里？随着这些问题的解答，或许仍然找不到约根森难题的答案，但至少是目前发达国家正在急切寻找的解决法律人工智能核心技术问题的一种方案。

而在法学建模中，诸如"债务应当履行"这一结论的推导逻辑是十分清晰的，但如果脱离法学建模思想，这一点就非常难以理解。为此，对我们从事的工作进行通俗的、概括性的介绍就十分必要。

（三）法学建模与法学推理

纵观法的思想史，民法是最容易发掘法学规律的学科。我们在大量民事案例分析与推演中发现，确实有一种不因人的思辨而变的社会规律的存在，却很难用文字语言去表达。我们一直在思考一个问题，法学上能否用形式化——包括"符号化、逻辑化和公理化"三个层面——揭示法学现象中的这种客观存在呢？正如化学中，氢分子 H_2 与氧分子 O_2 化合生成水的过程用化学方程式 $2H_2 + O_2 = 2H_2O$ 表示一样，这些分子式、化学方程式是在遵循分子结构与变化规律的基础上对化学现象的模拟，揭示了物质世界

---

① Chaim Perelman, *The New Rhetoric and the Humanities：Essays on Rhetoric and Its Applications*, Boston：D. Reidel, 1979, pp. 7-8.

的本质，彻底纠正了"燃素"论的错误观念。[①] 我们预设，通过这样的方式也更容易透过法的现象看到法的本质。

经济数学模型是用数学语言（数学符号表示的函数式和方程式）对经济系统变量间的相互作用及因果关系进行的抽象。它具有严密的逻辑推导过程，可以输入基础数据进行运算求解，准确地测定经济系统各要素间的数量依存关系以及发展的目标值。

与经济数学模型不同，数学和自然科学不可能在法学中直接应用，这是由法学的特性（如法律现实中的"关系"为法学主要变量）所决定的。在西方，曾试图通过演绎逻辑来解决这一的问题，但是，演绎逻辑的现代形式——数学逻辑或标准逻辑应用于法律论证——导致了法律逻辑的两难现象，要么不存在关于法律推理的逻辑，要么这种逻辑不适用于大多数裁定的案件。[②] 这说明现有的演绎逻辑对于法律 AI 算法并不具有适应性。所以，我们必须借鉴数学和自然科学的思维方法来解决法学自己的问题，而不能生搬硬套现有的自然科学理论。例如，我们建立的赠予的初级模型 $r_1e+（r_2-r_1）e=r_2e$，即表示 R_1 将其物 e 赠予 R_2 的过程。这是一个等式，在这里，r_1、r_2、e 等符号已经完全撇开了关于数量的一切特性而具有了具体的法学赋值，不再是数学上的数，正如拓扑学[③]的抽象过程一样，仅仅抽象出 r、e 之间的乘积等数理逻辑关系。例如，r_1e 表示主体 R_1 对物 e 享有所有权。其中，r_1 表示主体 R_1 的抽象所有权，与不同的物的乘积产生不同的所有权个权，如 r_1e_3 表示主体 R_1 对物 e_3 享有具体所有权，r_1、e 之间的乘积关系涵摄主体 R_1 对物 e 享有所有权的逻辑关系。特别的，其中 $（r_2-r_1）e$ 即为赠予行为，该式含有"-"号代表赠予是给付行为，r_2 处于正位，表明 R_2 为给付权利人；r_1 处于负位，表明 R_1 为给付义务人。正是 $（r_2-r_1）e$ 这一行为使物上的所有权发生了变化，其内容恰好是赠予这一给付行为的内容（我国民法学称其为"客体"）。赠予产生的法律效果，则是"="

---

① 李会鹏、王皓凡、吴智才：《破解"燃烧"的科学目光》，光明网，https：//m. gmw. cn/baijia/2021-04/23/1302249241. html。

② Douglas Walton，"Introduction, Handbook of Legal Reasoning and Argumentation," Dordrecht：Springer，2018.

③ 拓扑学（Topology）是研究几何图形或空间在连续改变形状后还能保持不变的一些性质的学科。它只考虑物体间的位置关系而不考虑它们的形状和大小，从而抽除了数的特性。

号后面的内容 r_2e——主体 R_2 取得对物 e 的所有权。[①]

进一步考察，r 与 e 为什么是乘积关系？最初应用现有的集合论来解释这一关系，例如上述赠予过程，我们把某主体支配的范围视为一个集合，将赠予过程视为物 e 从 R_1 的支配集合 Q_1、进入 R_2 的支配集合 Q_2 的过程。然而传统集合论的元素是静态的，绝对不允许集合元素的移动，否则将不再是原有的集合，而我们研究的"集合"元素恰恰相反，必须是动态的、可移动的，而且"集合"的性质绝对不可以因元素的移动而发生改变。为此，我们提出了"区域论"这一新概念，这里的"区域"是一种特殊的"集合"，其特殊性在于元素的可移动性。如果把某同学 a 作为一个元素，他从一班调入二班的过程，就是元素的移动过程。把"一班的同学"视为一个区域，记作 Q_1；任何处于这一区域的同学都有一种共性——"一班的"，我们称之为域性，记作 i_1；那么 a 为"一班的同学"，我们表示为 i_1a。同理，若 a 为"二班的同学"，我们表示为 i_2a。由此，同学 a 从一班调入二班的过程即为 $i_1a+（i_2-i_1）a=i_2a$。如果我们把某主体支配的范围视为区域，那么，上述赠予过程，正是物 e 从 R_1 的支配域 Q_1 进入 R_2 的支配域 Q_2 的过程。"区域论"正是我们在这一过程中抽象出来的，以解决给付、支配权能分离等法学基本问题而创设的、建立在集合论基础上的分析元素移动的一套符号化的逻辑主义理论体系。符号化的逻辑主义（logicism）是人工智能重要工作机理，"只要给计算机建立完备的逻辑运算体系，按照演绎殴的原理就可以使计算机模拟出人类的智能"[②]。同时，集合论又是数学的根基，而数学是自然科学研究的基础工具，如果把科学定义为以数学为基础研究工具的理论体系，那么区域论无疑是法学迈入"科学"领域的一座桥梁。

r_1、r_2、e 之间的这种数理关系是物权推导的逻辑起点，也是理解法学建模（以民法为例）最为关键的一步。区域论为这种法律逻辑关系提供了理论基础，区域表达法对各支配性元素移动的表述直观形象、便于解释，

[①] 法学区域论是元素可以移动的特殊集合论，用来解决给付等基本民法问题，该理论从少数原始概念和简单的规则出发，通过公理化的系统，用严格的逻辑推理的方法，将支配以及变化关系建立在统一的辩证思维的基础上。用法学区域论解析民法的具体方法，参见韩崇华《物法模型：用法学区域论解析支配及其变化规律的全新方法》，中国政法大学出版社，2012。

[②] 程承坪：《人工智能的工作机理及其局限性》，《学术界》2021 年第 1 期。

为代数表达法提供了底层逻辑支持。如 r_1e 中 r_1、e 之间的乘积关系，就是主体 R_1 的支配区域与物 e 的含属关系，而支配区域之间的关系又是人与人之间的法律关系；代数表达法则更凸显了程式化分析与建模的优势，大大增强了人工智能在法律领域的可应用性。两种方法的结合可以充分发挥各自优势来分析、解释民法现象，并正确规范、引导民事行为。

初级模型的这些等式具有高度抽象性，它们可以被用来表达赠予合同的内容，也可以被用来表示该合同的履行，还可以表示物权和债权，其分别代表三个层面的法律现象：民事法律行为、事实行为、物权与债权。出于建模需要，基于上述抽象同源性，三个层面的法律现象需要一个综合性概念来概括。由于三个层面的法律现象的内容都是对"一种物权状态到另一种物权状态过程"的表达，所以，在"过程论"① 中我们把这三个层面的法律现象统称为"民事过程"。"过程论"就是讨论这些民事过程（包括民事法律行为、事实行为、物权与债权）之间的关系及规律的理论与方法，是建立物权高级模型（有主体意志要素参与的模型）的重要基础理论工具。

（四）法理逻辑与推导法学

法学建模体系内容较多，以上只是通过一个简单特例对法学建模的简要介绍，明释"债务应当履行"的逻辑推导过程。符号主义的算法设计与法教义学的思维方式有着最明显的表面相似性，两者都试图在封闭的自我指涉内实现融贯性与确定性。② 在 $r_1e+(r_2-r_1)e=r_2e$ 中，虽然 R_1 实然地支配着 e，但由于给付分子 $(r_2-r_1)e$ 的存在，R_1 应向 R_2 给付 e，最终才能达到 $M[e]=r_2e$ 这种状态，即"存在债就应当给付"亦即"债务应当履行"。只要 $r_1e+(r_2-r_1)e=r_2e$ 这一等式在数学上是成立的（真的），那么，上述结论就是成立的（真的）。这是法的自然属性反映在法理方法论中的一个明显例子，这种逻辑关系是我们从大量物权、债权现象分析中抽象出的，并以此为基础建立了整个财产法的逻辑体系，该体系确保我们在分析、解释民事法律关系时不发生逻辑上的冲突和矛盾。从这一角度讲，

① 韩崇华：《物法模型：用法学区域论解析支配及其变化规律的全新方法》，中国政法大学出版社，2012。

② 郑戈：《算法的法律与法律的算法》，《中国法律评论》2018 年第 2 期；季卫东编著《AI时代的法制变迁》，上海三联书店，2020。

法不仅存在于成文法之中，人类社会的一些行为规范也蕴含于数理逻辑等自然规律中并体现于人类朴素行为的实证之中。

当前，对大数据分析的迷恋，掩盖了法律推理对法律规律的映射作用。在数据与智能技术背景下，对事物的因果关系分析被相关性分析所取代，这个算法的目标并非复现法律推理，而是寻找判决中各个参数间的相关性。事实上，机器学习算法能做的，只是通过一种自动化的方式用多种预设配置将一组观测值（输入值）与一组可能结果（输出值）关联起来。① 而推导是根据已知的公理、定义、定理、定律等经过演算和逻辑推理而得出新的结论。在法学建模中，我们就是从最初几个概念、定义、公理、定律等出发，经过演算和逻辑推理，建立起一套理论体系。为了便于与传统法学相区分，也便于本位表述，我们把通过推导建立的法学体系称为"推导法学"，把推导法学所依据的逻辑称为"法理逻辑"。通过法学推导得出的结论具有逻辑化、精密化、实用化等特征，可以有效辅助我们更精准地解释法学现象、发掘法学规律、预测法律行为。例如，推导法学民法学中的区域论、支配论、过程论三定律是整个推导法学大厦的基石，并构成了新的法学体系，可以解释若干自然法现象。三定律互相独立，且内在逻辑符合自洽一致性。尽管其仅阐述了自然法的基本规律，但基本原理可在集合论、逻辑学等各领域中广泛应用。当然，正如尽管牛顿三大定律和万有引力定律共同构成了经典力学体系，但并未解决（我们也不奢求它能解决）所有的物理问题一样，法学是一个更加庞杂的体系，推导法学亦不能解决所有的法学问题，不可能解释全部自然法现象，而是必须依赖于其他法学流派共同打造完整的法学体系。

如前所述，人工智能的底层要素之一是算法，它把我们建立的数学模型翻译成计算机可执行的程序。人工智能符号主义的基础是数理逻辑，着重于演绎逻辑方法，主张"认知就是计算"，而计算必然需要符合逻辑。推导法学作为法学建模的理论工具，是法律人工智能技术的前置知识之一（至少提供了一种思路）。作为法律人工智能的根基和基础性工作，法学建模夯实了人工智能的理论依据，为实现其应用价值提供了支撑。

---

① 冯洁：《大数据时代的裁判思维》，《现代法学》2021 年第 3 期。

二 智能化背景下推导法学与传统法学的契合

面对人工智能的迅猛发展以及在法律领域应用不可阻挡的态势，我们不得不重新审视传统法学与现代科技的关系。是削足适履让人工智能技术开发屈从于传统法学理念，还是冲破传统法学理论的藩篱而创设新的法学逻辑以为人工智能技术开发提供有效工具？王利明指出，人工智能对民事法律制度提出了挑战，人格权制度、数据财产保护、知识产权保护、侵权责任认定和承担等，必须随着人工智能技术的发展而做出调整。① 美国著名科学哲学家托马斯·库恩（*Thomas Kuhn*）在《科学革命的结构》（*The Structure of Scientific Revolutions*）中分析认为，范式②的突破往往会导致科学的革命，从而使科学获得一个全新的面貌。在此背景下，法学各流派应从各自的逻辑体系和研究角度将法学整合为一个完整的体系，以消除各法学流派的分歧，这是实现法律人工智能的先决条件之一。

（一）语句的重新划分

在此背景下，有必要返回来讨论约根森难题，以进一步从逻辑学角度探究法学流派之争的焦点，以明晰法理逻辑性质并探寻法学研究的新思路。

语句的二分法（规范语句与陈述语句的划分）是造成约根森难题的一个重要因素。在法学建模中发现，从推导法学的几个法则推导出的规则与纯粹的人设规则有着完全不同的法律属性。这两类规则的理性划分和分类研究是成功避开约根森等难题纠缠的重要途径，同时也是解答约根森难题的有效方法。为此，按照推导法学原理，从语义学上将语句重新划分为规律性语句、规制性语句、现实性语句三类，分别如"债务应当偿还""机动车、非机动车必须右侧通行""张三履行了合同"等。

---

① 王利明：《人工智能时代对民法学的新挑战》，《东方法学》2018年第3期。
② 范式（Paradigm）的概念和理论是美国著名科学哲学家托马斯·库恩提出并在《科学革命的结构》中系统阐述的，它可以用来界定什么应该被研究、什么问题应该被提出、如何对问题进行质疑，以及在解释我们获得的答案时该遵循什么规则，能够将存在于同一科学中的不同范例、理论、方法和工具加以归纳、定义并相互联系起来。参见托马斯·库恩《科学革命的结构》，北京大学出版社，2012。

　　第一，规律性语句表达事物是什么而且应当是什么，是表达规律运行中的法则、定律、推理及依此推导出的结论的语句。它有三个特征：一是不仅可以以陈述语句形式出现，也可以以规范语句形式出现；二是规律性语句之间可以展开推理；三是有效性由真假赋值体系评价，真的前提一定得到真的结论，尽管有时它也可以进行价值评价，如我们说真的就是善的，但不是影响其有效性的本质因素。

　　第二，规制性语句是无法从规律的法则及其推导结论表达的规范语句。规制性语句的特征是不能通过真假评价赋值，如"车辆应当右行"，是将各地区行车传统习惯通过国家强制力确立下来的交通规范。规制性语句受合理不合理、善与恶等价值评价，但规制性语句能否在价值评价赋值后展开推理，亦即善恶的前提是否一定得到善恶的结论，正是分析法学、社会法学等需要回答的问题，也是该学派研究的新领域，在此不做深入讨论。

　　第三，现实性语句是不含规律性语句内容的陈述语句。在司法领域，现实性语句包括案件事实语句和法律关系语句。其中，案件事实语句又包括陈述事实语句和裁判事实语句，陈述事实语句是诉讼参与人对案件事实的映像形态表述，裁判事实语句是法官对进入法律视野的事实描述；法律关系语句是描述法律权利义务关系的语句。事实关系不依赖于法律关系，而法律关系是事实关系的法律推理确认，如从"甲乙签订了买卖合同"中可推出"甲乙形成买卖关系"的描述。法律关系描述是法学建模生成的基础"数据"，在法学推导中有着重要意义。

　　三类语句的划分主要是为了厘清各类语句之间分析判断的适用规则。如"甲乙签订了买卖合同"（案件事实语句）、"乙没有履行合同"（案件事实语句）、"乙应当承担违约责任，履行债务"（法律关系语句），三个语句之间并没有逻辑推理关系，最后结论是隐含的大前提"债务应当履行"（规律性语句）的逻辑后承。规律性规范具有自然法属性，"债务应当履行"是"亘古不变"的，正如俗语"欠债还钱、天经地义"所表达的，尽管《中华人民共和国民法典》中没有"债务应当履行"的明确规范①，但并不影响这一结

---

　　① 关于债务履行问题，《民法典》仅在第五百八十七条规定：债务人履行债务的，定金应当抵作价款或者收回。给付定金的一方不履行债务或者履行债务不符合约定，致使不能实现合同目的的，无权请求返还定金；收受定金的一方不履行债务或者履行债务不符合约定，致使不能实现合同目的的，应当双倍返还定金。

论的推出。再如，"甲的债权超过法定时效"（案件事实语句），"甲丧失胜诉权"（法律关系语句），这一结论是法定的大前提"如果债权超过法定时效，债权人将丧失胜诉权，失去司法保护"（规制性语句）的逻辑后承。规制性规范有法定性特质，如果时效制度无明文规定，甲就不会丧失胜诉权，如在没有诉讼时效制度的时代就不存在丧失胜诉权问题，时效制度不能通过真假评价赋值，但接受合理与否等价值评价。

（二）法学各流派的分歧焦点

更深一层来讲，法学各流派的根本分歧也正是约根森难题所遇到的问题。沿着这条思路分析，语义学上规律性语句分析与规制性语句分析大致可以对应应然分析与实然分析的两大法学研究方向。

法律的应然性与实然性分歧由来已久，在公元前 5 世纪至公元前 4 世纪的古希腊就曾经进行关于自然法与人为法的思想争论，如今演变成为应然法与实然法的观念冲突，大致也是自然法学派与分析法学派以及社会法学派的根本分歧。应然指的是应该的样子，指事物、事件的应该存在的状态。应然法认为法律从本质上就是人的规律，因此应当以客观规律为基础，其对人的行为的规定不能有悖于客观规律。实际上，从法理逻辑思维分析，应然法中的自然法则可以做真假（是否符合规律）的评价，而不能做善恶、正义与否等价值评价。实然法指实际生活中真实存在的法，当然包括现"实然化"后的自然法，所以既可以做真假的事实评价，也可以做善恶、正义与否等价值评价。约根森难题在应然法和实然法的观念冲突中体现为，直觉上确实存在超越主观意志而独立存在的自然法则，但无法论证这些法则的客观存在，因而受到实然法学的猛烈抨击，却又无法彻底否认自然法则的存在。正如特雷弗·艾伦所言，制定法在出台时要考虑既有普通法的存在，在这个意义上制定法会受到普通法的影响，而普通法有着更为深厚的法律原则基础，因此并不受制定法的影响。①

而法理逻辑是划分法的自然属性与社会属性界限的重要工具。例如赠予模型的整个搭建过程，从第一步设值到最后一步分析全部是环环相扣的推导过程，其间不允许任何误差与遗漏。而且有了模型并结合法学原理，

---

① 李红海：《"水和油"抑或"水与乳"：论英国普通法与制定法的关系》，《中外法学》2011 年第 2 期。

任何违约、侵权可能产生的责任都能通过推导预测出来。所以，一些法律规范不应当人为任性设置，而更应是一种内在机制，并通过无矛盾且周延的公理化体系展现出来，自由与秩序的对立关系高度统一于权利与义务相互制约的逻辑化机制之中。可以说，自然法则独立于法律程序而自由存在，而不是简单地作为源自法律系统的戒律。这使得透过自然法则的现象分析法本质的思路更加清晰。这也正是法学各流派消除分歧、走向分工合作的重要契合点。

（三）社会法与自然法是法不可偏废的两翼

大数据、人工智能技术的迅猛发展已产生诸多革命性后果，并导致社会形成了双层空间—虚实同构、人机共处—智慧互动、算法主导—数字生态的时代特征。[①] 但这并不意味法律逻辑的失灵。人工智能是对人类智慧行为的仿真，需要两方面技术的配合。一是知识的表示和逻辑推理，对于法律人工智能来讲，推导法学可以解决计算过程中的同一性和客观性问题；二是对外界复杂环境的适应，法学控制论和大数据分析技术可以解决价值计算与判断问题。所以，推导法学理论体系并不完全否定传统法学，当然更不否定大数据分析的作用。物理、化学等自然科学甚至经济学无不是在建立模型的过程中发现真理，进而消除各学派的争论与分歧。推导法学的使命就是从新自然法学派角度，使法学规律从大量法学规则中脱颖而出，进行专业化研究。

一方面，推导法学专注法学规律形式化逻辑研究，以精准的语言表达与概括，保障法律共同体内部的逻辑自洽，并提供规范推理一致性或有效性标准，建构新的逻辑操作技术，使得出的结论真正受到法学实践的检验。一直坚持"法律的生命不在于逻辑而在于经验"的霍尔姆斯，也不否认逻辑的重要性以及其在法律发展中的地位与作用，而且很早就预言过数理逻辑对法律理性的影响，他所否定的是"逻辑是法律发展的唯一动力"，避免法学陷入形式主义的泥潭。另一方面，社会法学、分析法学等承担着回答价值冲突的选择与平衡标准问题的历史使命，以消除涵摄与例推难题、德沃金唯一正解难题与明希豪森困境等价值选择难题，使司法裁决真正受到法教义学的检验。

---

① 马长山：《智能互联网时代的法律变革》，《法学研究》2018 年第 4 期。

在法学建模中，相等即平衡，平衡即公平。传统的自然法学存在的永世不变的理想秩序，在智能化的时代变革中被赋予了形式逻辑意义。法国宪法学奠基人狄骥（Léon Duguit）认为："传统自然法观念认为有一种理想、绝对、如同几何真理那样真实的法律，人们必须不断努力以接近它。相反，人类的法律中没有什么是绝对的。它也不是一种理想，而是一个事实。人的法律就和人类社会一样变化无常，而且本身就从各个社会无比多元的结构中来。"① 其预见了社会法与自然法是法不可偏废的两翼，特别在智能化时代。而且早在机器学习出现之前，符号主义的编程方法就被用来开发法律专家系统，由法律专家提供法律概念、分类和推理方面的知识，再由程序员将这些知识编写成计算机代码，供人们搜索法律知识、寻找法律问题的答案。②

每个基础科学都有自己的分支学科，例如化学分为无机化学、有机化学、分析化学等。法理逻辑学毕竟只是法学的一个小分支，并非法理学和法哲学范畴，不能回答法学上所有的问题，也不能解释所有的法律现象。虽然法理逻辑是一个严谨的工具，经过逻辑分析得出的结论能被普遍接受和信赖，但如果专注于逻辑分析而忽视其他有价值的分析技巧，确实会陷入形式主义的泥潭。因此，法学各流派只有消除分歧，从各自的视角将法学整合为一个完整的体系，才能为法律人工智能的实践提供有效的理论支撑。

三　法学公理化方法与法律人工智能

算法需要建立在清晰的公理化体系之上。问题关键就在于，目前法律领域缺乏一套现成的公理化体系，这就需要在法学领域创设一个适合的公理化体系，这是创设法学区域论③的初衷。为了建立统一的法学公理化体系，可以通过以法学区域论为出发点，建立财产法乃至民法体系以及整个法律体系的逻辑算法来实现。

---

① Léon Duguit, Le Droit social, le droit individuel et la transformation de l' Etat, Paris, F. Alcan, 1911, pp. 9-10.

② 郑戈：《算法的法律与法律的算法》，《中国法律评论》2018 年第 2 期；季卫东编著《AI 时代的法制变迁》，上海三联书店，2020。

③ 韩崇华：《物法模型：用法学区域论解析支配及其变化规律的全新方法》，中国政法大学出版社，2012。

在法学区域论基础上建立的法学公理化体系是中国法治创新的一次尝试。由于法学公理化体系的探索性增大了理解难度，同时，法律人工智能的算法观念与实现路径、应用性与贴近性等要素是对法律新逻辑构建成败的重要评估内容①。因此，人工智能时代法学需要回应法律使用规则重构、算法规范路径创制、法律主体观念更新和法律归责体系迭代的时代需求，开展有益的研究和试验工作。

知识表示和逻辑推理既然是人工智能不可或缺的技术配合，对于法律人工智能来讲，法律问题智能计算过程就必须保持同一性和客观性。当前阶段人工智能技术的应用开始由"管理辅助"向"数字正义"过渡，但以"数字正义"为导向的司法改革面临人工智能技术的融入困境。② 通过对民法理论和大量案例的分析，传统法学理论对存在的大量法学悖论问题由于缺乏客观标准不得不通过思辨的方式解决，这大大妨碍了对这些规律的发掘，使得我们的研究内容与这些传统理论之间经常发生冲突。例如在法学建模中发现，所有权有时指支配权，有时指完全支配状态，有时又指归属权权能③，从而导致所有权理论的混乱。显然，在这样的理论背景下，保持法律智能计算过程的同一性和客观性是不可能的。

（一）公理化方法

人工智能对民事法律制度提出的挑战，根本上是厘清民法逻辑思路以及借助的方法论工具问题。由此，我们干脆打破原有传统法学的理论框架，对传统法学进行解构，取其精华。结合发现的法学自然法则、支配法则、系统法则，应用法学建模的思想、理论与方法，把法律现象层层解构，直至分解为最小单元，然后以这些最小单元为元素，根据不同位阶、不同关系，遵循自然法则及法律固有规律，层层重构，直至建立合理的、

---

① 周佑勇：《论智能时代的技术逻辑与法律变革》，《东南大学学报》（哲学社会科学版）2019 年第 5 期。

② 魏斌：《司法人工智能融入司法改革的难题与路径》，《现代法学》2021 年第 3 期。

③ 我们在建模中，将支配权分解为归属权、占有权、使用权、处分权。正如法学家盖尤斯在《法学阶梯》中所分析的那样，对某物实施占据并宣告该无主物是"我"的，取得的正是这里所谓的归属。归属权是对"物是谁的"这一归属关系的法律确定。归属权是一项独立的权利，是支配权中的一项权能。它既不是占有权、支配权，也不是完全支配状态。传统法学理论中的所有权有时指的正是这种归属权，但有时又指整个支配权，或者完全支配状态。

有序的公理化体系。

公理化方法在创建法学理论和制定法典时起着重要作用。著名的《拿破仑法典》的制定就是建立在自由和平等原则、所有权原则、契约自由原则和公序良俗原则基础之上的。但是传统的公理化方法已经远远不能满足人工智能开发的需求，人工智能技术能否在法律领域真正适用，取决于法学能否建立起反映法律规律的公理化体系，以便把人工智能实现的关键锚定于因果推断的算法上，这也是引发法律人工智能可行性大讨论的焦点问题之一。在司法中，格式化的思维往往排斥公理化方法的运用，"原本期望通过人工智能排除主观因素对法律解释和法律议论的影响，结果却很可能是把法律解释，特别是法律议论本身给排除了，使得法律判断成为一种基于算法的冷冰冰的机械性行为"。① 而公理化方法借鉴了自然科学的思维方式，又是对自然科学的补充与发展，是沟通法学思维与自然科学思维的桥梁，凸显了它在人工智能实践应用中的独特价值。法学是一门应用性社会科学，公理化方法的生命力根植于实践，因而，它最直接的价值在于应用。

任何科学的理论都是对实践的抽象，反过来又要在实践中得到检验与发展。公理化方法作为抽象思维方法，不仅使法律现象得到符合逻辑的、毫无矛盾的解释，还能在法律实践中得到检验与发展。反过来，通过公理化方法抽象出的法学规律，又能精准甄别法学中的真伪、正确引导法律实践。这一过程是公理化方法与人工智能互动的过程，也是法律人工智能的优化过程。

（二）公理化方法和法律关系计算

法学建模不单单是对法律渊源、法学理论释义，而且能在传统法学解构中，揭示法律现象背后的客观规律，以建立严格法理逻辑。并试图通过法律关系的要素化与系统化，在形式化与公理化的前提下，建立一个逻辑严密的民法学体系，为法律人工智能提供一套独有的算法。

具体来讲，公理化方法为法律人工智能提供的算法，最主要是法律关系的算法，即法学建模。按照推导法学的公理化方法，对给定的法学元素排序，可以组合成各种新的法学模型，进而以此分析、预测、解释法学现

---

① 季卫东：《人工智能时代的法律议论》，《法学研究》2019年第6期。

象，甚至引导、激励其中的理性行为。例如，通过支配性元素和债逻辑原理，可以组合成无数种合同模型（其中大部分是法律上尚未确定名称与规则的非经典合同模型）。以融资租赁为例，分析发现，它是把租赁、买卖、借贷模型中所包含的某些元素，按照债的规则重新组合成的新的合同模型，而不是租赁、买卖、借贷合同的简单组合。如果没有法学现象的元素化、单元化、公理化过程，这点很难被理解。

合同的排列组合是无限的。在当代物权形态多元化的情形下，成文法不可能穷尽所有的物权形态，列举式物权法不仅不必要而且做不到。对物权法定主义的解释，如果仍然停留在列举式法定主义而拒绝与时俱进地更新，那么不仅不合时宜，而且是非常有害的。从实证角度，随着对最新出现的物权形态的分析不断深入，这种感觉愈加明显。鉴于此，成文法与判例法面对的难题是，成文法无法以列举方式穷尽一切物权形态，而判例法由于缺乏标准尺度，其所做出的结论又可能是不统一甚至是任性的。

公理化法定主义是解决这一难题的最佳方案。公理化方法就是从尽可能少的无定义的原始概念（基本概念）和一组不证自明的命题（基本公理）出发，利用纯逻辑推理法则，把一门学科构建成演绎系统的方法。[①]公理不能自相矛盾，也不能推出自相矛盾的结论，而且任何一条公理都不能从别的公理推导出来，这叫作公理的相互独立性。元素是有限的，只要建立起公理化体系，按照一定法学规则就可以组成任一合同，所以便没有列举所有合同类型的必要。公理化法定主义就是把法律公理化中的法则体系以成文法的方式固定下来，以保证权利人在公理化体系划定的范围内自由行为，而不是通过列举式法定主义限制这种自由，唯如此，才能真正地实现"意思自治"的民法理性。在民法建模中我们发现，民事主体可以充分发挥物权功能的自主协调性，自动形成有序的行为结构并自行缓和矛盾。而研究的主要任务和目的是在借助人工智能技术最大化保障这种行为自由的前提下，引导市场行为顺应支配规律，对减少纠纷做出科学的决策，以最少的非理性干扰换取市场最大的自由度、发挥最大的活力，而不是单纯应对已经发生的纠纷。智能化法治如同牧羊人的领地，只要羊跑不出物权系统的"栅栏"，就可自由生存。公理化法定主义不仅关乎当事人意思自治实现的最大值，还直接影响审判对规律反映的质量和公平正义的

---

① 张顺燕：《数学的美与理》，北京大学出版社，2004。

实现。所以，法学研究应有"上医治未病"及"未病先防、既病防变"的思想，这是人工智能时代交给法学的一项新课题。

（三）公理化方法的智能化背景意义

新合同形式的出现往往会带动经济的变革，甚至会带动一个产业的发展。例如，融资租赁最早起源于第二次世界大战后的美国，1952年5月，H. 叙恩菲尔德开设了世界上第一家采用融资租赁方式开展设备租赁业务的企业，此后这种类型的企业在世界各国蓬勃发展，并在20世纪80年代初被引入中国。但是，无论是国际会计准则委员会①还是民法学界，都未对融资租赁的性质从民法原理上给出答案。融资租赁业的蓬勃发展，反衬了民法研究滞后的尴尬。当然，法律预测是一项庞大系统的工程，单纯靠传统民法方法论难以胜任建构任务，需要以公理化方法与人工智能的密切结合共同完成。

在公理化逻辑推理体系中，推导法学首先会定义一组自洽的定理作为公理，其在任意的正确逻辑推理后得出的所有结论中，不会出现任意两条矛盾的结论。之后，公理会被当作绝对正确的已知条件用来进行正确的逻辑推理并得出正确的未知条件，或者称其为正确的命题。这些正确的未知条件又可作为其他正确逻辑推理的正确已知条件，进而得到更多的正确未知条件。如此反复，就能得到一个必定自洽的命题集。特别是在复杂合同和非典型合同的分析中，公理化逻辑推理体系发挥着有效而神奇的作用。所以，人工智能发挥作用的大小，取决于是否遵循了法学规律并契合了法律实践的需求。

目前，智能化正在深刻地影响着法律领域。按照符号主义的观点，人工智能源于数理逻辑，它试图在计算机上构建逻辑推演系统，以便得出更精准的结论。它将法律推理逻辑建模视为人工智能的核心问题，将为人工智能从法律计量学到法律信息学的发展做出重要贡献。② 人工智能技术能够胜任一些通常人类智能能够完成的复杂工作。在人工智能算法中，正因

---

① 国际会计准则委员会1982年9月颁布的《国际会计准则第17号——租赁》对融资租赁做了定义："融资租赁是指出租人在实质上将属于资产所有权上的一切风险和报酬转移给承租人的一种租赁。"学界对这一定义存在较大争议。

② 熊明辉：《从法律计量学到法律信息学——人工智能70年（1949-2019）》，《自然辩证法通讯》2020年第6期。

为法学建模的底层逻辑遵循了法律实践所蕴含的规律，通过法理公理化、体系化构建与渗透，法理研究迈向了一种法律科学范式，为人工智能处理法律核心问题提供了新的工具，从而实现法的理性。但是，法学建模是一项十分庞杂的工程技术，单靠人工是很难完成的。人工智能区别于人工建模最显著的特征是，人工智能具有自主行为的能力，人工智能系统不仅可以执行复杂的公理化任务，而且随着机器学习技术的发展，可以实现机器的深度学习[①]，开展机器主动性法学研究。

四　法律人工智能的应用前景

公理化及其智能化响应的法治演进顺应了新时代习近平法治思想的要求。"坚持在法治轨道上推进国家治理体系和治理能力现代化"是习近平法治思想的重要组成部分，是实现良法善治的必由之路。推导法学借鉴了传统法学以及人类法治文明的有益成果并最大限度地凝聚了人类对法律规律的共识，摒弃了传统法学和其他国家法制模式中的不合理成分，其中公理化体系为国家治理体系提供了系统化骨架，公理化构架下的人工智能又为国家治理能力提升提供了现代化工具，结合中国特色社会主义和中华文明智慧的法治新模式，更有效地保障国家治理体系的系统性、规范性、协调性，更能发挥法治固根本、稳预期、利长远的作用。

（一）智能时代与科学立法

科学立法是全面推进依法治国的工作格局的前提条件。智能时代下，人工智能立法辅助是立法科学性的一个重要体现。目前许多国家人工智能辅助立法还停留在法律文本起草及征询的智能化上。如尝试使用基于人工智能的工具起草法案、预测法案通过的概率等。[②] 针对立法阻滞因素、立法权的专属性、立法过程的有准备性、立法事态的法调整性、立法行为的

---

① 机器学习是一门多领域交叉学科，研究计算机怎样模拟或实现人类的学习行为，以获取新的知识或技能，重新组织已有的知识结构并使之不断改善自身的性能。机器学习可以实现法律人工智能的自动优化和改进。

② 参见《全球数据评论》（*Global Data Review*）出版的 2021 年版《GDR 观察手册》，转引自 woldip 网《美国人工智能相关立法情况概述》，www. worldip. cn/index. php？a＝show&c＝index&catid＝66&id＝261&m＝content。

程序性等特征，公理化体系框架下人工智能辅助立法能实现法律形式的相对吸纳化、立法逻辑的自内而外化、立法案形成的专业化、立法视野的全球化等科学立法的效果。

1. 完善立法体制机制

一般来说，人民意志来自两个方面，一是对利益保护的理性，二是对生存空间的感性。人民民主专政本质是人民意志的国家合理有效裁量，公理化、智能化下科技立法代表了人民意志最理性的一面，更能凸显我国立法体制机制的现代化立法引擎价值，可以完善党委领导、人大主导、政府依托、各方参与的立法工作格局，不断提高立法质量和效率，更加坚定人民民主专政的国体和人民代表大会制度的政体不动摇的信心。

2. 完善中国特色社会主义法治体系

"人必须是算法的立法者和控制者，法律的算法与算法的法律不应成为一个闭环，它们中间必须有人作为起点和终点。要将社会生活的复杂事实带入一定的法秩序，规范塑造者需要在相关事实和基于规范文本的秩序标准之间保持'目光之往返流转'。能够做到这一点的只有训练有素的法律人。"[①] 科学立法是一个系统工程，必须统筹兼顾、科技参与、把握重点、整体谋划，形成以《宪法》为核心的完备的中国特色社会主义法律规范体系。首先，科学立法要建立全面的立法知识资源库，通过人工智能技术梳理社会舆情，融合处理多来源、多形态的立法意见，分析专家的理论观点，等等。其次，科学立法更离不开人工智能强大的逻辑能力。智能化与法律之间最大的契合点还在于逻辑，人工智能辅助立法必须有一个公理化体系作为框架模型，在形式化、逻辑化、系统化规制下确保法律条款之间不存在矛盾。公理化人工智能辅助立法的特征体现在，一方面，推导算法起草的法案比人类起草的法案更擅长法律公理化体系搭建，更便于立法的体系化和系统化。另一方面，立法人工智能可以利用其构建的法律模型作为评判模型，来验证法律创制实践效果是否与法理逻辑学推导的结果一致。如果推导算法推出的模型文本与现行法典、修正案、法律之间存在差异，那么，若原有法律创制存在偏差，则应及时纠正、修订法律文本并进行体系性优化；若推导算法存在问题，正是法学发现问题、解决问题、深

---

① 郑戈：《算法的法律与法律的算法》，《中国法律评论》2018 年第 2 期；季卫东编著《AI时代的法制变迁》，上海三联书店，2020。

化理论的良好契机。可见，立法人工智能将推动立法与推导法学的相互赋能、双向优化，对加强和改进立法工作、加快形成完备的法律规范体系、发挥科学立法在全面依法治国中的引领和推动作用具有重要意义。

3. 全面保护公民权利

现代法的核心要义就在于，使人成为人，并尊敬他人为人，黑格尔指出，自由的东西就是意志，意志而没有自由只是一句空话；同时，自由只有作为意志，作为主体，才是现实的。① 科学立法应保障全体公民权利的广泛性，正如前述，公理化法定主义把法律公理化中的法则体系以成文法的方式固定下来，以保证权利人在公理化体系划定的范围内自由行为，自动形成有序的行为结构并自行缓和矛盾，以充分保障公民的人身权、财产权、基本政治权利等各项权利不受侵犯，保障公民的经济、文化、社会等各方面权利得到落实，增强人民群众获得感、幸福感、安全感，用人工智能法治保障人民安居乐业。

4. 提高立法的预测能力

立法预测智能化是科学立法的重要方面。法律预测是一项庞大系统的工程，是将现实世界中纷繁复杂的社会现象分解转变成为逻辑元素信息进而构建未来的（或虚拟的）法律空间的过程。法律预测必须有强大的理论和技术做支撑，方能破解立法的滞后性难题。通过机器学习算法和大数据分析训练，可以发现人类司法裁判的内在规律，并将之应用于对未来裁判的预测。② 法学公理化不仅可以解释已经有的法学现象，也可以结合推导法学的精密性与人工智能超常的计算能力，通过智能化模拟实验对未来的法律现象进行预测，以引领立法方向。此外，当新的社会关系迫切需要法律调整时，法学公理化也可及时为立法者提供立法预案。基于推导法学提供的特殊算法，人工智能立法可以生成无穷多的立法预案文本，将大大满足未来立法的需求，使人们在应对重大挑战、抵御重大风险、克服重大阻力、解决重大矛盾时做到有法可依。

在智能时代，诸多立法问题不是法学思辨和民意舆论调查等所能解决的。在过去，法律创制取决于立法者的认知水平、立法观念等因素，由于缺乏相当的预测性技术能力，法律创制如制定、认可、修改、补充和废止

---

① 〔德〕黑格尔：《法哲学原理》，范杨、张企泰译，商务印书馆，2017。
② 宋旭光：《论司法裁判的人工智能化及其限度》，《比较法研究》2020 年第 5 期。

法律规范等活动总是滞后的，这是智能时代面临和要解决的最大问题。智能时代法律关系的架构化和建模化的特质，要求我们必须改变认识、把握和干预世界的方式。正如有的学者指出，人工智能司法后设机制能超出人类驾驭关系算法的能力，法律理念将由"修复和恢复社会"转向"规训和塑造社会"，法律调控将由"裁断行为后果"前移为"塑造行为逻辑"，由事后处置转向参与建设社会关系"架构"，由赋权与救济转向责任与义务的加载与规制。① 这些转向，迫切地需要转变立法思想，实现科学立法的初衷。

（二）智慧法院与公正司法

公正司法是智能时代全面推进依法治国工作格局的重要任务。人工智能的逻辑是人机互融、虚实同构、算法主导，人工智能最根本的任务是准确地将法理逻辑转换为代码、命令等计算机程序能够识别的语言，通过法律推理和智能裁量发挥作用。这种创新可以解决人工智能的前瞻性与固有法律的滞后性之间的矛盾，司法人工智能将以更科学的推导方法、更专业的算法来解决法律纠纷，构建智慧法院新模式，让人民群众在每一宗司法案件中都感受到公平正义。

1. 智能裁决

我们知道，认定事实和适用法律是法院审判的两项前提性工作，基于区块链技术已经解决了电子证据认证等事实认定问题、基于当下人工神经网络的算法解决了法律适用等一系列难题。目前智能裁决面临的最大问题是确定法律关系的智能化。推导法学对司法人工智能最大的贡献正是提供了法律关系的算法，它为人工智能提供的这一逻辑主线将突破传统"算法局限"，在事实认定与法律适用之间建立"确认法律关系"这一桥梁，把司法裁判的各个环节贯穿起来，为司法深度学习技术奠定"逻辑思考"基础。

推导法学的形式逻辑最适合被转换成计算机代码，建立法律关系计算机模型，实现案件解构、解析、判决智能化。一是智能案件解构。人工智能首先对案件事实文本进行解构，把拆解出来的元素按照一定规则进行组合，按照推导法学的公理化方法，构建案件法律关系模型。按公理化的属

---

① 齐延平：《数智化社会的法律调控》，《中国法学》2022年第1期。

性，在任何条件下，推导算法都只有一条执行路径，所有操作都足够基本，可以通过已经实现的基本操作运算有限次实现。这种推导存在无矛盾的确切规制，使计算机能明确其含义及如何执行。二是智能解析。可解释性是保障人工智能安全性的重要手段，如果算法能够说明所作决策的依据，人们就可以通过分析依据的合理性和内在逻辑来评估算法的安全性。[①]语句三分法（规律性语句、规制性语句、实性性语句）厘清了自然语言处理规则，凡是通过推导得出的结论都有自然法的属性，社会法与自然法有着完全不同的法律属性，因而有着不同的适用规则，智能解析就有不同算法。三是智能判决。判决智能化包含两个核心要素，即结果公正和论理充分。判决智能化从设值到分析再到最后判断是一个环环相扣的推导过程。根据案件基础事实推导出法律关系，将案件的基础事实、法律关系、法律规范紧密结合在一起，并通过类案检索找出最佳审判方案，完成判决的论理部分，以践行同案同判的法治理念，确保案件公平公正。

2. 司法的人机协同

目前，"人机合作"的审判模式逐渐成为常态，美国首席大法官小约翰·G. 罗伯茨在被问及人工智能机器能否协助法庭做出司法裁判时提出，他认为这一天已经到来。[②]这表明除核心算法外，法律人工智能所应有的数据分析、算力和规制算法的技术水平都已经具备。推导法学提供的核心算法，将促成审判模式从"人机合作"切换为"人机合一"，人工智能机器将以法官的名义做出判决。不过法官将保留三项权利，一是对机器裁决结果的司法确认权，以确立机器裁决的法律效力；二是算法裁决权，诉讼当事人对机器算法质疑的，由法官或合议庭进行审查并做出裁决；三是救济裁量权，如果确认算法违法，则应做出修正或停止使用该算法，并将案件交由人工审理的裁定。

3. 实现"软件公正"

算法技术带来的未必都是法律人所期待的公平与公正，"算法歧视"已经在多个领域出现，这将使得人们对这种由尖端技术导致的不公正性的救济

---

① Alejandro Barredo Arrieta, Natalia Díaz-Rodríguez, et al., "Explainable Artificial Intelligence (XAI): Concepts, Taxonomies, Opportunities and Challenges Toward Responsible AI", *Information Fusion*, Vol. 58, p. 2 (2019).

② 张凌寒、梁语函：《算法在域外司法实践中的应用、困境及启示》，《中国审判》2020年第6期。

难度直线上升。① 目前，"人机合作"的审判模式逐渐成为常态，公众对法律人工智能"机器暴力"安全性、公平性问题产生担忧是自然的，为此，我们必须对"算法黑箱与司法的程序性、公开性理念相背离，算法歧视与司法公正性理念相背离"② 的现象予以高度重视。

公众的信任度是人工智能系统成功推行的关键因素，特别是渗透着国家意志的法律人工智能，公众更关注其可信度、可靠性而不是技术本身。当前对公平正义的理解往往基于法官个人或者法律人个体的经验、阅历。推导法学以其公理化方法的无矛盾特质，将完成从个体能力有限走向机器深度学习无限的历程，将拓展人们追求公平正义的广度与深度。在未来机器深度学习等技术参与下，法律人工智能将通过"软件即审理"的方式形成"案件流覆盖"的数据底层构架，全国案件将统一由一个或几个软件做出裁决预案（参考）甚至正式判决。当然，公理化是法律规律的反映，在公理化的规制下，法律人工智能比人工更能精准地遵循法律规律，同时公理化也给社会法学理念的法律人工智能留出了合理的空间。由于司法人工智能尚在多元法律复杂思维以及情感思维方面存在技术缺陷，也不可过分夸大其作用。社会法学应担负起人工智能伦理等方面的研究职责，积极探索人工智能技术本身应用的边界等问题。合理划分法学分支的边界，在法律人工智能战略规划中有着重要的意义——应当明确推导法学应做什么、传统法学应做什么。在法学各流派与人工智能的密切协作下，让机器永远在人类的情感下遵循法律规律运行，不仅能完全消除人们对机器代替人的"机器暴力"的担心，而且能彻底碾压司法不公和权利寻租顽症的生存空间。

（三）智能政府与法治国家

法治政府是建设法治国家的主体，又是构筑法治社会的主干。目前，重点推进的智能政府建设在解决许多难题上已取得突破性成果，但同时出现了新的问题。例如，在智能政府的起步阶段，个人私利有可能利用算法漏洞通过法律人工智能体现出来，这就是最可怕的"机器腐败"，需要公

---

① 刘艳红：《人工智能法学研究的反智化批判》，《东方法学》2019 年第 5 期。
② 左卫民：《AI 法官的时代会到来吗？——基于中外司法人工智能的对比与展望》，《政法论坛》2021 年第 5 期。

理化的规制以及算法的公开，彻底挤压个人私利的空间，把权力"关进"公理化法律和系统化制度的"笼子"里，使严格执法成为智能政府行为的自觉。

随着对智能化行政技能的驾驭，深刻理解政府依法行政的体系化、智能化原理，可以全面提升政府执法人员特别是领导干部具体运用法治思维和法治方式深化改革、推动发展、化解矛盾、维护稳定的能力，使其成为尊法、学法、守法、用法的模范。

（四）智慧普法与全民守法

在大数据时代，随着法律数据产生速度的加快与数量的持续加大，公众需要了解的法律知识的广度和深度都在不断拓展，更强调"智慧学习是最好的普法手段"的理念，这也增大了刚刚兴起的智慧普法平台的普法难度。

以类案检索为例。类案检索不仅是有效的司法智能辅助，更是智慧普法的一条新途径。[①] 目前一般通过法条、案情、案件性质、证据采信等关键词和关键语句检索，实践中存在检索手段烦琐、结果不精准、检索出的案例有矛盾等问题。而推导法学与人工智能的结合会使类案检索变得非常便捷，只要将案情文本输入计算机就能生成法律关系模型，再通过各案法律关系模型之间的高速比对，便能精准地搜索出同类型案件。

在解决类案检索结果矛盾时，其纠错性、便捷性尤为突出。推导法学与大数据分析的结合将是"逻辑的数据"与"数据的逻辑"的碰撞。一方面，按照推导法学的公理化方法，可以把给定的法学元素排序组合成各种新的法学模型，如通过支配性元素和逻辑原理组合成的各种法律关系模型。这类数据数量庞大，是通过推导法学逻辑化、精密化的推导得出的数据，为"逻辑的数据"，具有不重复和无矛盾的特征；另一方面，从"案例"（判例）构建的大数据库中搜索出的案例存在重复和矛盾的可能。对此，可通过将两种路径采集到的数据进行比对，形成"数据的逻辑"，来重新构建结构严谨、逻辑严密的数据库，以促进人工智能的优化，解决类

[①]　最高人民法院《关于统一法律适用加强类案检索的指导意见（试行）》中要求在案件审理过程中，采用关键词检索、法条关联案件检索、案例关联检索等方法对缺乏明确裁判规则等情况的案例进行类案检索。

案检索中的矛盾问题。这样可通过智能化系统展现法律人的集体智慧，实现普法的全社会共同参与，从而增强全社会法治观念。

结　语

数智化逻辑摧毁了权利本位和司法中心主义法律法学观[①]，随着人类决策所依赖信息的日益多元化和复杂化，法律算法化自动运行将成为常态。人工智能切入法治内核是不可阻挡的趋势，问题只在于谁"跑得更快"。从欧美发达国家司法人工智能的发展状况看，仍然存在法理逻辑研究领域的空白，这给了我们赶超的时间和广阔的空间。

中国已将人工智能上升到国家战略层面，早在 2017 年《新一代人工智能发展规划》中就提出，要在 2030 年达到世界领先水平，让中国成为世界主要人工智能创新中心，跻身创新型国家前列。习近平总书记在庆祝中国共产党成立 100 周年大会上的讲话中提出，要以中国的新发展为世界提供新机遇。党的二十大报告指出，要构建新一代信息技术、人工智能等一批新的增长引擎。这无疑给法律界提供了难得的挑战和机遇。目前，我国已经深刻认识到社会科学引入自然科学的"新文科"的战略性和紧迫性，积极培养跨学科的人工智能法学人才成为当务之急。[②]

推导法学及其在人工智能中的应用将是"敢为天下先"大国精神在法治层面的展现。从宏观层面上说，这种法治的首创性和智能化也将使中国获得更多的国际话语权，更加彰显习近平法治思想的法治价值与政治远见，以中国特色的模式走向世界，以负责任的大国形象参与国际事务。我们可以利用公理化方法提供的世界通行的法则以及以这些法则为算法的人工智能技术手段，通过国际间合作，求同存异，兼顾各民族、各国家的特色及实际，共创全球治理的智能化新模式，构建人类命运共同体。

[①]　齐延平：《数智化社会的法律调控》，《中国法学》2022 年第 1 期。
[②]　王禄生：《以"领域理论"培养人工智能法学人才》，《中国社会科学报》2022 年 6 月 21 日。

国际竞合视野下的数字经济竞争政策和治理探析

张　昕[*]

摘　要： 在国际竞合视野下，全球数字经济竞争政策在理论上和实践上都发生了重要的变革。新布兰代斯学派对芝加哥学派主张的消费者福利这一反垄断目标大肆批评，主张对反垄断理论进行"根和枝干的重构"，这一思潮也影响到美国、欧盟等法域的数字经济反垄断规制。基于我国数字经济反垄断实践，当前竞争和治理最关键的问题在于如何正确理解数字"守门人"监管，科学推进常态化监管和强化创新影响的竞争评估。立足高质量发展和做优做大做强数字经济的国家战略，我国应当避免采用数字"守门人"式的结构主义监管，深入推进稳定可预期，科学、专业、审慎，多工具全链条的常态化监管，从长期竞争的维度看待创新的竞争影响，并进一步加强数字经济竞争政策的国际合作和沟通对话。

关键词： 竞争政策　数字经济　国际竞合　常态化监管

数字经济是世界科技革命和产业革命的先机，是新一轮国际竞争的重点领域。党的二十大报告中指出："加快发展数字经济，促进数字经济和实体经济深度融合，打造具有国际竞争力的数字产业集群。"2023年中央经济工作会议强调："要大力发展数字经济，提升常态化监管水平，支持平台企业在引领发展、创造就业、国际竞争中大显身手。"大力发展数字经济不仅是建设现代化产业体系的重要任务，更是我国提升国际竞争力、抢占未来发展制高点的战略选择。

竞争是市场的灵魂。2022年6月24日修订的新《反垄断法》纳入

＊　张昕，对外经济贸易大学竞争法中心研究员，研究方向为反垄断法和竞争政策。

"强化竞争政策基础地位"，昭示着竞争政策在各项经济政策中统领性地位的确立。竞争政策旨在发挥市场在资源配置中的决定性作用。[①] 数字经济是我国市场经济的重要组成部分，其发展与规范必然也需要依循竞争政策的基本要求。同时，竞争政策也服务于国家整体战略，对数字经济发展具有重要的作用。在国际竞合视野下，发挥好竞争政策对数字经济规范、健康、可持续发展的战略性作用，不仅有助于构筑国家竞争新优势，也是加快构建新发展格局和着力推动高质量发展的重要课题。

一　国际竞合视野下的数字经济竞争政策演进

叙述和解释现代反垄断经验的准确性对全球竞争政策标准的发展有重大影响。[②] 准确地把握全球数字经济竞争政策的演进趋势及内在逻辑，有助于更好地调适我国竞争政策标准，以实现对数字经济的"良善治理"，促进数字经济的创新、健康、可持续发展。近年来，主要法域数字经济竞争政策发生了较大的变革，从相关理论到实践都表现出不同于过往 20 多年的发展趋势。超越传统反垄断的思潮涌动，结构主义的规制模式兴起，由事后监管转向全链条的事前事中事后监管，追求的法律目标也从经济效率目标转向对创新、消费者权益、劳动者权益保护等多元目标。通过理论和实践两个维度综合分析数字经济竞争政策的演进趋势，有助于更好地理解其内在逻辑。

（一）数字经济竞争政策的理论重构

近年来，以新布兰代斯学派（New Brandeisians）为代表的数字经济反垄断变革理论者的观点深刻地影响了美欧等全球主要法域的数字经济竞争政策。就全球最大的数字经济体美国而言，其内部对于竞争政策的辩论观点主要分为三派。一是传统主义者（Traditionalists），他们普遍认同芝加哥学派主张的以经济效率为导向的消费者福利标准（Consumer Welfare），认为政府应当尽可能地减少对市场的干预，包括反垄断活动。二是扩张主义

[①]　黄勇：《论我国竞争政策法治保障的体系及其实现机制》，《清华法学》2022 年第 4 期。

[②]　〔美〕威廉姆·科瓦契奇：《美国竞争政策执行规范的现代演变（下）》，罗丹睿译，《竞争政策研究》2022 年第 4 期。

者（Expansionists），他们认为反垄断活动应当更多地关注消费者利益，包括商品或服务的价格、质量和创新问题，在方法上更加注重现代微观经济分析，在监管方面强调更加严格的合并审查和控制企业滥用市场支配地位的行为。三是转型主义者（Transformationalists），即新布兰代斯学派，他们认为反垄断的目标不仅仅是追求经济效率和保障消费者福利，而且应当是保障"公民福利"（Citizen Welfare），包括中小企业保护、劳动者保护、经济民主保护等多元目标。①当前，新布兰代斯学派主张"运动型"反垄断，其对传统的"技术型"反垄断形成了较强的冲击。这种"运动型"反垄断倾向于追求反对产业集中、限制大企业的经济或政治力量、矫正财富分配不均、控制高利润、提高工资或保护小企业等替代目标，将不令人满意的反垄断现状归咎于消费者福利标准，并且漠视甚至蔑视低消费价格的重要性。但是，"技术型"反垄断是 20 世纪七八十年代以来在芝加哥学派和哈佛学派的共同推动下确立的，具有广泛而深远的智识基础，因而在美国仍然具有强大的生命力。② 然而，拜登政府对反垄断执法机构领导者的任命无疑为新布兰代斯学派的胜利天平加上了更多的砝码。2021 年，美国总统拜登陆续任命新布兰代斯学派的旗手执掌美国反垄断执法机构大权，曾经发表过《亚马逊的悖论》、强烈抨击大平台大型科技公司的学者莉娜汗被任命为美国联邦贸易委员会（FTC）主席；"硅谷科技巨头"的批评者乔纳森坎特被任命为美国司法部助理部长，主管司法部反垄断局一应事务；首创"网络中立性"概念、主张分拆脸书等科技公司的学者吴修铭被任命为总统科技和竞争政策特别助理，为拜登政府的反垄断出谋划策。新布兰代斯学派对美国乃至全球反垄断理论界产生巨大的冲击。正如反垄断权威学者威廉·科瓦契奇教授所言，转型主义者（新布兰代斯学派）主张对反垄断理论进行"根和枝干的重构"（Root and Branch Reconstruction），对当代反垄断理论产生了重要的影响。③

新布兰代斯学派等数字经济竞争政策变革者的崛起具有深刻的政治和

---

① William E. Kovacic, "Root and Branch Reconstruction: The Coming Transformation of US Antitrust Law and Policy," *Antitrust Magazine* (Forthcoming Summer 2021).

② 〔美〕赫伯特·霍温坎普：《美国反垄断运动到底发生了什么？》，兰磊、王也钦译，《经贸法律评论》2021 年第 6 期。

③ William E. Kovacic, "Root and Branch Reconstruction: The Coming Transformation of US Antitrust Law and Policy", *Antitrust Magazine* (Forthcoming Summer 2021).

经济社会背景，新布兰代斯学派的源头甚至可以追溯至美国反垄断法兴起之初。在《谢尔曼法》《克莱顿法》等诞生之时，各种大型托拉斯组织通过垄断行为破坏了基本的竞争秩序，严重损害了消费者和市场竞争者的利益。当时，美国联邦最高法院法官路易斯·布兰代斯主张反垄断行动应该防止任何一家公司对经济保持过大的权利，因为垄断有害于创新、商业活力和工人的福利。而新布兰代斯学派的灵感正是来源于此。2008 年国际金融危机爆发，经济危机席卷全球，众多企业和个人纷纷破产，而大型企业的"大而不能倒"以及带来的系统性风险问题也引发了社会的高度关注和警惕。自金融危机发生后，社会公众对大企业的信任度显著下降，而政客也需要寻找一个转移社会矛盾的对象。美国民主党在 2016 年提出反垄断纲领，强调企业集中对市场造成不公平的影响，正是运动型反垄断的高调表达。① 特朗普的当选迟滞了运动型反垄断的进程，而政客也找到了更好的社会矛盾转移对象——数字大平台。2018 年，剑桥数据分析丑闻爆发，英国咨询公司"剑桥分析公司"在未经社群媒体脸书用户同意的情况下获取数百万脸书用户的个人数据，并将这些数据用于政治广告，为特朗普总统竞选等提供帮助。这一丑闻爆发后顿时引发轩然大波，社会公众对数字大平台的不信任飙升。在这一背景下，新布兰代斯学派思潮滥觞，秉承"大即是坏"的结构主义观点，主张对数字大平台进行严厉的监管，甚至采用分拆等措施以恢复市场竞争，保护消费者权利（如隐私安全）、劳动者权利和中小企业权利等。

总体而言，新布兰代斯学派等数字经济竞争政策变革者主张利用现有执法工具来严格规制经营者集中及具有市场支配地位的企业的行为，并制定新的法律通过事前监管等方式建立新的框架，对数字大平台的行为进行约束。新布兰代斯学派还尤其注重历史叙事对其理论的支撑，主张其思想源泉为美国 20 世纪初的平等主义和进步主义，而对芝加哥学派等大加鞭挞。② 然而，仍有许多学者主张，亚马逊、苹果、脸书和谷歌等数字大平台并不是"赢者通吃"的企业。它们必须依靠竞争才能赢得优势，这也为反

---

① 〔美〕赫伯特·霍温坎普：《美国反垄断运动到底发生了什么?》，兰磊、王也钦译，《经贸法律评论》2021 年第 6 期。

② William E. Kovacic, "Root and Branch Reconstruction: The Coming Transformation of US Antitrust Law and Policy", *Antitrust Magazine* (Forthcoming Summer 2021).

垄断政策提供了用武之地。① 总之，数字经济竞争政策理论的重构对规制实践产生了深远的影响。

（二）数字经济竞争政策的规制转型

随着前述理论的重构和数字经济的发展，全球各主要法域也对数字经济竞争政策的规制进行转型。具体而言，全球数字经济竞争政策的规制转型主要表现为以下几个特点：一是超越反垄断的结构主义立法对数字大平台科以更重的责任；二是执法更加严厉，且从事后监管更多移向全链条多工具监管；三是司法机构总体相对审慎中立。

首先，超越反垄断的结构主义立法对数字大平台科以更重的责任。2020 年，美国众议院司法委员会针对谷歌、亚马逊、脸书、苹果四大科技巨头涉嫌的垄断问题发布了《数字市场竞争调查报告》，报告认定四大科技巨头分别在其相关市场具有垄断势力，且可能存在实施垄断行为的风险，应推动反垄断改革。2021 年，美国先后将《并购申请费现代化法案》、《州反垄断实施场所法案》、《ACCESS 法案》、《美国选择与创新在线法案》、《平台竞争和机会法案》、《终止平台垄断法案》和《开放应用市场法案》引入国会，分别对合并申请费、反垄断案件管辖权、数据可携权和数据互操作、禁止主导平台收购潜在竞争对手、结构性分拆大型平台、禁止自我优待和规范应用市场等做出规定。2022 年，美国又将《禁止反竞争合并法案》和《数字广告业竞争与透明法》引入国会，对反竞争合并和数字广告生态做出规制。在欧盟，主张对数字大平台进行"守门人"式特殊监管的《数字市场法》已于 2022 年 11 月 1 日生效实施。《数字市场法》规定达到一定规模和标准的数字"守门人"应承担特殊的事前义务，包括但不限于禁止数据混同、禁止最惠国待遇条款、禁止独占交易机会、禁止数据和服务自我优待、数据互操作和限制扼杀式并购等义务。如果违反相关义务，最高可能会受到上一年度全球总营业额 10% 的罚款，再犯的有可能会受到上一年度全球总营业额 20% 的罚款。在德国，联邦议会于 2021 年 1 月 14 日通过了《反限制竞争法（第十修正案）》，该法案创设性地引入"对于跨市场竞争的至关重要性"的概念，规定无须证明此类平台具有

---

① 〔美〕赫伯特·霍温坎普：《反垄断法与平台垄断（下）》，兰磊译，《竞争政策研究》2023 年第 2 期。

市场支配地位，即可认定其特定的行为违法，例如自我优待和限制数据提供。目前，德国联邦卡特尔局已经根据该法案将亚马逊、脸书等数字平台认定为对于跨市场竞争具有至关重要性的竞争者（仍在法院诉讼）。在我国，国家市监总局于2021年10月29日发布了《互联网平台分类分级指南（征求意见稿）》《互联网平台落实主体责任指南（征求意见稿）》，对不同级别的平台设置了事前的特殊义务。这两份征求意见稿依据用户规模、业务种类、经济体量以及限制能力四个方面，将互联网平台分为超级平台、大型平台和中小平台三级，并对超级平台施加不得自我优待、开放生态等特殊义务。而新修订的《反垄断法》也将"经营者不得利用数据和算法、技术、资本优势以及平台规则等从事本法禁止的垄断行为"写入，彰显了我国数字经济反垄断的强化。

其次，执法更加严厉，且从事后监管更多移向全链条多工具监管。一是执法严厉程度显著提高。2017~2019年，欧盟委员会对"谷歌购物比较服务自我优待案"、预安装安卓操作系统、拒绝显示竞争对手广告三类行为分别处以约24亿欧元、43亿欧元和15亿欧元罚款，罚款总额高达约82亿欧元。此外，欧盟委员会也对亚马逊、苹果和脸书展开了全方位的调查。在新布兰代斯学派旗手执掌反垄断机构后，美国也加强了对数字大平台的反垄断监管。2023年1月，美国司法部联合纽约州等8个州共同对谷歌发起反垄断诉讼，指控其非法垄断数字广告市场。美国司法部称，谷歌"通过对网络发布商、广告商和经纪商用于推广数字广告的大量高科技工具进行系统性控制，破坏了广告技术行业的合法竞争"，同时，谷歌通过一系列收购行为清除广告技术领域的实际或潜在竞争对手，并利用其在数字广告市场的主导地位，迫使更多网络发布商和广告商使用其产品，限制后者有效使用竞争对手产品的能力。而在微软收购动视暴雪案中，美国反垄断执法机构也表现出前所未有的严厉。2023年6月23日，FTC向美国联邦法院提出申请，要求颁发初步禁令，禁止微软收购动视暴雪。FTC认为，合并后实体有能力、有动机在游戏主机市场、付费订阅服务市场等多个市场损害市场竞争，例如可能会限制向竞争对手授权游戏。同样，英国对微软收购动视暴雪案也表现出十分严厉的态度，向法院要求禁止该项合并案。在我国，自"强化反垄断和防止资本无序扩张"重要论述提出后，国家市场监督管理总局（以下简称"国家市监总局"）分七批次对平台经济领域的多起未依法申报经营者集中案件做出处罚，其中大多数是50万元的顶格处罚，腾讯控股的虎牙和斗鱼合并案被禁止，腾讯收购中国音乐集团案也被处罚并被要求改变独家版权模式。在滥用市场支配地位行为监管方面，阿里巴巴因"二选一"滥用市场支配地位的行为被国家市监总局处以 182.28 亿元人民币的罚款，罚款金额位列全球罚款金额榜前列；美团也因"二选一"滥用市场支配地位的行为被国家市监总局处以 34.42 亿元人民币的罚款。二是针对数字经济竞争监管的专门机构或者下属机构陆续成立。英国于 2021 年 4 月成立了专门监管数字大平台的数字市场监管部门（DMU）。该部门隶属于英国竞争和市场管理局（CMA），被授权推进"数字市场监管制度"的建立与实施，从而为科技公司的竞争行为明确划分合规范围。在我国，国家反垄断局下属的反垄断执法二司下属数字经济审查处，专门负责对平台企业经营者集中的审查。三是竞争政策的外溢化显著。一方面，监管机构更多地采用非竞争工具（甚至是管制工具）对数字市场的竞争问题进行监管，例如前述欧盟《数字市场法》的"守门人"监管。一些管制工具虽然没有被用于直接监管竞争问题，但也对数字市场竞争产生了较大的影响，例如美国的海外投资审查（CFIUS 审查）、欧盟的外商直接投资审查等。另一方面，竞争工具也被泛化运用于处理非竞争问题。例如，欧盟公布的《外国补贴审查》就是采用类似于"国家援助控制制度"式的竞争工具处理国际经贸问题。

最后，司法机构总体相对审慎中立。最能体现司法审慎中立态度的就是 2021 年的 FTC 诉脸书案，以及 2023 年美国法院对微软收购动视暴雪案的裁决。2020 年 12 月 9 日，FTC 与 40 余位州检察长分别对脸书提起两起反垄断诉讼，一是指控脸书收购 Instagram 和 WhatsApp 涉嫌违反《克莱顿法》第 7 条，请求法官判定脸书剥离 Instagram 与 WhatsApp；二是指控脸书通过平台政策阻止对自己具有竞争威胁的应用程序与之互操作，同时附加了限制性交易条件，从而阻碍它们成长为实际的竞争对手。脸书提出动议，请求法院驳回其诉讼请求。法院首先认为，FTC 没有足够的证据证明脸书的垄断地位，不能以营业收入指标、DAU/MAU 等用户指标计算市场份额。针对第一项指控，法院认为并购年代久远且 FTC 证据不充分，故驳回起诉书，建议其修改诉状。针对第二项指控，法院体现出极其审慎和中立的态度。法院认为，哪怕脸书真是一个垄断者，它仍然有权参与市场竞争，而没有任何义务帮助竞争对手。要求脸书强制互操作的前提是脸书平台本身或提供的服务属于基础设施，而对基础设施的认定十分严格，脸书显然未达成相关条件。对于脸书的"排他性行为"，法官认为，只有禁止自己的合作伙伴与竞争对手做生意，才可能构成"排他性滥用"，而限制竞争对手互操作具有合理性，因此，法院驳回了 FTC 的此项诉讼。在 2023 年微软收购动视暴雪案中，美国法院也表现出更为审慎的态度。2023 年 7 月 11 日，美国法院做出最终裁决，驳回了 FTC 的初步禁令请求，允许微软完成对动视暴雪的收购，对执法机构的激进态度形成了一定的纠正。

二 国际竞合视野下数字经济竞争治理的问题思辨

反垄断法在很大程度上是市场自由主义的一种政治性校准工具。[①]威廉·科瓦契奇在《美国联邦反垄断执法中的政治与党派忠诚》一文中也指出，作为拥有自由裁量权的反垄断监管必然与政治进程具有一定的联系。[②]罗伯特·皮托夫斯基则在《反垄断的政治内容》一文中指出，严格的反垄断执法既服从于经济目标，也服务于政治目标。对于反垄断执法而言，其政治目标在于消除和遏制垄断，消除不必要的准入壁垒和不合理的商业惯例，避免经济权利的不当集中，并将国家干预的风险降至最低。从数字经济竞争政策的理论和规制演进历程也可以发现，反垄断法和竞争政策具有一定的政治属性，也必然服从于国家某一时期的战略目标。习近平总书记在中央全面深化改革委员会第二十一次会议上指出："强化反垄断、深入推进公平竞争政策实施，是完善社会主义市场经济体制的内在要求。要从构建新发展格局、推动高质量发展、促进共同富裕的战略高度出发，促进形成公平竞争的市场环境，为各类市场主体特别是中小企业创造广阔的发展空间，更好保护消费者权益。"2023 年政府工作报告指出："为各类所有制企业创造公平竞争、竞相发展的环境，用真招实策稳定市场预期和提振市场信心。"当前，我国竞争政策的实施必然需要服务于推动高质量发展的战略要求，为各类市场主体创造公平竞争的市场环境。党和国家也对数字经济和平台企业寄予了极高的期许。习近平总书记在党的二十大报告中指出："加快发展数字经济，促进数字经济和实体深度融合，打造具有国

---

① William E. Kovacic, "Politics and Partisanship in U. S. Federal Antitrust Enforcement", *Antitrust Law Journal*, Vol. 79：2, pp. 687–711 (2014).

② 〔美〕威廉·E. 科瓦契奇：《美国联邦反垄断执法中的政治与党派忠诚》，赵鑫译，《竞争政策研究》2022 年第 1 期。

际竞争力的数字产业集群。"习近平总书记在视察江苏时进一步强调，中国式现代化关键在科技现代化，要推动数字经济与先进制造业、现代服务业深度融合。李强总理在平台企业座谈会上指出，在全面建设社会主义现代化国家新征程上，平台经济大有可为。同时，李强总理也强调各级政府要着力营造公平竞争的市场环境，完善投资准入，新技术、新业务安全评估等政策，健全透明、可预期的常态化监管制度，降低企业合规经营成本，促进行业良性发展。因此，竞争政策要坚持发展与规范并重，以科学审慎的原则更好地促进数字经济的健康、创新、可持续发展，更好地支持平台企业在国际竞争中大显身手，构筑国家竞争新优势。在国际竞合视野下，数字经济竞争治理存在三个迫切需要解决的问题：一是如何理解数字"守门人"监管，是否适合移植于我国的竞争治理？二是如何运用梯次监管工具实现科学高效的数字经济常态化监管？三是如何在数字经济竞争治理中落实《反垄断法》的"鼓励创新"目标，更好地从创新维度进行竞争评估？

（一）数字"守门人"的规制困境

数字"守门人"监管是一种结构主义的事前监管。根据欧盟委员会的定义，数字"守门人"是企业与消费者之间的通道（gateway），其地位可以赋予私主体规则制定者的权利，从而造成数字经济的瓶颈（bottleneck）。为解决这一问题，《数字市场法》确定了一系列数字"守门人"需要遵守的义务，包括被禁止从事某些行为。数字"守门人"超越了传统的反垄断法。界定数字"守门人"的方法是结构主义的，具体包括三个定性定量标准，一是具有影响内部市场的规模，即当公司在欧洲经济区（EEA）达到一定的年营业额，并且在至少3个欧盟成员国提供核心平台服务时；二是成了控制企业用户通往最终消费者的重要门户，即当公司向在欧盟设立或位于欧盟的超过4500万月活跃最终用户以及在欧盟设立的年活跃企业用户超过10000名提供核心平台服务时；三是具有根深蒂固且持久的地位，即公司在过去三年中满足第二个标准。《数字市场法》通过前述的规模、体量等界定数字"守门人"，并对其附加极其繁重的法律责任。与之相仿，美国的《美国选择与创新在线法案》、《平台竞争和机会法案》、《终止平台垄断法案》和《开放应用市场法案》等也确立了"涵盖平台"标准，并规定了"涵盖平台"的具体义务。不过，欧盟《数字市场法》已经生效实施，而美国的平台反垄断法案仍在立法流程之中，且面临漫长的博弈。

数字"守门人"存在的问题在于：是否应当对数字大平台采取类似公共运营商的结构主义监管？结构主义监管附加的特殊事前义务标准是否明确？过于扩张的义务是否会限制企业创新和提升竞争力？首先，反垄断法保护的是竞争秩序而非竞争者。就平台业务的多数方面而言，仍然有可能在平台市场维持可持续的竞争。因而，相对于"一刀切"的监管，反垄断法的规制路径侵入性更低、个性化程度更高，因此更有利于消费者和企业。[①] 虽然，有的观点认为由于网络效应的存在，数字大平台很可能会依靠先发优势形成锁定和用户依赖，而且会产生网络负外部性问题，因此应当对其进行类似于公共运营商的结构主义监管。但是，由于数字市场的跨界竞争、用户多归属性等特点，事实上网络效应并不一定会造成锁定，消费者或者企业迁移到其他可替代渠道的难度也并没有那么大。评估数字市场竞争影响的关键在于确定相关产品及其服务的消费者，以及消费者是否存在充足的替代性选择。[②] 如果采用结构主义监管思维简单地以规模、市值等认定平台企业行为的合法性边界，而未基于行为效果进行分析，很可能会造成假阳性错误。以数据互操作为例，如果从结构主义视角强制要求社交平台数据互操作行为，就很可能会造成假阳性错误。根据科斯定理，只要在交易成本等于0且产权得到充分保护的情况下，市场机制就会使得资源配置达到帕累托最优。但是，现实市场环境中交易成本无处不在，强制要求社交平台数据互操作可能会使社交平台的数据权利无法得到充分保护，抑制其收集和处理数据的动力，进而延缓相关创新活动的步伐。"一刀切"地要求隐私属性较强的社交平台开放数据，可能还会产生隐私保护、数据安全等系列隐忧。其次，结构主义监管附加的一些特殊事前义务标准并不明确，内容也不一定合理。以平台自我优待为例，从经济学的角度来说，平台自我优待行为往往能够提高效率，防止"搭便车"。平台通过整合不同市场的优势，可以提高效率和消费者福利。由于平台在构建生态系统时已经投入了大量资源用于数据、技术、流量等基础投入品，而这些基础投入品的价值必须通过自我优待才能更好地实现，因此，学界有许

---

① 〔美〕赫伯特·霍温坎普：《反垄断法与平台垄断（上）》，兰磊译，《竞争政策研究》2023年第2期。

② John M. Yun, "Antitrust Has Forgotten its Coase", *Nevada Law Journal*, Vol. 23, p. 22 (2022).

多观点认为，通常所谓的"平台自我优待"行为只是在利用自己的竞争优势，因为没有企业有义务动用自己的资源去帮助自己的对手，让其拥有和自己一样的竞争力。如果对这种自我优待行为进行规制，可能会使平台企业丧失竞争动力，反而不利于竞争，也会遏制创新。①

此外，同样值得关注的一个点在于美欧对于数字"守门人"监管实施的分野。如前所述，欧盟《数字市场法》下的数字"守门人"规则已经生效实施；而美国的平台反垄断法案则面临漫长的立法博弈，而且通过的概率并不高。这可能是因为美国包容创新的监管氛围孕育了谷歌、苹果、脸书、亚马逊、微软等众多具有国际竞争力的数字大平台，这些数字大平台在全球范围内拓展市场，本身就是美国软硬实力的象征。而欧盟本身少有具有国际竞争力的数字大平台，采取较为严苛的数字经济竞争政策的目的可能是遏制美国科技巨头在欧盟的扩张，为欧盟的中小型科技企业和平台企业培育发展的空间。因此，不同法域可能需要结合本土实际情况调整数字经济竞争政策，探索最适合自身发展的治理模式。

（二）常态化监管的实施挑战

国务院关于数字经济发展情况的报告指出，要"支持和引导平台经济规范健康持续发展，完成平台经济专项整改，实施常态化监管，集中推出一批'绿灯'投资案例"。2023年政府工作报告也指出要"大力发展数字经济，提升常态化监管水平，支持平台经济发展"。在2023年7月召开的平台企业座谈会上，李强总理也指出要"健全透明、可预期的常态化监管制度，降低企业合规经营成本，促进行业良性发展"。对数字经济领域进行常态化监管是中央促进数字经济健康、可持续发展的重要举措，也是未来几年亟须解决的重要课题。

从国际视野来看，市场经济成熟的发达国家都经历过从专项监管转向常态化监管的转变过程。以美国为例，在《谢尔曼法》《克莱顿法》等诞生伊始，美国的反垄断法律实施范围其实是相当有限的。反垄断法律的有限实施具有多方面的原因。一方面，美国一直以来具有自由竞争、反对政府干预的传统，这一思想源流甚至可以追溯至英国的古典经济学。反垄断

---

① Bo Vesterdorf, "Theories of Self-Preferencing and Duty to Deal-Two Sides of the Same Coin?", *Competition Law& Policy Debate*, Vol. 1, p. 4（2015）.

作为政府干预的一种工具，同样也属于对市场自由的干预和限制，因此当然地被当时的美国所限制。另一方面，反垄断法在美国刚刚诞生，不得实施固定价格、限制产量、划分市场等卡特尔行为和限制"大人物"（即具有市场支配地位的企业）从事诸如不公平高价等行为的竞争理念尚未普及，无论是市场主体、社会公众还是政府监管部门对其认可程度均尚不是很高。此外，美国正处于经济狂飙年代，大企业在经济发展中提供了大量的就业、丰富的商品或服务供给。随着垄断企业垄断行为的日益增多和经济改革思潮的涌动，美国迎来反垄断执法的第一个高峰——"进步年代"。以西奥多·罗斯福为代表的政治家和法律工作者推动了美国的反垄断执法"运动"，然而这一进程被随后的经济大萧条和二战所阻断了。直到二战结束后，美国的反垄断执法才重归轨道，并在 20 世纪五六十年代引发一系列"反垄断运动"。此时的"反垄断运动"具有其特殊的背景，美国企业在全球市场中处于绝对强势，巨型企业的市场力量在国内市场更为凸显。各个行业大企业大举收购小企业，人们切身感受到生活方式遭受的冲击。加之民权运动兴起，为反托拉斯运动中对维护平等商业环境和保护中小竞争者的诉求提供了新的观念支撑。然而，这种"反垄断运动"也带来了许多的问题，对经济的过度管制、过度保护竞争甚至竞争者实际上导致了对竞争进程的损害，市场经济体缺乏活力和创新力，经济陷入滞胀。正因如此，20 世纪七八十年代，美国的"反垄断运动"进入寂灭状态，以博克、波斯纳为代表的芝加哥学派主导了竞争政策的基本思路，反垄断监管也迈向常态化。从美国的经验来看，从专项监管转向常态化监管有赖于在法律实施的技术化、常态化中，市场竞争秩序的恢复。[①]

对于我国而言，我国当前正在向常态化监管不断前进。目前常态化监管的实施仍然存在许多挑战。其一，在数字经济领域，仍然存在部分"一刀切"的做法，过于强调其他法益而忽略了经济效率，监管对市场自由竞争、自主创新的包容程度不足。其二，对数字经济领域整体市场竞争状况的评估依然有限，对数字市场动态经济、颠覆式创新、规模效应和范围经济等因素的考察仍不充分。其三，对柔性监管工具的运用相对较少，部分事前预防措施由于执法力度过大往往变成了事前禁止。做好常态化监管，探索出一条科学审慎的监管之路，真正落实"规范是为了更好地发展"，仍然任重道远。

---

① 江山：《美国反托拉斯运动的死与生》，《读书》2022 年第 7 期。

（三）创新维度竞争的评估难题

《中华人民共和国国民经济和社会发展第十四个五年规划和 2035 年远景目标纲要》指出，创新在我国现代化建设全局中居于核心地位。党的二十大报告指出："必须坚持科技是第一生产力、人才是第一资源、创新是第一动力，深入实施科教兴国战略、人才强国战略、创新驱动发展战略，开辟发展新领域新赛道，不断塑造发展新动能新优势。"数字经济领域是最具创新因素的领域，数字经济领域颠覆式创新频发，今天的领军企业可能很快成为明日黄花。平台企业即使在短时间内获得了垄断地位，可能很快就会失去，高度动态性使得新的初创企业对既存大型平台形成了很大的竞争压力，既有大型平台自身需要保持较高的创新能力和产品研发能力，不断地改良自己服务的用户体验。此外，新业态和新商业模式的更新不仅依赖于商业模式创新，还极大地取决于信息技术的创新。李强总理在平台企业座谈会上指出，未来，平台经济要持续推动创新突破，围绕底层技术等关键核心技术，加大研发投入，开辟更多新领域、新赛道。在中央高度重视创新的背景下，我国《反垄断法》将"鼓励创新"作为立法目标写入法律之中。因此，在法律实施中将"鼓励创新"落到实处就尤为关键。

在评估创新维度的竞争中存在两个难题：一是应当从内生于竞争还是外生于竞争的角度评估创新？[①] 二是在未来竞争和非价格竞争的视野下，如何看待数字经济领域平台行为的正反竞争影响？以初创企业并购为例，有的观点认为，大企业对初创企业的并购虽然并不必然具有反竞争性，但随着时间推移，这种持续性的并购会强化数字大平台的市场支配地位，对市场的潜在竞争和创新造成损害，可能会降低消费者福利、压缩中小企业的生存空间。另外，若初创企业可以在与现有产品重叠的项目和与现有产品不重叠的项目之间进行选择，当在位企业增加并购或猎杀式并购活动时，初创企业会选择与现有产品重叠的项目以期望被在位企业收购，这会刺激初创企业在模仿产品方面的创新，从而减少新产品的创新，进而损害社会福利。但是，也有许多观点认为，初创企业并购可能会促进竞争，有利于创新。首先，初创企业会因为有被在位企业收购的可能，从而开展更

[①] 韩伟：《经营者集中对创新影响的反垄断审查》，《清华法学》2022 年第 4 期。

多的创新活动，此时并购会提高社会福利。同时，通过并购获得外部增长也是大型企业重要的发展动力来源。如 2012 年 4 月，脸书斥资 10 亿美元收购 Instagram，当时 Instagram 尚未盈利，并且用户群比脸书小得多，但脸书并未将其关闭，而是将两家公司打通，此后脸书在广告、用户方面的资源促进 Instagram 利润增长，而 Instagram 通过更好的照片共享功能和不断增长的用户帮助脸书发展壮大，用户则从中获得了更好的服务。其次，初创企业被大公司收购的机会也是投资者的主要退出途径之一，并为高风险创新的私人融资提供了一种激励。对于小公司来说，被大公司收购的可能性增加了创新的潜在收益，这反而成为小公司尝试创新的动因。从内生角度看待创新和从外生角度看待创新无疑会带来不同的视野，从外生角度看待创新很可能会将创新视为与竞争相对立的因素，而在对数字经济领域创新维度的正反竞争评估中，或许可以找到更好的平衡。

三　我国数字经济竞争治理的优化路径探索

如何通过维护市场竞争增强我国数字经济的国际竞争力，是当下和未来需要反复思考的问题。[①] 在国际竞合视野下，通过考察全球数字经济竞争政策的演进，并对数字"守门人"、常态化监管和创新维度竞争评估等问题展开思辨，有助于探索我国数字经济竞争治理的优化路径。对于我国而言，数字经济竞争政策应当立足国家战略，避免采用数字"守门人"式的结构主义监管方式，而应坚持科学审慎的原则，综合运用梯次工具丰富和完善常态化监管，提升监管的稳定性、可预期性，并在监管过程中更加注重对创新影响进行竞争评估，平衡静态竞争和动态竞争。此外，还应加强国际对话与合作，进一步提升我国在竞争政策领域的话语权。

（一）立足中国本土战略，避免采用结构主义监管方式

如果把反垄断置于国际大环境应对的国家战略考虑之中，其反垄断政

---

① 黄勇：《国际视野下我国平台经济领域的反垄断法适用》，《竞争法律与政策评论》2021年第 7 期。

策与行为就会比单纯考虑国内市场因素更为复杂。① 由于各国数字经济发展阶段与需求有所区别，加之历史传统、文化背景、法律体系、价值取向等方面的不同，数字经济反垄断政策目标、监管态度、实施策略和监管重点呈现多元性和差异性。② 我国数字经济反垄断和竞争政策的实施必然需要立足中国本土实际，服务于做优做大做强数字经济的国家战略要求。

从国际竞合视野来看，数字"守门人"式的结构主义监管方式并非被广泛地使用于各主要法域。如前所述，数字"守门人"规则仅在欧盟生效实施，而美国的"涵盖平台"的系列反垄断法案立法进程十分缓慢。对于欧盟而言，采用结构主义监管与其历史传统、战略目标具有密切的关系。首先，欧盟（包括其前身欧共体）的竞争政策一以贯之的一个重要目标就是维护统一的内部市场和公平竞争。正因如此，欧盟的竞争政策更强调维护竞争公平，注重对中小企业的保护。数字"守门人"规则其实也在一定程度上延续了这一传统。其次，由于欧盟已经错过了数字经济发展的浪潮，为了遏制美国科技巨头扩张和保护本土数字企业，所以欧盟更倾向于采用结构主义监管方式，因为数字"大企业"主要是美国企业。最后，欧盟也具有担当全球数字经济立法标杆的价值取向，因此更倾向于相对激进的立法。而对于美国而言，坚持行为主义而非结构主义监管，也与之历史经验、文化背景、国家战略等密切相关。首先，美国在采用结构主义反垄断执法中具有历史教训。20 世纪 50～70 年代，美国是执行反垄断最为严格的法域。但是，过于严苛的反垄断政策产生了两方面的问题：一方面，严苛的反垄断措施（包括管制措施等）使得美国国内企业丧失竞争活力和创新动力；另一方面，日本凭借产业政策在全球经济版图迅速扩张，甚至在美国进行广泛的并购，声称要"买下美国"，而美国国内企业和就业则面临严重的挤压。其次，美国具有自由竞争的文化传统，这一点前文已经述及。事实上，主张结构主义的新布兰代斯学派也仅仅是美国反垄断理论学派的一支，主张行为主义、合理原则的学派的力量依然十分强大。最后，强化数字科技竞争力和数字权利是美国的国家战略目标。在这一战略目标

---

① 余南平、冯峻锋：《数字经济时代的新型国际竞争》，《现代国际关系》2022 年第 1 期。

② 陈兵、马贤茹：《全球视阈下数字平台经济反垄断监管动态与中国方案》，《统一战线学研究》2022 年第 2 期。

支持下，美国通过宽松包容的数字竞争政策催生了迭代（从早期的英特尔、IBM、微软，再到近期的谷歌、苹果、脸书、亚马逊）的具有全球竞争力的数字科技企业。未来，美国还将进一步强化这一国家战略，因此其数字竞争政策也将为此服务。

对于我国而言，应当避免采用结构主义监管思路，审慎考虑引入数字"守门人"规则。一方面，数字"守门人"式的结构主义监管不符合我国做优做大做强数字经济和支持平台企业在引领发展、创造就业、国际竞争中大显身手的国家战略。数字"守门人"式的结构主义监管秉承"大即是坏"的思路，对数字大平台附加过重的义务，可能会使其自缚手脚，难以提升我国数字平台的国际竞争力和创新力，不利于数字经济的健康、可持续发展。另一方面，数字"守门人"式的结构主义监管也与《反垄断法》确立的"鼓励创新"目标和"强化竞争政策基础地位"立场相悖。数字"守门人"式的结构主义监管超越了反垄断秉承的"保护竞争而非竞争者"的立场，更可能倾向于采取管制手段解决竞争问题，不利于竞争政策基础地位的强化。而且，数字"守门人"式的结构主义监管过于关注平台本身而忽略了可替代的竞争性产品和消费者的多样化选择，未能将平台竞争问题适当地纳入反垄断的合理性原则框架，可能会抑制市场创新动力，最终损害消费者福利。因此，我国应立足做优做大做强数字经济的国家战略，强化竞争政策的基础地位，坚持行为主义和合理原则，探索出一条适合我国国情的数字经济竞争治理之路。

（二）坚持科学审慎原则，深入推进常态化监管

基于科学审慎原则的常态化监管是适合我国国情的数字经济竞争治理模式，有助于落实"规范是为了更好地发展"。我国数字经济反垄断常态化监管应当是稳定可预期的，科学、专业、审慎的，综合运用多工具的全链条监管。

首先，数字经济反垄断常态化监管应当是稳定可预期的。与常态化监管相对的概念是专项监管。从美国的经验可以看到，专项监管是不可预期的、非技术性的，可能会对市场主体造成过度的威慑。由于竞争秩序本身就是制度化、常态化的，因此专项监管往往也会对竞争秩序产生冲击，而常态化监管则应对此进行纠偏。建立可预期的反垄断监管，不仅要求提升法律和执法的透明度和可预测性，也要求执法机构进一步强化对市场反应

的预期，实现并提升监管机构和市场主体之间的双向可预期性。① 换言之，常态化监管首先要避免"朝令夕改"，应当给予市场主体明确的规则，为市场活动的合法性划清边界，同时，还应考虑监管措施的实施是否会对市场造成不利的预期。例如，在国家突然开始对平台经济进行监管时，众多平台企业的股价可能会出现大规模的"跳水"。而常态化监管则应充分考虑市场的反应，避免不当的监管措施挫伤市场信心，阻碍平台企业创新和国际竞争力提升。

其次，数字经济反垄断常态化监管应当是科学、专业、审慎的监管。正如波斯纳所言，新经济领域创新的复杂性和广泛性已经超出传统执法者的认知能力，应本着谨慎和伤害最小化的原则处理相关的反竞争行为。② 因此，科学监管需要保持审慎的态度，并进一步提升监管的专业程度。其一，科学监管需要保持审慎的态度，按照"非必要不干预"的原则，给予市场更多的包容。其二，科学监管需要加强对整体市场竞争状况的评估，重视经济学分析在数字市场竞争状况评估中的作用。其三，科学监管需要加强执法队伍建设，打造一支具有反垄断专业背景的专业队伍，并注重发挥法学、经济学等领域的专家在具体案件中的咨询作用。其四，科学监管还需要坚持专业理论，避免社会舆论干扰监管。

最后，数字经济反垄断常态化监管应当是刚柔并济、全链条的监管。常态化监管应当建立起梯次工具，形成事前事中事后的全链条监管体系。在事前环节，应当制定更加明晰的合规指南和评估体系等给予企业明确指引，引导企业合规，同时需要注意合规义务不能过度加重企业成本。在事中环节，可以采用"监管沙盒"模型，监测企业合规经营情况，审慎评估新商业模式，以保护颠覆式创新。在事后环节，应慎用严厉的行政处罚措施，通常情况下，实施行政调查和处罚前需先实行行政指导、行政约谈等柔性监管手段。

（三）加强创新影响评估，平衡静态竞争和动态竞争

在国际竞合视野下，践行常态化监管，落实《反垄断法》"鼓励创新"

---

① 林平：《反垄断监管预期与"红绿灯"设置：基于经济学的思考》，《中国市场监管研究》2022 年第 4 期。

② Richard A. Posner, "Antitrust in the New Economy", *John M. Olin Law & Economics Working Paper*, Vol. 68：106，p. 925（2000）.

的目标需要加强创新影响评估。在创新影响评估中，应坚持竞争内生的分析方法；综合考察创新影响，平衡静态竞争和动态竞争、短期竞争和长期竞争。

首先，坚持竞争内生的创新影响分析方法。竞争外生的创新影响分析方法容易破坏反垄断执法逻辑，不当扩张《反垄断法》法律制度的调整范围，模糊其功能定位，执法将面临更大的不确定性，降低市场预期。[①] 竞争内生的方式更有利于实现《反垄断法》的目的，避免法律功能错位。从竞争内生的角度分析创新影响，即将创新视为竞争的一种方式，观察行为对创新本身的影响以及对产品/服务价格、质量、用户体验等消费者福利的影响。

其次，综合考察创新影响，平衡静态竞争和动态竞争、短期竞争和长期竞争。由于创新是对未来市场份额的竞争，因此创新竞争往往属于长期竞争维度。《反垄断法》实施越是重视对创新维度的竞争，就越应将衡量的天平倾向于长期竞争。[②] 具体而言，在数字经济领域的经营者集中审查中，可以考虑引入对创新市场的考察；在分析市场竞争情况时，不能只看单维度、短期的营业额、月活用户等，而需更多地关注市场结构的变化和主要竞争者的动态调整，从更长期的维度考察竞争的影响，并更加注重考察交易对技术进步、融合创新的积极影响。

在数字经济领域滥用行为规制时，应坚持合理原则和个案分析，避免违法推定，在进行滥用行为和正当理由分析时应注重考察创新因素。例如，平台领域的自我优待往往以产品或服务创新的形式出现，在性质认定上会遇到一定的困难。因此，应当具体考察该行为是否实质性地在产品和服务质量、用户体验等方面实现了创新，提升了消费者福利，从正反两方面分别考虑创新激励和创新损害。在对知识产权滥用行为进行规制时，应当将保护知识产权放在优先的位置，例如，在对待版权开放问题时，应当尊重市场意识和知识产权人的基本权利，避免采用基础设施理论等强制要求版权许可。因为如果知识产权拥有者的创新成果不能受到保护，而要被迫开放给竞争对手时，他们就可能会怠于创新，因为他们无法从创新中获利。

① 韩伟：《经营者集中对创新影响的反垄断审查》，《清华法学》2022 年第 4 期。
② 林平：《保护竞争大目标下"鼓励创新"的内涵：反垄断更需重视动态竞争和长期福利》，《中国市场监管研究》2023 年第 2 期。

（四）加强国际合作，发挥竞争政策沟通协调功能

在国际竞合视野下，数字经济竞争治理还需要加强国际合作，提升我国在国际竞争政策中的话语权。对于不同法域而言，数字经济竞争政策的对话合作应当结合各法域特点，采取不同的思路和做法。

对于欧盟而言，数字经济竞争政策的对话应当更加强调"公平竞争"理念和对欧盟内部市场的尊重。中欧竞争政策的理念日益接近。欧盟强调的"公平竞争环境"理念与我国近年来强调的公平竞争和反垄断存在一致性。[①] 可以运用中欧竞争周等平台开展与欧盟委员会的公平竞争对话，强调双方在公平竞争方面的"求同"，引导欧盟对外国补贴审查、外国直接投资审查等规制对华影响进行综合考虑。同时，开展中国和各成员国的竞争合作，可以尝试与各成员国达成数字经济领域竞争政策合作协议。

对于美国而言，数字经济竞争政策的对话应当更加强调对"科技创新"的保护，同时更加注重对美国数字科技创新的促进作用，而中国同样也将"鼓励创新"写入了《反垄断法》。与美对话可以加强同美国商会、美国高校等中立性组织的对话，并通过这些中立性组织将我方观点传导至政府层面，并可以考虑通过调适经营者集中救济措施等方式解决芯片等关键技术领域面临美国限制的"开窗"问题。

此外，还需要加强与"一带一路"国家（如东南亚国家、印度、俄罗斯等）的数字经济竞争政策对话，在对话中更加注重解决地方保护主义和行政性垄断等问题，着眼于为数字经济营造一个公平竞争的市场环境。

---

① 姜云飞：《欧盟竞争政策"外溢化"趋势及其对中欧合作的影响》，《当代世界与社会主义》2022 年第 2 期。

德国反垄断法视角下滥用市场力行为的
类型化规制路径[*]

翟　巍[**]

摘　要： 在德国反垄断法视角下，作为滥用对象的"市场力"并不仅仅局限于"市场支配地位"范畴，其外延涵盖"市场支配地位"、"市场相对优势地位"与"突出的跨市场竞争重要性"。基于此，德国滥用市场力行为被纳入"三元分治"的类型化规制范式。其中，针对滥用市场支配地位行为的规制机制渊源于经典的美国反垄断法律制度，而针对滥用市场相对优势地位行为的规制机制则发挥着对前一机制的补白和辅助作用。在人类社会进入数字经济时代后，超大型数字平台企业的出现对诞生于工业经济时代的反垄断法律制度提出严峻挑战。鉴于此，德国立法机关又设置了针对具有突出的跨市场竞争重要性的经营者滥用行为的规制机制，这一新型规制机制构成德国强化数字经济时代反垄断监管的制度性工具之一。据此，德国联邦卡特尔局可以对具有突出的跨市场竞争重要性的经营者附加特别义务。

关键词：《反限制竞争法》　市场支配地位　市场相对优势地位

德国施行的经济体制是社会市场经济体制。1947~1949 年，路德维希·艾哈德（Ludwig Erhard）与阿尔弗雷德·穆勒–阿马克（Alfred Müller-Armack）共同规划了德国社会市场经济模式的构筑进程，使其成为联邦德

---

* 基金项目：上海市哲学社会科学规划一般课题"反垄断法视域下平台经济双轮垄断的规制路径——基于防范资本无序扩张视角"（2021BFX002）的阶段性研究成果。

** 翟巍，华东政法大学经济法学院副教授，华东政法大学竞争法研究中心执行主任，德国美因茨大学法学博士，主要研究方向为竞争法。

国统治型的市场经济模式，而统一后的德国亦沿袭这一经济模式。① 德国社会市场经济体制的最基本诉求之一是"建立竞争秩序与确保竞争机制"（譬如，通过《反限制竞争法》和《反不正当竞争法》建立）。

德国社会市场经济的核心思想是："一项发挥效用的经济秩序不会自发产生，它必须经由国家创造与维持。"② 鉴于此，"规制滥用市场力行为，维护德国经济领域的竞争机制"是德国政府的固有职责。在德国反垄断法视角下，作为滥用对象的"市场力"并未被限缩在"市场支配地位"的单一范畴；相反，该"市场力"的外延宽泛并且被类型化，其涵盖"市场支配地位"、"市场相对优势地位"与"突出的跨市场竞争重要性"。在此预置前提下，滥用市场力行为被分为以下三类：其一，滥用市场支配地位行为；其二，滥用市场相对优势地位行为；其三，具有突出的跨市场竞争重要性的企业的滥用市场力行为。在德国市场经济领域，若干企业通过实施高科技创新、开发特别技能或自主进行商业探索等合法方式而获得、维系强大的市场力量。这类获得、维系强大市场力量的行为并不被德国反垄断法律制度（以《反限制竞争法》为核心）所禁止。被德国反垄断法律制度禁止的是由企业实施的上述三类滥用市场力行为，其禁止的目的是防止这三类行为扭曲与消解市场竞争机制。因此，德国呈现"三元分治"特征的滥用市场力行为规制机制本质上属于由德国国家创设的针对市场竞争机制缺失情形的矫正监管机制。③

一　滥用市场力行为的反垄断监管机构组成与职权

"徒法不足以自行"，为了有效监管滥用市场力等各类垄断行为，确保德国反垄断法律制度的执行效能和效果，德国立法机关构建了以德国联邦卡特尔局为核心的反垄断监管机构体系。

在德国联邦层面，反垄断监管机构包括德国联邦经济与气候保护部、德国联邦卡特尔局、德国联邦网络管理局、德国垄断委员会等机构。其

---

① BPB, kurz&knapp, *Soziale Marktwirtschaft*, https://www.bpb.de/kurz-knapp/lexika/lexikon-der-wirtschaft/20642/soziale-marktwirtschaft/.

② O. A., *Soziale Marktwirtschaft*, https://www.wirtschaftundschule.de/wirtschaftslexikon/s/soziale-marktwirtschaft/.

③ BKartA, *Missbrauchsaufsicht*, www.bundeskartellamt.de.

中，在组织架构层面，虽然德国联邦卡特尔局、德国联邦网络管理局均隶属于德国联邦经济与气候保护部，但它们具有相当程度的独立性与自主性。在职责分工层面，德国联邦经济与气候保护部及隶属于该部的德国联邦卡特尔局、德国联邦网络管理局具有不同范围、不同程度的反垄断执法权限，而德国垄断委员会不具有反垄断执法权限，它属于独立的反垄断咨询机构。

德国联邦卡特尔局是德国最重要的联邦反垄断监管机构，该机构负责保护德国自由与公平的竞争机制，承担监管滥用市场力行为的职责。在例外情形下，德国联邦经济与气候保护部可以通过"部长授权"的方式或发出"一般性指令"的方式，限制或矫正德国联邦卡特尔局针对滥用市场力行为的反垄断执法措施。

具有市场支配地位的企业没有竞争压力或者仅仅面临较小的竞争压力，而具有市场相对优势地位的企业也可以在一定程度上摆脱竞争压力的掣肘。出于这一原因，具有市场支配地位或市场相对优势地位的企业具有实施市场行为的较高自由度，它们在做出经营决策时无须过多考虑其竞争对手、供应商、用户的相应反馈。尽管企业不被禁止具有市场支配地位或市场相对优势地位，但在企业滥用这类地位排除、限制竞争的情形下，德国联邦卡特尔局有权予以规制。[①] 在 2021 年《反限制竞争法》第十次修订生效后，具有突出的跨市场竞争重要性的企业滥用市场力行为也被纳入反垄断规制范畴。依据该法第 19a 条，德国联邦卡特尔局可以针对具有突出的跨市场竞争重要性的超大型数字平台企业采取更加有效的前置性监管措施。

不容忽视的是，德国联邦卡特尔局不仅可以执行以《反限制竞争法》为代表的德国反垄断法，而且可能执行欧盟反垄断法。具言之，如果在德国境内发生的滥用市场力行为对欧盟成员国之间的贸易造成干扰，那么德国联邦卡特尔局也可以针对这类行为执行欧盟反垄断法（例如《欧盟运行条约》第 102 条）。[②]

德国各联邦州反垄断监管机构负责保障各州经济领域的竞争机制。依

[①] BKartA, *Jahresbericht 2021/22*, Stand：Anfang Juni 2022, S. 9.

[②] BKartA, *Das Bundeskartellamt in Bonn—Organisation*, *Aufgaben und Tätigkeit*, Stand：September 2011, S. 10.

据《反限制竞争法》，德国各联邦州反垄断监管机构与德国联邦反垄断监管机构之间有清晰的职责分工。具体来说，如果一种滥用市场力行为的限制竞争影响超出德国一州范围，那么应当由德国联邦卡特尔局等联邦监管机构负责执法；与之相对应，如果一种滥用市场力行为的限制竞争影响未超出德国一州范围，那么应当由该州反垄断监管机构负责执法。

德国各联邦州反垄断监管机构可以依据其法定职责，追究违反《反限制竞争法》的经营者的行政法律责任。例如，巴伐利亚州的反垄断监管机构为"关于经济、区域发展和能源的国务部"下辖的州反垄断局。该部门的主要职责就是实施《反限制竞争法》，它负责规制仅在巴伐利亚州境内产生影响的滥用市场力行为。除此以外，该部门还负责监管歧视性行为与阻碍竞争行为。[①] 又如，柏林市的反垄断监管机构为"关于经济、能源和企业的参议院行政部"，依据《反限制竞争法》及欧盟反垄断法，该部门负责规制仅在柏林市境内产生影响的滥用市场力行为。该部门既可以针对这类滥用市场力行为开启行政规制程序，又可以针对这类行为的施行主体处以行政罚款。除此以外，该部门还负责向其他参议院行政机构提供咨询，以防止垄断行为的发生。[②]

在制定《反限制竞争法》第十一次修订部长级草案进程中，德国联邦经济与气候保护部希冀能够"为德国联邦卡特尔局拓展与强化反垄断执法权限"。依据该项草案，德国联邦卡特尔局在实施行业调查后获得主动重塑市场结构的新型权限。具言之，按照该项草案规定，如果在一个数字经济相关市场中不存在滥用市场力行为及垄断协议行为、违法经营者集中行为，但该相关市场的竞争机制处于弱化状态，那么德国联邦卡特尔局有权实施分拆企业等结构性执法措施，以恢复该相关市场竞争机制的效用。

二　滥用市场力行为中市场力的类型化界分

由于德国立法机关针对滥用市场力行为设置"三元分治"的类型化规

---

① Bayerisches Staatsministerium für Wirtschaft, Landesentwicklung und Energie, *Landeskartellbehörde*, https：//www. stmwi. bayern. de/wirtschaft/aufsicht-und-recht/landeskartellbehoerde/.

② Senatsverwaltung Abteilung Wirtschaft, *Landeskartellbehörde Berlin*, https：//www. berlin. de/ sen/wirtschaft/wirtschaftsrecht/landeskartellbehoerde/landeskartellbehoerde-berlin-542132. php.

制范式，因而滥用市场力行为中市场力亦相应地被界分为以下三类：其一，单一市场支配地位与共同市场支配地位；其二，市场相对优势地位；其三，突出的跨市场竞争重要性。单一市场支配地位与共同市场支配地位属于市场相对优势地位的强化形式。在德国反垄断法律实践中，针对市场支配地位及市场相对优势地位的认定流程均立足单一的相关市场维度。反之，针对突出的跨市场竞争重要性的认定流程则奠基于多元的相关市场维度，其考察的是涉案企业在多个相关市场拥有的对市场竞争的统合影响力。

（一）单一市场支配地位与共同市场支配地位的认定标准

在德国反垄断法律实践中，关于单一市场支配地位的认定采取总体性评估标准，而关于共同市场支配地位的认定则遵循"内部竞争"与"外部竞争"的二元分析维度。在数字经济时代，数据、算法被视为形塑单一市场支配地位或共同市场支配地位的重要因素。

1. 单一市场支配地位的认定标准

依据德国反垄断法律，在评定"一家企业在一个相关市场中是否具有市场支配地位"时，需要依据所有与竞争相关的标准进行总体性评估。单一市场支配地位定义如下："在相关产品市场与相关地理市场上，如果一家作为供应方或需求方的企业没有竞争对手，或者没有面临任何重大竞争，或者它相对于其竞争对手而言具有优越的市场地位，那么这家企业被认为具有市场支配地位。"[1] "单一市场支配地位"概念可以与在经济学理论中被使用的"市场势力"（Marktmacht）概念相提并论。具体来说，一家具有市场势力的企业由于受到相对较小的竞争机制的约束，能够获得不同于一般企业的相对较大的自主经营决策空间，而无须过多考虑其他市场主体对其经营决策的反应。在这一场景下，如果这家企业具有的市场势力超过临界阈值，那么这家企业就具有单一市场支配地位。

在数字经济多边市场场景下，评判一家企业是否具有单一市场支配地位的重要指标包括：其一，直接和间接的网络效应；其二，用户的多归属性；其三，用户的转换成本；其四，对于竞争相关性数据的访问权限。[2]

---

[1] BKartA, *Leitfaden zur Marktbeherrschung in der Fusionskontrolle*, 29. März 2012, S. 3.

[2] BKartA, *Missbrauchsaufsicht*, www. bundeskartellamt. de.

根据德国反垄断法律实践，执法、司法机关将"直接网络效应"作为评估市场准入壁垒与转换成本的重要参考指标。借鉴德国反垄断法律实践可知，在判定一家企业是否在一个相关市场具有单一市场支配地位时，德国反垄断执法机关与司法机关通常综合考察以下与竞争相关的指标：其一，这家企业与其竞争对手各自的市场份额；其二，与竞争相关的资源（譬如专利、生产设施、销售网络）的可使用性；其三，准备进入该相关市场竞争的企业面临的市场准入壁垒；其四，已经在该相关市场竞争的企业进行经营扩张受到的限制；其五，客户的转换成本；其六，作为市场交易相对方的买方主体的购买力。[①] 例如，在数字经济时代，数据、算法的使用以及数据与算法的统合使用均有助于增强企业的市场力量。如果获得一项算法的使用权构成企业进入某一相关市场经营的必要前提，那么控制这一算法的企业就具有显著的市场影响力，因而它可被认定为具有单一市场支配地位。

依据《反限制竞争法》第 18 条第 1 款，在相关产品市场与相关地理市场上，一家作为某类商品或商业服务的供应方或购买方的企业，在满足以下条件时具有单一市场支配地位：其一，没有竞争对手；其二，未面临任何重大竞争；其三，相对于竞争对手而言，具有优越的市场地位。依据《反限制竞争法》第 18 条第 4 款，在一个相关市场中，如果一家企业拥有至少 40%的市场份额，那么这家企业可以被推定为具有单一市场支配地位。

2. 共同市场支配地位的认定标准

依据《反限制竞争法》第 18 条第 5 款，如果在特定类型的商品或商业服务领域内有 2 家或 2 家以上的企业之间不存在重大竞争，并且这些企业作为一个整体符合该部法律第 18 条第 1 款设定的前提条件，那么这些企业共同具有市场支配地位。由此可知，共同市场支配地位呈现两项基本特征，其一，在"内部竞争"层面，作为一个整体的若干寡头企业相互之间依旧存在显著性竞争；其二，在"外部竞争"层面，除了作为一个整体的若干寡头企业，在相关市场上不存在其他具有抗衡力量的竞争者，也就是说，在相关市场上不存在来自由寡头企业组成的整体之外的显著性竞争

---

① 　Vgl. BKartA, *Missbrauchsaufsicht*, www. bundeskartellamt. de. 参见翟巍《竞争法视野下技术驱动型恶意不兼容行为的规制路径》，《中国市场监管研究》2021 年第 12 期。

力量。①

依据《反限制竞争法》第 18 条第 6 款，在以下两种情形，若干家企业作为一个整体被认为具有市场支配地位。第一种情形是，由 3 家或 3 家以下企业组成一个整体，在相关市场中这一企业整体占据的市场份额合计达到50%；第二种情形是，由 5 家或 5 家以下企业组成一个整体，在相关市场中这一企业整体占据的市场份额合计达到 2/3。依据《反限制竞争法》第 18 条第 7 款，如果作为一个整体的若干家企业能够证明处于以下两种情形之一，那么基于该部法律第 18 条第 6 款所做出的推定可以被推翻。第一种情形是，基于它们之间的竞争条件，可以预期它们面临重大竞争；第二种情形是，相对于其他竞争对手而言，它们作为一个整体并不具有突出的市场地位。

（二）市场相对优势地位的认定标准

即使一家企业没有市场支配地位，它也可能具有市场相对优势地位。而滥用市场相对优势地位行为属于被《反限制竞争法》第 20 条禁止的滥用市场力行为类型之一。举例而言，在以下三种情形下，一家企业可被认为具有市场相对优势地位。第一种情形，如果企业 A 具有相对强大的市场力量，其他企业对企业 A 具有较强依赖性，以致其他企业没有足够和合理的替代性选择放弃与企业 A 的合作（转而与第三方企业合作），并且企业A 与其他企业之间呈现显著的强弱分野态势，那么企业 A 就应被认为具有市场相对优势地位。第二种情形，如果企业 A 在多边市场中担当"中介"角色，其他企业需要通过企业 A 提供的中介服务才可以进入采购和销售市场，并且不存在足够和合理的进入采购和销售市场的替代性途径，那么企业 A 就应被认为具有市场相对优势地位。第三种情形，如果企业 A 控制某类大数据资源，企业 B 只有在获得访问企业 A 控制的某类大数据资源的前提下，才可能正常从事经营活动，那么企业 A 就应被认为具有市场相对优势地位。②

（三）具有突出的跨市场竞争重要性的认定标准

在德国语境下，数字经济（Digitalwirtschaft 或者 digitale Wirtschaft）

---

① BKartA, *Leitfaden zur Marktbeherrschung in der Fusionskontrolle*, S. 35.

② BKartA, *Missbrauchsaufsicht*, www. bundeskartellamt. de.

是指所有与数字化相关联的经济部门。数字经济不仅属于德国经济中的关键性行业，而且构成实现德国企业、劳动力与社会层面数字化转型的驱动力。德国经济的数字化转型不仅催生了新型产品与服务，而且改变了传统的市场运行逻辑，这可能引发"双刃剑"风险，导致负外部性。出于这一原因，德国公权力机关为了确保数字经济的规范、有序、健康发展，聚焦构建与形塑契合数字经济发展需求的新型规范体系。譬如，德国联邦经济事务和能源部承担塑造德国数字经济发展态势的职责。该部门正在致力于推动涉及数字经济、共享经济与数字平台的新型监管规范的制定与实施。①

基于滥用市场力行为规制视角，具有突出的跨市场竞争重要性的超大型数字平台企业实施的滥用行为成为数字经济时代的新现象、新问题，这也对德国传统的反垄断法律制度构成严峻挑战。鉴于此，德国立法机关通过针对《反限制竞争法》的第十次修订，将"具有突出的跨市场竞争重要性"设定为滥用市场力行为中市场力的新形态，并厘定其认定标准。

具言之，超大型数字平台企业能够塑造自组织性的数字化生态系统，进而掌控"在多个相关市场显著影响竞争机制"的统合型市场力。这种市场力类型并非传统意义上区隔于单一相关市场的竞争影响力，而是由超大型数字平台企业在若干相关市场的影响力汇总与加权而成。超大型数字平台企业凭借由其构筑的数字化生态系统，可能滥用统合型市场力的外溢效应与传导效应，从而在其原本不占据支配地位与相对优势地位的相关市场排除、限制竞争。出于这一原因，德国立法机关在 2021 年对《反限制竞争法》进行第十次修订时，突破局限于单一市场评估企业市场地位的传统反垄断分析范式，另辟蹊径，创设关于超大型数字平台企业"突出的跨市场竞争重要性"的评判基准体系，希冀从多个相关市场视角周延性规制由这类企业实施的滥用统合型市场力行为。②

---

① Gründerszene Lexikon, *Digitalwirtschaft*, Stand：01 Jan 2019, https：//www. businessinsider. de/gruenderszene/lexikon/begriffe/digitalwirtschaft/#：~：text = Was% 20bedeutet% 20Digitalwirtschaft% 3F% 20Die% 20Digitalwirtschaft% 20oder% 20auch% 20die，heutzutage% 20durch% 20die% 20Technologisierung% 20in% 20der% 20Wirtschaft% 20stattfindet.

② 参见翟巍《数字平台企业滥用市场力行为反垄断规制范式——基于德国反限制竞争法第十次修订视角》，《上海法学研究》2021 年第 2 期，上海人民出版社，2021。

对于"如何准确认定数字经济时代的企业市场地位（市场力）"的问题，德国立法机关通过在《反限制竞争法》中植入第 18 条第 3a 款的方式，从网络效应、用户成本、创新驱动等维度增添若干新型评估指标。依据《反限制竞争法》第 18 条第 3a 款，在评估一家企业的市场地位时（尤其是在多边市场与网络领域），应当考虑以下因素：其一，直接与间接的网络效应；其二，若干服务的并行使用与用户的切换成本；其三，与网络效应相关联的规模经济；其四，获取竞争相关性数据的渠道；其五，创新驱动型的竞争压力。在此项规定的基础上，德国立法机关将"具有突出的跨市场竞争重要性"设定为滥用市场力行为中"市场力"的新形态，并在《反限制竞争法》第 19a 条中廓清其认定标准。

依据《反限制竞争法》第 19a 条第 1 款，在确定一家企业具有突出的跨市场竞争重要性时，应当特别考虑以下因素：其一，在一个或若干个市场上的市场支配地位；其二，财务实力或获取其他资源的渠道；其三，纵向整合与其在以其他方式相互关联的市场中的活动；其四，获取竞争相关性数据的渠道；其五，其活动对第三方主体进入采购市场与销售市场的重要性以及其对第三方主体经营活动的相关影响。基于该款规定，在认定一家企业是否具有突出的跨市场竞争重要性时，应采取横跨多元市场的视角，主要考察一家企业在不同相关市场拥有的市场力之间的关联性。

从立法设计角度分析，《反限制竞争法》第 19a 条呈现鲜明的"事前规制"和"主体规制"的结构主义规制理念。若一家企业被认定或确定具有突出的跨市场竞争重要性，则该家企业应当承担不同于其他企业的较为苛刻的义务，以防止它滥用市场力排除、限制竞争。

三 滥用市场力行为"三元分治"规制范式的法律实践

在"三元分治"规制范式下，德国滥用市场力行为的规制机制呈现"行为规制＋主体规制"的特征。其中，针对"滥用市场支配地位行为"与"滥用市场相对优势地位行为"的规制机制注重"行为规制"；而针对"具有突出的跨市场竞争重要性的企业的滥用行为"的规制机制则注重"主体规制"，它为特定主体附加积极义务与消极义务。

德国联邦卡特尔局具有对实施滥用市场力行为的企业予以处罚的权

限，其具体方式有二。一种方式是，德国联邦卡特尔局可以依据法定程序责令企业终止实施滥用市场力行为。举例来说，如果一家企业滥用其市场支配地位，以不公平的高价向用户销售商品，那么德国联邦卡特尔局有权责令这家企业退还超出正常额度收取的费用。另一种方式是，德国联邦卡特尔局可以依据行政处罚法的相关规定，对实施滥用市场力行为的企业处以行政罚款。由于网络效应、数据优势效应以及相关联的自我循环强化效应，在数字经济相关市场经常呈现迅速与高度的集中趋势。鉴于此，在数字经济相关市场呈现不良发展态势时，德国联邦卡特尔局亦会依法对这类市场实施前置性、预防性干预。[①]

（一） 实体经济领域滥用市场力行为的规制依据与典型案例

在德国实体经济领域，滥用市场力行为包括滥用市场支配地位行为与滥用市场相对优势地位行为。其中，滥用市场支配地位行为构成滥用市场相对优势地位行为的"强化"形式，这两者均属于聚焦单一相关市场的滥用市场力行为，它们分别受到《反限制竞争法》第19条与第20条的禁止性规制。其中，针对滥用市场支配地位行为的规制机制渊源于经典的美国反垄断法律制度，而针对滥用市场相对优势地位行为的规制机制则发挥着对前一机制的补白和辅助作用。

《反限制竞争法》第19条第2款第4项被视为适用"必要设施原则"（Essential Facilities Doctrine）的规范性条款。该项规定可以并行适用于实体经济与数字经济领域。依据该项规定，如果一家具有市场支配地位的经营者是某种商品或商业服务的供应商或购买商，而它拒绝以适当价格向其他经营者提供此类商品或商业服务，特别是拒绝授予其访问数据、网络或其他基础设施的权限，而上述提供行为或授权访问行为客观上是其他经营者在上游或下游市场经营所必需的，并且该拒绝行为会产生消除所在市场上有效竞争的威胁，那么除非该拒绝行为在客观上存在正当理由，否则这一行为就构成滥用行为。[②]

在德国实体经济领域反垄断法律实践中，关于滥用市场相对优势地位

① BKartA, *Missbrauchsaufsicht*, www. bundeskartellamt. de.

② 参见宋迎、翟巍、刘莹译《德国〈反对限制竞争法修正案〉（GWB-数字化法案）中译本》，www. toutiao. com/i6937993133636633125/。

行为的典型案例殊为罕见，而关于滥用市场支配地位行为的典型案例层出不穷。家庭用户天然气价格案与苏打俱乐部案就是由德国联邦卡特尔局做出处理的滥用市场支配地位行为典型案件。

1. 家庭用户天然气价格案

2008年12月，德国联邦卡特尔局完成对30家天然气供应商涉嫌滥用行为的反垄断处理程序。这一系列反垄断处理程序启动的背景是：德国联邦卡特尔局发现，2007年与2008年这30家天然气供应商在向家庭用户提供天然气时，滥用其市场支配地位收取过高价格，导致了相当严重的垄断问题。在这一案件中，德国联邦卡特尔局首先进行广泛的价格查询与行业调查，然后对这30家天然气供应商是否存在滥用市场支配地位行为进行审查。德国联邦卡特尔局在评估本案中30家天然气供应商是否构成滥用市场支配地位行为时，主要分为以下两个步骤：第一步，评估"在剔除网络运营成本、税款、行政收费后，30家天然气供应商提供的天然气价格是否高于其他天然气供应商提供的天然气价格"；第二步，评估"如果在剔除网络运营成本、税款、行政收费后，30家天然气供应商的价格高于其他天然气供应商的价格，那么这种价格偏离是否具有客观正当理由"。在本案处理过程中，德国联邦卡特尔局适用了在2007年底增补的当时版本《反限制竞争法》第29条的规定，这条规定简化了反垄断执法机构在能源市场调查过高定价行为的程序。①

依据德国联邦卡特尔局的观点，这30家天然气供应商负有给予消费者经济优惠的义务，这类经济优惠的形式包括信贷优惠、降价与延期涨价。在德国反垄断制度架构下，德国联邦卡特尔局有权要求实施违反《反限制竞争法》或《欧盟运行条约》第101条、第102条的垄断行为的企业终止其违法行为。基于本案发生当时版本《反限制竞争法》第32条规定，企业可以采取做出相应承诺的方式，以化解德国联邦卡特尔局对其实施垄断行为的质疑。基于当时版本《反限制竞争法》第32b条规定，德国联邦卡特尔局可以宣布这类承诺对做出承诺的企业具有约束力。依据当时版本《反限制竞争法》第32a条的规定，德国联邦卡特尔局在紧急情形下，也就是说，在产生严重的可能对竞争

---

① BKartA, *Das Bundeskartellamt in Bonn-Organisation*, *Aufgabe und Tätigkeit*, Stand：September 2011, S. 32.

造成不可逆转危害风险的情形下，还可以依据职权发布关于实施临时措施的指令。

在本案反垄断调查与处理过程中，德国联邦卡特尔局主要适用当时版本《反限制竞争法》第 32b 条的规定。基于此，涉案的 30 家天然气供应商做出承诺，它们将向用户返利约 1.3 亿欧元。此外，依据这 30 家天然气供应商在反垄断调查过程中做出的承诺，它们不会将在 2008 年和 2009 年净增的天然气采购成本（总计超过 3.14 亿欧元）转嫁给最终用户。综上所述，德国的家庭用户在购买天然气产品时，将总计节省约 4.44 亿欧元。此外，这些家庭用户还可以附带节省相应的各种税收费用，其中仅增值税就节省约 8400 万欧元。

2. 苏打俱乐部案

德国联邦卡特尔局在苏打俱乐部案中认为，苏打俱乐部有限责任公司（Soda-Club GmbH）禁止竞争对手为使用饮用水气泡设备而重新灌装苏打俱乐部有限责任公司的用于租赁的气瓶，构成垄断行为。

饮用水气泡设备的功能是将自来水碳酸化。为了操作饮用水气泡设备，需要将二氧化碳填充到气瓶中，并定期向气瓶中补充二氧化碳。多年以来，气瓶填充一直采取空瓶交换新填充瓶的模式。在这一过程中，消费者或企业将购买的已经使用完毕的空气瓶移交到气瓶交换站（通常为零售企业），就可以换取填充满二氧化碳的气瓶；消费者或企业对此只需支付二氧化碳的重新填充费。①

在二氧化碳气瓶的灌装领域，苏打俱乐部有限责任公司是占据 70% 以上市场份额的具有支配地位的灌装企业，它的大部分营业额来自气瓶填充市场。在苏打俱乐部有限责任公司实施本案垄断行为之前，气瓶填充市场上的所有的零售商与装瓶公司都会回收市场上流通的空气瓶，然后将其用于交换填充满二氧化碳的气瓶。在此情形下，在气瓶填充市场存在不受扭曲的市场竞争机制，形成自由经营的"交换池"机制。然而，苏打俱乐部有限责任公司拒绝参与现有的"交换池"机制，而且构筑起"租赁系统"，以配置其所属的气瓶。在这一"租赁系统"下，零售商必须与苏打俱乐部有限责任公司形成独家交易关系，这些零售商负有将空气瓶交予苏打俱乐

---

① BKartA, *Das Bundeskartellamt in Bonn-Organisation, Aufgaben und Tätigkeit*, Stand: September 2011.

部有限责任公司填充二氧化碳的义务。如果这些零售商将空气瓶交予其他灌装公司填充二氧化碳，那么苏打俱乐部有限责任公司就会以侵犯其财产权为由提起诉讼。

由于苏打俱乐部有限责任公司具有极其强大的市场力量与经济实力，因而它设置与运营"租赁系统"构成"妨碍型滥用行为"（Behinderungsmissbrauch）。具体来说，该公司计划通过两项垄断行为来排挤在气瓶填充市场中的竞争对手。这两项垄断行为包括：其一，该公司系统性禁止作为竞争对手的其他灌装公司为该公司所有的租赁气瓶填充二氧化碳；其二，该公司利用其租赁气瓶占据市场份额逐步递增的趋势，逐步弱化市场的竞争机制。基于上述，德国联邦卡特尔局禁止苏打俱乐部有限责任公司利用"租赁系统"实施"妨碍型滥用行为"，并且要求该公司履行以下义务："在其气瓶上设置标签，标明气瓶允许其竞争对手填充。"德国联邦卡特尔局在本案中的处置决定获得杜塞尔多夫高等地区法院与德国联邦最高法院的全面确认。德国联邦最高法院将苏打俱乐部有限责任公司"在气瓶上设置允许其竞争对手填充标签"的义务期限限定为其裁决生效后三年；其依据在于，经过三年期限，终端消费者将拥有充分可能性获知"苏打俱乐部有限责任公司的气瓶允许其竞争对手填充"这一情况。[①]

（二）数字经济领域滥用市场力行为的规制依据与典型案例

基于多元维度视角，互联网深刻改变了人类的经济活动与社会生活。互联网不仅降低了搜索成本与交易成本，而且显著拓展了市场供给范围，促进了市场结构与竞争机制的动态发展。[②] 与此同时，随着互联网经济与数字经济的迭代发展，链接封禁、大数据"杀熟"等新型垄断行为开始涌现，这对渊源于工业经济时代的德国传统反垄断监管机制构成极其严峻挑战。因此，德国立法机关开启《反限制竞争法》的第十次修订，以促成该部法律的数字化转型，使其能够周延性规制数字经济时代出现的新型垄断行为。

[①] BKartA, *Das Bundeskartellamt in Bonn-Organisation, Aufgaben und Tätigkeit*, Stand: September 2011.

[②] BKartA, B6-113/15, Arbeitspapier-*Marktmacht von Plattformen und Netzwerken*, Juni 2016, S. 1.

2021 年 1 月 19 日，《反限制竞争法》第十次修订法案正式生效。该法案的正式名称为"基于制定具有聚焦性、主动性、数字性的 4.0 版本竞争法而对《反限制竞争法》予以修订和对其他竞争法规定予以修订的法律"①。《反限制竞争法》第十次修订最为引人注目的创新之处是增设第 19a 条，这一法条构成德国联邦卡特尔局强化反垄断监管的新型制度性工具之一。依据该法条规定，德国联邦卡特尔局可以对具有突出的跨市场竞争重要性的企业附加特别的义务。《反限制竞争法》第 19a 条规定如下：

"19a　具有突出的跨市场竞争重要性的企业的滥用行为

第 1 款　联邦卡特尔局可以通过指令形式，宣告某一主要在第 18 条第 3a 款界定的市场内运营的企业具有突出的跨市场竞争重要性。在宣告某一企业具有突出的跨市场竞争重要性时，尤其应当考虑以下因素：

1. 在一个或多个市场的支配地位情况；

2. 财力以及是否能够获得其他资源；

3. 纵向一体化以及在其他相关联市场的活动情况；

4. 能够获得竞争相关数据的情况；

5. 其活动对第三方进入采购和销售市场的重要性及其对第三方业务活动的相关影响。

根据本款第 1 句做出的指令的存续期限应限于其生效后五年内。

第 2 款　在根据第 1 款做出宣告性指令的情形下，联邦卡特尔局可禁止该企业实施以下行为：

1. 在设置采购和销售市场准入条件时，采取使自身的产品比竞争对手产品更受优待的行动，特别是：

（a）优先展示自身的产品；

（b）在设备上排他性预安装自身的产品或以其他方式将自身的产品整合。

2. 采取阻碍其他企业在采购或销售市场上进行经营的措施，而该企业的活动对这些市场准入而言至关重要，特别是：

---

① Bundeskartellamt, *Novelle des Gesetzes gegen Wettbewerbsbeschränkungen*, Meldung vom：19. 01. 2021, https：//www. bundeskartellamt. de/SharedDocs/Meldung/DE/Pressemitteilungen/ 2021/19_ 01_ 2021_ GWB-Novelle. html.

（a）采取独家预安装或整合该企业自身产品的措施；

（b）阻止或者妨碍其他企业实施以下行为：推广其自身产品，或者通过该企业提供或介绍的渠道以外途径接触客户。

3. 直接或间接阻碍竞争对手在某一市场上的竞争，而在这一市场上，该企业即使不占市场支配地位也能迅速扩张其影响力，特别是：

（a）使该企业某产品的使用与对该项使用而言并非必需的其另一产品的自动使用相结合，而不允许用户对使用另一产品的情况、类型和方式予以充分选择；

（b）对该企业某产品的使用需依赖于对其另一产品的使用。

4. 通过处理该企业所收集的竞争相关数据，设置或显著增加市场进入壁垒，或以任何其他方式阻碍其他企业，或以准许处理该数据为交易条件，特别是：

（a）在用户同意企业处理企业或第三方通过提供其他服务收集的数据的情况下才能够使用该服务，且不给予用户关于数据处理的情形、目的和方式的充分选择；

（b）处理从其他企业收到的与竞争有关的数据，但不是基于向其他企业提供自身服务的目的，且不给予其他企业关于数据处理的情形、目的和方式的充分选择。

5. 拒绝或者阻碍商品、服务的相互操作性或者数据的可移植性从而阻碍竞争。

6. 未充分告知其他企业所提供或者委托的服务的范围、质量、成功情况或者其他使其他企业难以评估服务价值的情况。

7. 在应对处理另一企业的产品时要求此企业给予利益，而被索要的利益与索要依据之间没有合理对应关系，特别是：

（a）要求为展示其产品而转移数据或其他权利，而在此情形下这些数据或权利并不是必不可少的；

（b）使该产品展示的质量取决于数据或权利转移，但这些数据或权利的转移与之并无合理对应关系。

以上不适用于行为客观合理的情况。举证责任和解释责任由经营者承担。

第 32 条第 2 款和第 3 款、第 32a 条和第 32b 条比照适用。本条第 2 款规定的命令可与第 1 款规定的宣告相合并。

第 3 款　第 19 条和第 20 条效力不受影响。

第 4 款　联邦经济事务和能源部应在本法生效四年后向立法机构报告本条第 1 款和第 2 款规定的执法经验。"①

《反限制竞争法》第 19a 条规定，如果具有突出的跨市场竞争重要性的企业滥用市场力，那么这一滥用行为亦构成违法的垄断行为。这一条款是针对少数超大型企业而设置的，这类企业主要在数字行业、互联网行业从事经营活动。由于这类超大型企业构筑起横跨多元市场的数字生态系统，因此它们不仅可以跨越市场边界而巩固其强势的市场地位，而且能够有效压制竞争对手对其强势市场地位形成的挑战。

在滥用市场力行为规制层面，《反限制竞争法》第 19a 条设定了一项全新的监管工具。依据该项法条，德国联邦卡特尔局首先应当审查一家企业是否具有突出的跨市场竞争重要性；其后，德国联邦卡特尔局有权禁止具有突出的跨市场竞争重要性的企业实施的反竞争行为。基于《反限制竞争法》第 19a 条的规定，德国联邦卡特尔局对以下行为获得新的监管权限：其一，具有突出的跨市场竞争重要性的企业实施的自我优待行为；其二，具有突出的跨市场竞争重要性的企业阻止其他企业进入某些相关市场的行为；其三，具有突出的跨市场竞争重要性的企业将其市场力拓展到尚未被其主导的相关市场的行为；其四，具有突出的跨市场竞争重要性的企业通过处理与竞争相关联的数据的方式，提高某些相关市场的准入门槛的行为；其五，具有突出的跨市场竞争重要性的企业妨碍产品的互操作性与数据可移植性的行为；其六，具有突出的跨市场竞争重要性的企业在提供服务过程中，向其他企业提供不充分信息的行为；其七，具有突出的跨市场竞争重要性的企业在处理其他企业提供的产品时，要求获得不合理的利益。

与第十次修订前的旧版《反限制竞争法》包含的禁止滥用市场力行为条款相比，《反限制竞争法》第 19a 条构成数字经济时代禁止滥用市场力行为的典型条款。它有助于反垄断执法机关实现对超大型数字平台企业更加迅速与更加有效的监管。依据传统的禁止滥用市场力行为监管模式，反垄断执法机关通常需要耗费大量时间，认定受调查企业在一个相

---

① 参见宋迎、翟巍、刘莹译《德国〈反对限制竞争法修正案〉（GWB-数字化法案）中译本》，www.toutiao.com/i6937993133636633125/。

关市场中的市场支配地位或市场相对优势地位，然后才可能推进针对受调查企业涉嫌垄断行为的调查流程。与之形成鲜明反差的是，基于《反限制竞争法》第 19a 条的规定，反垄断执法机关聚焦审查的是企业是否具有突出的跨市场竞争重要性。这项法条主要针对具有特别强大市场地位的超大型数字平台企业，它为这类企业设定了相较于一般企业更加严苛的监管规则。[①]

近年来，数字经济领域始终是以德国联邦卡特尔局为代表的德国反垄断执法机构的核心监管领域。脸书公司、亚马逊公司、谷歌公司等超大型数字平台企业都成为德国反垄断调查对象。[②] 从 2021 年初《反限制竞争法》第十次修订法案生效以来，德国联邦卡特尔局依据新版《反限制竞争法》，针对脸书公司、谷歌公司、亚马逊公司、苹果公司开启新的监管流程。[③]《反限制竞争法》第 19a 条为具有突出的跨市场竞争重要性的企业设定特别义务。基于此，德国联邦卡特尔局获得针对超大型数字平台企业进行反垄断规制的制度性工具。德国联邦卡特尔局依据《反限制竞争法》第 19a 条开启的针对超大型数字平台企业的反垄断调查程序如下（见表 1）。

表 1 基于《反限制竞争法》第 19a 条针对数字康采恩进行的反垄断调查程序

开启调查时间	接受调查企业名称	调查与审查对象
2021 年 1 月	脸书公司	脸书公司将其脸书账户与旗下奥克勒斯（Oculus）的设备绑定的影响
2021 年 1 月	脸书公司	脸书公司是否属于具有突出的跨市场竞争重要性的企业
2021 年 5 月	谷歌公司	谷歌公司的数据处理条件以及谷歌公司为用户提供的选择权利
2021 年 5 月	谷歌公司	谷歌公司是否属于具有突出的跨市场竞争重要性的企业
2021 年 5 月	亚马逊公司	亚马逊公司是否属于具有突出的跨市场竞争重要性的企业

---

① BKartA, *Jahresbericht* 2021/22, S. 35.
② BKartA, *Das Bundeskartellamt*, Jahresbericht 2020/21, Stand：23. 06. 2021, S. 36.
③ BKartA, *Digitale Wirtschaft*, www. bundeskartellamt. de.

续表

开启调查时间	接受调查企业名称	调查与审查对象
2021 年 6 月	谷歌公司	1. 内容提供商对于谷歌公司享有权利与承担义务之间的平衡情况； 2. 谷歌公司是否存在差别对待不同出版商的问题； 3. 谷歌公司是否排除出版商或新闻提供商在服务供给领域的竞争； 4. 谷歌公司是否存在自我优待
2021 年 6 月	苹果公司	苹果公司是否属于具有突出的跨市场竞争重要性的企业
2022 年 6 月	苹果公司	苹果公司追踪第三方应用程序的规则
2022 年 6 月	谷歌公司	谷歌地图平台可能实施的损害第三方地图服务提供商利益的垄断行为

注：在德国联邦卡特尔局官网中，关于德国联邦卡特尔局对谷歌地图平台案件开启调查时间存在"2022 年 6 月 14 日"与"2022 年 2 月 14 日"两种表述。经过分析案件背景材料可知，"2022 年 2 月 14 日"的表述应为笔误。

资料来源：Vgl. BKartA, *Laufende Verfahren gegen Digitalkonzerne*, Stand：06/2022。

作为全球最大的五家网络平台企业，谷歌公司、亚马逊公司、脸书公司、苹果公司与微软公司的总市值超过 4.5 万亿欧元。近年来，德国联邦卡特尔局针对谷歌公司、亚马逊公司、脸书公司、苹果公司等开启了一系列以反垄断为主导的监管审查流程。[①]

1. 谷歌公司案

谷歌公司是一家跨国企业集团，该集团提供多元化的互联网服务与软件产品。字母表（Alphabet）公司是谷歌的母公司。谷歌公司最知名的服务、产品包括谷歌搜索引擎、谷歌地图与导航服务、YouTube 视频服务、Chrome 浏览器、安卓操作系统、Play Store 应用商店、Gmail 电子邮件服务。[②]

2021 年 5 月，德国联邦卡特尔局依据《反限制竞争法》第 19a 条开始审查谷歌公司是否属于具有突出的跨市场竞争重要性的企业。同一时期，

[①] BKartA, *Laufende Verfahren gegen Digitalkonzerne*, Stand：01/2022.

[②] BKartA, *Alphabet/Google ist ein Anwendungsfall für neue Aufsicht über große Digitalkonzerne - Bundeskartellamt stellt „ überragende marktübergreifende Bedeutung " fest*, Meldung vom：05. 01. 2022.

德国联邦卡特尔局开始审查谷歌公司的"数据处理条件与用户可做选择的选项"的适法性问题。2021 年底，德国联邦卡特尔局确认谷歌公司具有《反限制竞争法》第 19a 条第 1 款意义上的突出的跨市场竞争重要性。其依据在于，谷歌公司拥有雄厚的经济势力，这使它得以不受到竞争机制的充分控制，因而它可以横跨多元市场自由实施经营策略。德国联邦卡特尔局做出这一确认决定的有效期限为 5 年。在这一期限内，德国联邦卡特尔局将依据《反限制竞争法》第 19a 条第 2 款对谷歌公司的相关滥用行为实施反垄断监管。谷歌公司表示，它不会对德国联邦卡特尔局确认其具有突出的跨市场竞争重要性的判定提起上诉。换言之，谷歌公司承认自身属于《反限制竞争法》第 19a 条第 1 款规定的具有突出的跨市场竞争重要性的企业。

具体而言，谷歌公司在德国通用搜索服务市场占据 80% 以上的市场份额，因而它具有市场支配地位，而且谷歌公司是德国搜索广告的主要提供商。此外，在德国市场上，谷歌公司还是一家提供多种服务的强大供应商，并实现了较高的用户覆盖率。在德国网络广告营销领域，谷歌公司提供覆盖整个价值链的涉及面广泛的广告服务。进一步来说，谷歌公司构筑了自身的数字生态系统，这一系统在一定程度上具有基础设施性质。众多企业需要经由谷歌数字生态系统才能提供自身产品与服务，与此同时，谷歌数字生态系统提供的服务对众多企业维持正常经营发挥至关重要的保障作用。在这一背景下，如果其他企业希望与谷歌数字生态系统所链接的谷歌用户、谷歌交易伙伴发生关联，那么谷歌公司能够在很大程度上决定是否允许发生这类关联，并可以针对其他企业制定横跨多元市场的规则与框架性条件。①

由于谷歌公司的产品、服务具有较高的用户覆盖率，因而谷歌公司在收集与掌控竞争相关性数据层面具有显著优势。因为谷歌公司具有庞大的用户群、涉及面广泛的广告服务以及通过用户收集的巨量数据，所以谷歌公司不仅能够营销富有针对性的广告，而且能够持续开发与优化其服务。进一步来说，由于谷歌公司具有控制关键数据访问权限以及其他核心资源

---

① BKartA, *Alphabet/Google ist ein Anwendungsfall für neue Aufsicht über große Digitalkonzerne - Bundeskartellamt stellt „ überragende marktübergreifende Bedeutung " fest*, Meldung vom: 05. 01. 2022.

的竞争优势，因此它可以横跨多元市场利用这类竞争优势，这使它能够更加容易地运营、优化、拓展既有服务，并且开发全新服务。此外，依据德国联邦卡特尔局的观点，谷歌公司之所以被认定为属于具有突出的跨市场竞争重要性的企业，不仅缘于它拥有的上述市场竞争优势，它拥有的市值也是重要考量指标。谷歌公司是世界上市值最高的企业之一，这不仅反映出它拥有强大的财务实力，而且构成它属于具有突出的跨市场竞争重要性企业的佐证之一。[①]

2021 年 6 月，德国联邦卡特尔局开始审查谷歌公司存在的以下垄断问题：其一，内容提供商对谷歌公司负有的权利与义务之间的平衡情况；其二，谷歌公司是否存在差别对待不同出版商的问题；其三，谷歌公司是否排除出版商或新闻提供商在服务供给领域的竞争，以及谷歌公司是否存在自我优待的问题。2022 年 6 月，德国联邦卡特尔局依据《反限制竞争法》第 19a 条，开始调查谷歌德国有限责任公司与谷歌母公司字母表是否利用谷歌地图平台实施"损害第三方地图服务提供商利益的垄断行为"。[②]

2. 亚马逊公司案

2013 年，德国联邦卡特尔局曾经开启针对亚马逊公司的反垄断调查程序，其调查对象为亚马逊公司在其电子商务平台上采取的价格平衡行为。具体来说，亚马逊公司要求其平台内商家在任何其他地方销售某类商品的价格不得低于在亚马逊平台上销售同类商品的价格。由于德国联邦卡特尔局实施的反垄断调查措施，亚马逊公司在整个欧洲的亚马逊平台市场上取消了前述价格平衡行为，这使亚马逊平台内商家重新获得销售商品的自由定价权。[③] 2018 年，由于亚马逊公司涉嫌针对德国亚马逊平台上的商家附加不利的交易条件，因而德国联邦卡特尔局开启针对该公司涉嫌实施滥用市场力行为的反垄断调查程序。在这一案件中，亚马逊公司涉嫌实施滥用市场力行为所涉及的交易条件包括商家账户终止条件、退货与退款规则以及诉讼管辖地。2019 年，德国联邦卡特尔局在反垄断调查的基础上，督促

---

① BKartA, *Alphabet/Google ist ein Anwendungsfall für neue Aufsicht über große Digitalkonzerne - Bundeskartellamt stellt „ überragende marktübergreifende Bedeutung " fest*, Meldung vom: 05. 01. 2022.

② BKartA, *Verfahren gegen Google wegen möglicher Wettbewerbsbeschränkungen bei Kartendiensten (Google Maps Plattform)*, Meldung vom: 21. 06. 2022.

③ BKartA, *Digitale Wirtschaft*, www. bundeskartellamt. de.

亚马逊公司改进其适用于德国乃至全球平台内商家的条款与条件。① 亚马逊公司随后在全球范围内调整了其针对平台内商家设定的不利交易条件。

在德国电子商务平台领域，亚马逊公司具有双重角色，它既是最大的电子商务平台市场的运营者，又是最大的电子商务平台经营者。由于这种双重角色定位的存在，亚马逊公司可能滥用其市场力阻碍其平台内其他经营者的发展，剥夺这些经营者的公平竞争权。②

2020 年 5 月，德国联邦卡特尔局针对亚马逊公司开启新的调查程序，以评判该公司是否会干扰商家的定价自由。在 2020 年 9 月开启的一个调查程序中，德国联邦卡特尔局审查亚马逊公司是否通过与品牌生产商合作的方式而使市场上的零售商处于不利地位。2021 年 5 月，德国联邦卡特尔局开始审查亚马逊公司是否属于具有突出的跨市场竞争重要性的企业。

3. 脸书公司案

2019 年，德国联邦卡特尔局禁止脸书公司 "未经用户明确与自愿同意，全面收集与使用用户数据"。依据德国联邦卡特尔局的观点，由于脸书公司具有市场支配地位，因而该公司应当确保："即使用户没有做出关于数据处理的宽泛同意，他们也可以使用脸书公司的社交网络。"③ 针对德国联邦卡特尔局的上述决定，脸书公司向杜塞尔多夫高等地区法院提起上诉。在杜塞尔多夫高等地区法院就此案做出实质裁决之前，脸书公司在一审程序中成功提出紧急申请（Eilantrag）。在紧急申请诉讼程序中，由于杜塞尔多夫高等地区法院严重关切德国联邦卡特尔局所做决定的合法性，该法院判决暂停这一决定。

随后，德国联邦卡特尔局就杜塞尔多夫高等地区法院所做判决向德国联邦最高法院提起上诉，而德国联邦最高法院废止了杜塞尔多夫高等地区法院所做判决，因而德国联邦卡特尔局的前述禁止性决定依旧具有可执行性。2021 年 3 月，作为原讼法院的杜塞尔多夫高等地区法院裁定，向欧洲法院提交该案涉及的关于欧盟《通用数据保护条例》的适用问题，由欧洲法院做出权威解答。其原因在于，只有这类问题得到清晰解答，德国法院才能就该案的实质问题做出判决。

---

① BKartA, *Jahresbericht* 2020/21, Stand：23. 06. 2021, S. 38.

② BKartA, *Digitale Wirtschaft*, www. bundeskartellamt. de.

③ BKartA, *Jahresbericht* 2020/21, S. 38.

2020 年 12 月，德国联邦卡特尔局开始审查脸书账户与 Oculus 设备绑定的适法性问题。2021 年 1 月，德国联邦卡特尔局依据《反限制竞争法》第 19a 条，开始审查脸书公司是否属于具有突出的跨市场竞争重要性的企业，并继续审查脸书账户与 Oculus 设备绑定的适法性问题。

4. 苹果公司案

苹果公司在移动操作系统市场和移动应用商店市场拥有显著且持久的市场力量。具体来说，由于苹果公司对于 IOS 操作系统具有控制力，其被视为 IOS 操作系统设备内的软件分发的"守门人"，因此，该公司在 IOS 操作系统内应用程序分发市场亦具有垄断地位。苹果公司凭借其市场力量，实施一系列滥用行为，因而在全球多国受到反垄断调查。2021 年 6 月，德国联邦卡特尔局依据《反限制竞争法》第 19a 条，开始审查苹果公司是否属于具有突出的跨市场竞争重要性的企业。2022 年 6 月，德国联邦卡特尔局开始调查苹果公司追踪第三方应用程序的规则问题。

截至目前，德国联邦卡特尔局已经宣布认定 GAFA 公司〔谷歌公司、亚马逊公司、元宇宙公司（脸书公司）、苹果公司〕为"具有突出的跨市场竞争重要性的企业"。因此，德国联邦卡特尔局有权为这四家企业附加法定义务，针对它们实施相较于一般企业更加严苛的监管规则，严格禁止它们实施滥用市场力等反竞争行为。举例来说，这类反竞争行为包括具有突出的跨市场竞争重要性的企业实施的"对自营服务的自我优待行为"与"以不符合效能竞争要求的方式倾轧市场的行为"。[①]

四　结语

德国反垄断法律制度的主要规制对象是基于私法自治（尤其是合同自由和结社自由）而产生的限制竞争行为，而由私权利主体（企业）实施的滥用市场力行为就归属于这类限制竞争行为范畴。在实体经济与数字经济领域，滥用市场力行为的发生场景、表现样态迥然不同。德国立法机关针对滥用市场力行为设置"三元分治"规制范式，有助于实现对这类垄断行为的全场景、层级性、类型化规制。在《反限制竞争法》数字化转型后，德国联邦卡特尔局依法将 GAFA 公司认定为具有突出的跨市场竞争重要性

[①]　BKartA, *Jahresbericht* 2021/22, Stand：Anfang Juni 2022, S. 35.

的企业，并对这类企业涉嫌滥用市场力行为开启调查，要求这类企业履行保护竞争机制的积极义务与消极义务。这一系列举措是德国为了推进更具积极性的竞争政策而进行的实践性探索。需要注意的是，欧盟立法机关制定了以设定"守门人"企业积极性与消极性义务为核心特征的《数字市场法》，其主要规制对象亦是以 GAFA 公司为代表的超大型数字平台企业的滥用市场力行为。在适用效果层面，《反限制竞争法》第 19a 条可以被视为欧盟《数字市场法》的补充性与辅助性法条。具言之，针对超大型数字平台企业的滥用市场力行为，在欧盟《数字市场法》的适用领域之外，依旧存在以德国《反限制竞争法》第 19a 条为代表的反垄断法律的适用空间。

数字经济下生态环境保护的法治保障研究*

张馨元　王一帆**

摘　要： 数字经济成为我国迈向经济高质量发展的主引擎，具有科技性、虚拟性和高效性的特征。以数据为主要要素、以数字科技为支撑技术、以现代网络为载体的数字经济为我国生态环境保护提供了新的机遇。本文通过解析数字经济和生态环境保护的概念，明确二者的内涵，从科技维度、价值维度和利益维度分析数字经济下生态环境保护的法治逻辑，提出从立法理念和立法布局两个方面构建数字经济下生态环境保护的法治体系，明确生态环境数据的多向公开与共享机制，生态环境数字信息的监管机制和构建数字经济生态环境治理的协同高效格局为重点法治建设领域。

关键词： 数字经济　生态环境保护　法治逻辑　法治保障

一　问题的提出

自党的十九大报告提出建设数字中国以来，数字经济在我国经济格局中的地位日益提升。国家互联网信息办公室印发的《数字中国建设发展进程报告（2018年）》中指出，数字经济占国内生产总值（GDP）比重达到36.2%，成为我国迈向经济高质量发展的主引擎。《中华人民共和国国民经济和社会发展第十四个五年规划和2035年远景目标纲要》

---

　*　基金项目：吉林大学研究生创新基金资助项目"《民法典》生态环境修复责任的公法实现机制研究"（2023CX032）。

　**　张馨元，吉林大学法学院博士研究生，研究方向为环境与资源保护法学；王一帆，东北农业大学资源与环境学院副教授、博士生导师，研究方向为环境保护与修复。

（以下简称"十四五"规划纲要）明确提出，加快数字化发展，建设数字中国。党的二十大报告中也提出要加快发展数字经济，促进数字经济和实体经济深度融合。《中国数字经济发展报告（2022年）》得出我国已经形成横向联动、纵向贯通的数字经济战略体系，将转向深化应用、规范发展、普惠共享新阶段的结论。

生态环境保护是生态文明建设中的重要领域，承担使生态效益与经济效益双重增长的任务。自党的十七大以来，生态环境保护被高度重视，生态文明也成为我国五大文明之一，未来对生态环境保护、修复和发展的关注度也将越来越高。生态环境需要与数字经济融合创新，经济发展也需要以绿色的生态环境为基础。《"十四五"国家信息化规划》提出，以数字化引领绿色化，以绿色化带动数字化，是我国信息发展的目标之一。数字化与绿色化的协同发展是促进我国经济转型的关键举措，在绿色化中发展数字化、智能科技，以数字化反哺绿色发展，形成数字绿色一体化的产业经济结构。

但是，数据作为数字经济发展中的关键要素，存在自身发展的限制与挑战。保护生态环境过程中产生的数据存在权属不明而引发争议，阻却生态环境保护的进程；当环境数据可以共享时存在数据泄露和滥用的情形，威胁数据安全，此类的问题亦如，生态环境数据能否在国际间跨境传输与共享、保护目的达成时数据能否向社会公众公开等。国家虽已认识到数字与绿色应当结合发展，但没有明确这两者之间的关系以及构建数字经济下生态环境保护的法治体系。也就是说，不仅要关注环境法语境下的生态环境保护发展，更要将生态环境保护置于数字时代的背景下，明确法治逻辑及法治完善方向，探索法治如何在数字经济下保护生态环境。因而，数字经济给生态环境保护带来了新的发展机遇，也加快了我国"双碳"战略目标达成的速度。

二　相关概念的解读

（一）数字经济

数字经济的概念在20世纪90年代被提出。唐·泰普斯科特（Don Tapscott）在其《数据时代的经济学：对网络智能时代机遇和风险的再思考》中提及数字经济的概念，数字经济的核心是网络科技及与其有关联的新型经济关系。[①] 美国商务部在研究报告《浮现中的数字经济》中提出，数字经济包括信息产业、电子商务、网络经济。最初数字经济的概念与其产生的时代背景有密切联系，当代我国学者关于数字经济的概念有不同见解。任保平和巩羽浩指出数字经济是以数字为关键要素，依托大数据、人工智能新型技术的经济活动，特征是具有创新性和进步性。[②] 徐曼等学者依据 G20 峰会《二十国集团数字经济发展与合作倡议》中各国对数字经济概念达成的普遍共识，将其扩展为以新型信息通信技术（ICT）为核心，以现代网络为附载，以数字技术、设备以及数字知识和信息为生产要素，达成生活生产、交流合作和社会治理的经济活动。[③] 梳理以上研究可以看出，数字经济很难形成相对静态且统一的表述，这是因为数字经济是全新的经济形态，发展迅速且研究方法较初级和具有局限性，随着时代的不断发展，其内涵与外延也处于动态变化之中，另外，不同学科对数字经济研究的侧重点不同，因而不能获得数字经济准确和统一的概念。

尽管对数字经济并未形成统一的概念，但是对数字经济与生态环境之间的关系已形成一定的研究基础，包括在经济学、管理与政策学以及法学领域。在经济学领域，主要围绕数字经济与碳减排之间的关系展开研究，也有学者提出数字经济在大城市中的碳减排效果更加明显，通过提高政府向环保领域的投资、促使产业转型升级以及加强社会公众的环境关注度三通道降低碳排量。[④] 另外，有学者研究关于数字经济对生态环境保护的影响，研究表明数字金融可以促进经济与生态环境发展的协同性，减轻环境污染。[⑤] 还有学者证明科技创新在数字经济影响环境保护过程中发挥中介

①　〔美〕唐·泰普斯科特：《数据时代的经济学：对网络智能时代机遇和风险的再思考》，毕崇毅译，机械工业出版社，2016。

②　任保平、巩羽浩：《数字经济助推黄河流域高质量发展的路径与政策》，《经济问题》2023 年第 2 期。

③　徐曼、邓创、刘达禹：《数字经济引领经济高质量发展：机制机理与研究展望》，《当代经济管理》2023 年第 2 期。

④　张传兵、居来提·色依提：《数字经济、碳排放强度与绿色经济转型》，《统计与决策》2023 年第 10 期。

⑤　刘潭、徐璋勇、张凯莉：《数字金融对经济发展与生态环境协同性的影响》，《现代财经》（天津财经大学学报）2022 年第 2 期。

功能，并且数字经济与科技的融合可高效地减少环境污染和资源耗费。[①]在管理与政策学领域，有学者从宏观、中观和微观三个层次阐述论证数字经济生态系统的内涵及其运行特点。[②] 在法学领域，有学者探究在数字经济背景下，立法、执法、司法推动绿色发展的路径以及数字经济助力"双碳"目标实现的法治体系构建。[③]

纵观数字经济的概念研究和与生态环境之间关系的研究，虽然数字经济的概念在一定范围内动态调整，但是其背后具有一定共性。首先，数字经济将数据作为最关键的生产要素，数据是建立数字经济"大厦"最核心的成员，数据是支撑数字经济发展的最重要的资源。其次，数字经济离不开数字科技与ICT，现代数字科技包括物联网、互联网、大数据、人工智能、云计算、区块链和5G通信技术等。现代数字科技和ICT是促进数字经济发展的内在驱动力，数据与数字科技之间的关系是相辅相成和相互支撑的，数字科技能满足对海量数据挖掘和分析的需求，数据的产生和存储为数字科技提供分析对象。最后，现代信息网络是数字经济的重要载体，其催生现阶段市场经济中最重要的平台经济和共享经济模式，极大地改变着公众的消费习惯和企业的生产模式。因此，数据、数字科技和信息网络是构建现代数字经济的重要组成部分，是不同学科间研究数字经济的共同研究对象，中国信息通信研究院 2022 年发布的白皮书《中国数字经济发展报告（2022 年）》对数字经济的定义为：数字经济是以数字化的知识和信息为关键生产要素，以数字技术为核心驱动力量，以现代信息网络为重要载体，通过数字技术与实体经济深度融合，不断提高经济社会的数字化、网络化、智能化水平，加速重构经济发展与治理模式的新型经济形态。该定义获得业内广泛认可，因此本文基于此定义展开数字经济下生态环境保护法治保障的研究。

（二）生态环境保护

"生态环境"这个概念被中国法学会环境资源法学研究会会长吕忠梅

---

① 汪发元、张东晴：《数字经济、科技创新对生态保护的影响——基于长江经济带 2011~2020 年数据的实证分析》，《长江大学学报》（社会科学版）2023 年第 1 期。

② 韩亚品：《数字经济生态系统的内涵、特征及发展路径》，《国际经济合作》2021 年第 6 期。

③ 国瀚文：《双碳政策视阈下数字经济绿色发展的法治保障研究》，《法律适用》2022 年第 9 期。

教授称为环境法学的基石概念。①　"生态环境保护"由"生态环境"和"保护"两个词语组成，似乎学者对"保护"无异议，但"生态环境"一词经历了波折的发展历程。"生态环境"最初出现在1982年《中华人民共和国宪法》（以下简称1982年《宪法》）中，时任全国人大常委会委员的地理学家黄秉维在草案研讨的最后一天，对草案中"国家保护生活环境和生态平衡"的表述提出异议，认为应当由"生态平衡"修改为"生态环境"，他认为"平衡"一词既可表示好的，也可表示坏的，没有针对性，而"生态环境"非常明确。最终1982年《宪法》第二十六条的表述变成"国家保护生活环境和生态环境"，自此，"生态环境"一词进入《宪法》，并在之后颁布的多部环境法律中全面"开花"。

　　然而，生态环境最初在法律文本中出现是一个偶然的过程，词语的创制也是一时起意。正如有学者所说，生态环境虽经常被学者提及，但都未经深思熟虑的论证。②　从语法结构上看，由"生态"和"环境"两个词语组成的"生态环境"，无论是并列结构还是偏正结构抑或是联合结构，③　都比单独使用"生态"或"环境"多了两层意蕴。其一，生态环境的概念是中国语境下的创新，则无论在哪种语法结构下，学者开始注意到"生态环境"是具有中国特色的词语，虽然国际上并不使用该词语，但经过我国学者的努力，该词语目前在国际上具有一定知名度和影响力。其二，"生态环境"所表达的含义远比单独使用"生态"或者"环境"显得更加全面和完整，"生态"和"环境"在研究之初确实是作为两个范围不相同的词语出现的，然而随着社会生活的发展，"生态"和"环境"的内涵逐渐呈现交叉的态势，用数学的语言来表达二者的关系就是有交叉的两个集合。一般认为，"环境"是以人为中心的生产和生活的所有自然的和人工改造的自然要素，"生态"是包括人在内的所有生物之间及其与环境之间的相互作用形成的生态系统。④　对于生态环境保护的概念，我国法律文本和理论界并未做出明确的界定，2014年修订的《中华人民共和国环境保护法》（以下简称《环境保护法》）中第一条的立法目的设置为"为保护和改善

---

① 吕忠梅：《中国环境立法法典化模式选择及其展开》，《东方法学》2021年第6期。
② 巩固：《"生态环境"宪法概念解析》，《吉首大学学报》（社会科学版）2019年第5期。
③ 李树训：《论"生态环境法典"之"生态环境"的阐释》，《中国环境管理》2022年第5期。
④ 郭晓虹：《"生态"与"环境"的概念与性质》，《社会科学家》2019年第2期。

环境，防治污染和其他公害，保障公众健康，推进生态文明建设，促进经济社会可持续发展，制定本法"，因而将结合"生态环境""生态""环境"和《环境保护法》中对环境保护目的概念进行综合考量。

三　数字经济下生态环境保护的法治逻辑

（一）科技维度

数字经济助推生态环境保护的科技逻辑核心在于，通过科技赋能促进环保产业结构的调整和保护治理效率的提高。科技逻辑的内涵是通过了解和认知研究对象的客观性质从而对其进行解构和深入研究。无论是农业时代、工业时代，还是现在的数字化时代，科技都在助推社会经济的发展转型。从宏观上看，生态环境是有关科技与自然科学的问题，在数字经济环境下，科技能为生态环境提供更优异和高效的保护和治理水平。那么，从科技赋能角度来看，数字经济的蓬勃发展能够助力生态环境获得更好的保护效果。

"十四五"规划纲要中指出，以数字化转型整体驱动生产方式、生活方式和治理方式变革；《中共中央 国务院关于深入打好污染防治攻坚战的意见》中强调要构建智慧高效的生态环境管理信息化体系；《国务院关于加强数字政府建设的指导意见》中也指出要全面推动生态环境保护数字化转型。运用数字科技既能准确发现并跟踪最新产生的环境污染，为保护环境、治理环境提供科技支撑，还能增进数字经济与绿色化的协同发展，提供构建生态环境治理体系和治理能力现代化的现实路径。

运用好数字经济科技赋能效应。在数字经济背景下能够通过数字科技赋能生态环境保护领域，利用大数据、互联网等技术，集数据的获取、传输、分析和评价等过程于一体，使环境全过程管理、环境执法、环境应急等过程更智慧、更科学。将有关部门公布的湖北石首的长江天鹅洲白鱀豚国家级自然保护区内江豚的进食量和皮肤状态，水质、水温和水压等数据，通过数字技术采集至数据池内，并在智慧屏幕上总体呈现这些数据，使长江江豚保护迈入数字治理时代。同样，贵州的矿山通过"遥感+互联网"技术，实行全时段监测全省的矿山地质环境，以促进其地质生态环境改善。山东省生态环境厅利用数字手段，发行辐射安全许可的电子证照，切实运用数字科技降低碳排放和提升环境治理能力。5G 技术也在赋能环境保护，青岛污水处理厂施行 5G 巡检模式，使工作人员的检查时间大幅减少，提升工作效率约 30%。

当前，世界正处于由工业时代迈向数字时代的经济发展时期，在生态环境保护领域中，要持续运用好数字科技，在各个细分环保领域，更要找准数字科技赋能环保的着力点，拓宽数字科技的应用场景，将数字科技与生态环境保护有机结合，不仅能从生态环境的角度发展数字科技，也能通过数字科技提高治理效率赋能生态环境保护，在生态环境保护中充分发挥我国拥有的海量数据的优势，促进数字科技对生态环境保护的叠加和倍增效果。

（二）价值维度

价值逻辑旨在为实践行动提供辩护的理由。[①] 数字经济下生态环境保护要遵循以效率为首的价值逻辑。效率是法的基本价值之一，资源利用上的高效要求优化配置，使资源由低效向高效利用转化。[②] 生态环境保护过程中借助数字经济的背景能够获得高效率保护的效果，数字经济促使生态环境高效保护具体分为污染预防阶段和污染治理阶段。

预防原则是我国环境保护中的基本原则，强调以预防为主的环境治理理念。污染预防阶段的生态环境保护也即常态化环境管理，数字经济能推动环境管理模式由传统非数字模式转向智慧化、数据化的数字治理模式。数字经济下生态环境保护的预防工作应当从环境管理模式出发，环境污染问题的主要预防途径是环境监测，实时监督环境质量等各项环境指标，通过连接环境监测仪器，运用现代信息通信技术、互联网、计算软件等，对环境数据实行同步收集、整合和分析。拓宽运用数字技术的登录和查看主体，使多元主体能够在线同时协作处理环境数据工作，有效缩小环境保护中的信息差，使管理过程更具开放性并降低管理环境的时间成本、提升环境管理的效率和生态环境资源利用率。

污染治理阶段主要是面向生态环境受到损害后的修复和治理阶段。出

---

① 陈晓庆、张斌峰：《试论法律价值逻辑》，《湖北大学学报》（哲学社会科学版）2019 年第 5 期。

② 张文显：《法理学（第五版）》，高等教育出版社，2018。

现环境污染问题后，数字技术能进行高效率的工具运用和智能分工。在这个阶段，由于污染物在环境中的特点是扩散快、传播力强、具有隐蔽性等，生态环境的修复具有紧迫性，^① 生态环境急需通过人为手段遏制污染蔓延，而数字经济背景下供给高效率的修复工作能恰如其分地满足生态环境治理所需。从工具上来看，环境监测智能设备等将收集的环境数据实时传输至云端储存并初步处理，工具的智能化和自动化可缩短生态环境修复时间，避免了传统人工现场因察看污染情况而损耗的挽救时间。从分工角度来看，数字技术的出现，使其与人工之间的工作范围获得更合理和高效的分工。协作在分工的基础上提高社会生产力，使协作生产力具有广阔的发展优势。^② 数字技术和设备成为人们对环境感知的感官，而人们从能被数字技术替代的工作中解放出来，处理更高级、更复杂的工作，以最少的资本、资源和最快的处理速度获得环境保护的最大产出。因此，从预防环境污染的环境管理模式以及污染出现后的修复治理阶段的数字工具和智能分工来看，数字经济的高效性为生态环境保护提供了辩护理由。

（三）利益维度

数字经济对保护生态环境所维护的公共利益有正向的促进功能。耶律内克认为利益是一种离不开主体与客体之间所存在的某种关系的价值形成，是被主体获得或肯定的积极的价值。^③ 生态环境具有典型公共物品的特征，公共物品的非排他性使受益者是多数公众，那么保护生态环境具有维护公共利益的属性。

数字经济背景下从两方面促进生态环境保护所维护的公共利益。首先，通过数字技术助推生态环境数据信息公开。信息公开原则是我国《环境保护法》的一项基本原则，信息公开有助于维护公共利益。数字经济的发展必然使数据和数字技术得到广泛应用，也为保护生态环境提供重要的支持。数字技术可以协助政府、企业和公众更加全面、准确地了解生态环境的状况，为制定科学的环保法律和政策提供支持。通过数据采集和分析，协助相关部门更加全面地了解生态环境状况。例如，利用遥感卫星技

---

① 张馨元：《〈民法典〉生态环境修复责任条款：价值、困境及优化》，《知与行》2023年第1期。

② 周清香、何爱平：《数字经济赋能黄河流域高质量发展》，《经济问题》2020年第11期。

③ 陈新民：《德国公法学基础理论》，山东人民出版社，2001。

术获取空气、水、土壤等方面的数据，可以及时了解环境污染情况，制定相应的环保政策。同时，通过大数据技术分析环境数据，可以更加准确地预测环境污染的发生，提前采取有效的措施。政府和企业可以通过数字技术公开相关环保数据，让公众了解环境污染的情况，提高公众对生态环境保护的认识和关注度。其次，通过网络这一数字经济的载体，使公众参与生态环境保护事业。公众参与是我国《环境保护法》的另一项基本原则，政府和社会组织通过现代信息网络平台展开环保教育活动，如专题讨论与有奖问答等，增强公众的环保意识和觉悟，使公众意识到生态环境保护和可持续发展是关乎每个人及其子孙生息的事业。公众亦可通过信息网络平台监督政府治理环境的行政行为，举报环境违法行为等。利用网络这一数字化、智能化和信息化的平台，纳入环境治理中的多元主体，使其协同参与生态环境保护工作，政府聆听多方主体的环境保护建议，公众获得幸福感。数字经济背景是生态环境保护工作事半功倍的科技支持，数字经济维护公共利益与生态环境保护具有协同性，应推动数字经济在环保领域更深入和广泛地应用，促使生态环境保护公共利益的最优实现。

因此，数字经济是建设我国生态环境保护体系的新型关键要素，是我国生态环境保护加速发展的助推器，数字经济既能成为生态效益提升的新动能，也能成为惠益经济效益的新助力。研究数字经济支撑生态环境保护的法治逻辑，为数字经济下生态环境保护的法治完善提供理论路径，有助于为下一步制定数字经济与生态环境保护协同推进的有关政策和法律做铺垫。

四 数字经济下生态环境保护的法治完善方向

（一）建立数字经济下生态环境保护的法治体系

生态环境保护是实现生态文明的必经之路，国家对生态环境保护越来越重视，但数字经济这种新业态的新经济发展模式出现迅速且发展迅猛，在此背景下，数字经济下生态环境保护最需要的是建立严密的法治体系。《法治政府建设实施纲要（2021-2025 年）》中就提出"及时跟进研究数字经济、互联网金融、人工智能、大数据、云计算等相关法律制度，抓紧补齐短板，以良法善治保障新业态新模式健康发展"。数字经济下生态环境保护应当以《宪法》中国家保护和改善生态环境的思想为根本遵循，以环境保护领域诸多法律文件为中心，以涉及生态环境保护的规范性文件和政策为依据，建立数字经济生态环境保护的完整法治体系。在调整对象上强调保护生态环境的数字经济背景，所以数字经济的生态环境保护法治体系构建可以从立法理念和立法布局两个方面切入。

第一，融合数字经济和生态环境保护的特点，确立数字经济下生态环境保护的立法理念。数字经济的特点是虚拟化、流动化、融合化，[①] 生态环境保护以遵循可持续发展、绿色原则等为旨归。数字经济下产生的新技术、新业态和新模式快速渗透至环保领域，生产要素、生产方式等发生新的变化，不仅要立足实际，顺应数字经济带来的新型法律主体和法律关系，也要缓慢地"螺旋上升式"立法，既要处理好政府执法与市场调节之间的关系，也要处理好支持数字经济生态环境保护的发展与规制监督的问题。所以，可以在政策中对数字经济下生态环境保护的主体与客体、权利与义务、法律责任与监督等予以确定，构建新经济模式下的法治保障体系。比如，在立法目的中要兼顾数字经济和生态环境保护两方面，强调二者的共通性，如实现高质量发展、可持续发展，促进数字经济与实体经济融合等；在基本原则上，可以着重突出信息公开、公众参与等。2023 年 3 月国家能源局发布《关于加快推进能源数字化智能化发展的若干意见》的基本原则中就包含数字赋能、融合创新等。此外，针对现行不适合新业态的法律法规和其他规范性文件或具体法律条文，要做出修改或废止的反馈，防止"老法管新事"的现象出现。

第二，数字经济下生态环境保护的立法布局现阶段应以政策性文件为主，在环境法制定契机下在其中确立原则性规定，辅以适宜时机修订环境单行法律。虽然我国在应对立法的问题上，保持对新生事物法治化的态度，如有学者认为针对应对气候变化应当制定《应对气候变化法》，[②] 但在数字经济下生态环境保护问题上，不适宜制定专门法。首先，这是由于数字经济发展较快，数据海量倍增，数字技术更新迭代迅速，而法律的制定一直保持着谦抑和谨慎的态度。如在我国环境法律体系中，《中华人民共和国黑土地保护法》属于出台速度较快的法律，从颁布草案到二次审议稿

---

① 刘权：《数字经济视域下包容审慎监管的法治逻辑》，《法学研究》2022 年第 4 期。
② 常纪文、田丹宇：《应对气候变化法的立法探究》，《中国环境管理》2021 年第 2 期。

再到最终的法律文本颁布仅用了 6 个月的时间，然而，6 个月在数字经济背景下仍显得时间跨度长，法律颁布时也未能匹配当下数字经济的发展进程，因而现阶段不适宜制定专门法律。其次，在制定环境法的立法契机下，宜将数字经济下生态环境保护的原则性规定纳入其中，制定基础性与宏观性的法律条文，如国家支持和鼓励数字经济在生态环境保护中的应用等。最后，适宜的立法方式是通过国务院或其部门颁布意见等政策性文件，实现快速立法及形成有法可依的局面。如 2019 年 12 月农业农村部和中央网络安全和信息化委员会办公室印发《数字农业农村发展规划（2019—2025 年）》，有效推动农业农村管理服务智能化、乡村治理数字化。再如，2023 年 3 月国家能源局关于《加快推进能源数字化智能化发展的若干意见》，推进数字技术与实体经济深度融合，数字赋能传统产业智能化转型升级。国家发布政策性文件的方式在功能上可填补未立法领域的空白，在价值上可实现规制内容政策化，最后在已有政策性文件的指导下，可将一些成熟领域的规定上升至法律层级，并将其归纳至现有的环境单行法中。

（二）确定数字经济下生态环境保护的法治建设重点领域

数字经济下生态环境保护属于新业态、新模式，因此在法治建设中应当重点关注二者结合的关键领域。在明确法治建设重点领域的基础上，再讨论各个领域中的法律规则细化的问题。

第一，生态环境数据的多向公开与共享机制。数据的公开与共享的目的是打破"数据孤岛""数据壁垒"的困局，促进数字资源被最大化利用，是保障公共利益的便捷途径。首先，政府部门在其对外公开数据的网络平台上设置两种数据开放模式，一种是完全公开的数据，如生态环境的法律法规、政策性文件等；另一种是仅对企业或个人开放的数据，如城市基础设施布局或档案信息等。公开数据的模式和程序需要简便，适合大多数公众操作查看，不能以需要特别授权等理由拒绝向公众公开。其次，政府部门之间也应当实现数据共享。若政府部门之间信息数据交流途径不通畅，即使申请到数据信息，也只是其中一部分，申请数据公开还会浪费大量时间，影响政府的工作效率。可以推进政府数据信息共享网络平台、共享标准的建设，设置政府内网，保障公务人员无差别在内网查看和下载数据，实现政府部门之间的数据共享共用。在实现数据共享便利的同时，应当做到数据点击"留痕"，利用数字科技能够在网络后台保存点击过该数据的IP地址及登录账号信息，该措施可以有效防止数据在后续使用和处理中发生泄露，即使发生数据泄露，也可通过查看"留痕"锁定可能泄露数据的主体范围。企业不仅能从政府部门便利地获取数据信息，也应当向政府部门提供数据信息，实现数据共享的良性循环。有学者提出，企业可以为公共利益的实现而设立数据访问权，[①] 企业数据公开能够促进公共利益的实现，企业的数据信息不仅有利于政府的决策和治理，也有利于政府利用数据实现市场监管。比如，社会上存在很多环保公司、环境监测公司，其在工作中掌握了大量的生态环境数据，可以构建定期向政府部门共享不涉及商业机密的信息的法律机制。生态环境数据的公开与共享既需要政府部门提供便利的数据公开机制，也需要政府部门之间消除"数字鸿沟"，更需要企业向政府部门提供惠益公共利益的共享数据。

第二，生态环境数字信息的监管机制。数据泄露导致损害公众的财产利益是数字经济背景下的一大安全威胁，在数字经济背景下数据具有高度开放和获取的水平，这使得数据安全的保护也成为一个重要的法治问题，针对数据安全应当完善监管机制。首先，应当确定监管的责任主体。为了防止"多头治理"和责任推诿导致无人治理的现象出现，应当明确数据发生泄露和不当使用时的监管主体，并依据数据所属的生态环境要素类别，确定监管的主管单位。如，林业和草原方面的数据应当由当地林业和草原局负责保护和监管，在未出现数据泄露前，各个主管部门要做好常态化预防措施，防止出现数据泄露的风险。当发生数据泄露情况时，若泄露发生于监管单位，则监管单位有必要进行说明，若发生在其他单位主体的查看和使用过程中，则监管单位须通过"留痕"技术找到数据泄露主体并要求其承担责任。其次，应当从被动的事后监管转向常态化监管模式。已发生数据泄露的其监管不具有预防问题再次发生的优势，依然有数据泄露的可能性，在构建生态环境数据的监管制度时应当强调实行常态化监管模式，以确定的监管责任主体，实施具体监管工作，重视事故发生前的预防监管工作，如政府发布监管的标准、指南等，指引市场主体行为自律，形成事前预防、事中指导、事后持续监管的数字信息监管体系。

第三，构建数字经济生态环境保护的协同高效治理格局。党的十九大

---

① 周樨平：《大数据时代企业数据权益保护论》，《法学》2022年第5期。

报告中提出，构建政府为主导、企业为主体、社会组织和公众共同参与的环境治理体系，这表明我国进入多元主体协同治理生态环境的发展阶段。在数字经济背景下，构建政府、企业、平台、公众多元主体参与和协同高效的生态环境治理格局，以合力形成生态环境良性保护与发展的局面，维护生态系统平衡。首先，构建政府高效履行职责的机制。数字经济快速发展是推动政府职能转变优化的契机，《国务院关于加强数字政府建设的指导意见》中提到要全面建设数字法治政府，而传统意义上的政府与数字法治政府的最大差别在于，后者能及时向社会公众发布公告、反馈意见，利用数字技术促使政府简化办事和审批流程。可以搭建全国生态环境信息中心网络平台，公众可以通过该平台在线查询生态环境的基本信息、在线举报投诉发现的污染生态环境的问题以及查询关于生态环境司法审判的文书和判决等；政府能够在网上处理行政事务，以数字技术保障职责高效履行。其次，企业在数字经济背景下也能为生态环境治理提供更高的价值。环保企业从科学维度深入生态环境的基础性研究，重点围绕生态环境数字化、智能化的科技创新展开体系化研究，力争生态环境数字化创新；企业与科研院校共同探索数字技术在生态环境领域的应用，深入推进产学研融合；加强国际科研合作，提升中国生态环境治理国际话语权，使科学研究和科技应用双向促进，互利共生。最后，公民是数字经济下生态环境治理的最小参与主体，利用数字技术拓宽公民参与生态环境治理的渠道、完善公民举报监督的数字途径，并给予公民合理回应。公民在利用数字技术建言献策的同时，也要注重个人信息的保护，提高数据权利意识。数字经济背景下生态环境保护治理不仅要发挥行业组织的治理优势，也要引导公众在生态环境数字治理中的广泛参与，使公民践行绿色消费和出行方式，构建以政府为主导、以企业为主体、公众参与的共享共建环境治理格局。

五　结语

数字经济是我国生态环境保护加速发展的助推器。在科技维度上，通过科技赋能促进环保产业结构调整和治理效率提高，利用数字科技，集数据获取、传输、分析和评价于一体，使环境全过程管理、环境执法、环境应急等更智慧、科学。在价值维度上，以效率为首要价值，贯穿污染预防和污染治理全过程，前者从环境管理模式出发，后者则重点体现在生态环境修复工具与分工上。在利益维度上，生态环境公共物品的属性决定了数字经济下的生态环境保护也隶属公共利益范畴。针对数字经济下生态环境保护的法治建设，在立法理念上结合数字经济的虚拟化、流动化、融合化特点和生态环境保护的可持续发展、绿色原则的旨归。在立法布局上，以政策性文件为主，在环境法制定契机下在其中确立原则性规定，辅以适宜时机修订环境单行法律。生态环境数据的多向公开与共享机制、生态环境数字信息的监管机制和构建数字经济生态环境治理的协同高效格局三方面，成为目前重点建设的法治领域。

涉个人信息犯罪之刑事治理体系建构

——类型化法益观之进路选择[*]

孔杏如　于嘉仪[**]

摘　要： 数字时代，涉个人信息犯罪的刑事治理面临理论与实践的双重桎梏，理论上个人信息的内涵和外延尚未明晰；实践中涉个人信息犯罪的不同罪名之间缺乏衔接与协调，导致适用混乱。在法秩序统一的视域下，应严格区分个人信息与个人数据等概念，厘清个人信息的内涵与外延，进而构建科学完善的个人信息分级分类保护体系。在类型化思维的指引下，建构个人信息分级分类保护原子核式结构模型，根据人格尊严和人格自由对个人信息吸引力的强弱，将个人信息划分为生物识别信息、私密信息和一般直接识别性信息内、中、外三层。在此基础之上，侵犯公民个人信息罪的法益应当采取混合法益观，具体为类型化法益观，即内层生物识别信息对应信息安全法益，中层私密信息对应受限制的个人信息自决权与信息安全法益，外层一般直接识别性信息对应个人信息自决权法益。通过对每一层级对应的法益进行独立判断，采取不同的定罪量刑标准，共同构建起层次清晰、协调连贯的涉个人信息犯罪刑事治理体系。

关键词： 涉个人信息犯罪　个人信息　刑事治理　类型化法益观

新一轮科技革命和产业变革正如火如荼地开展，人类社会已正式迈入

---

　* 基金项目：本文系国社科重点课题"以'共建共治共享'为导向的刑事政策现代化研究"（22AFX009）的阶段性研究成果。

** 孔杏如，中国政法大学刑事司法学院硕士研究生，主要研究方向为刑法学；于嘉仪，中国人民大学法学院博士研究生，主要研究方向为刑法学。

数字化转型时代，"大数据""数字经济""信息社会"亦成为当下时代发展的鲜活标签。2021 年 10 月 18 日，习近平总书记在中共中央政治局第三十四次集体学习时强调，数字经济发展速度之快、辐射范围之广、影响程度之深前所未有，正在成为重组全球要素资源、重塑全球经济结构、改变全球竞争格局的关键力量。① 据统计，截至 2022 年底，我国网民人数已达 10.67 亿，形成全球规模最大的网络社会。② 与此相应，数字经济下人类通过社会交往产生的大量个人信息，在带来社会发展红利的同时，也难免遭受风险与挑战，衍生了一系列侵犯、滥用个人信息的违法违规行为，人肉搜索、AI 换脸诈骗、信息盗取与滥用等案件层出不穷。个人信息的保护和利用成为热点话题，个人信息保护"箭在弦上，不得不发"，涉个人信息犯罪的刑事治理问题是数字社会建设的重要议题，亟须构建全方位、多层次的涉个人信息犯罪刑事治理体系。

一 涉个人信息犯罪刑事治理体系之困境检视

在刑事法领域，个人信息立法体系存在体系化不足的弊端，无论是对公民个人信息的源头保护还是对涉个人信息犯罪的终端惩治，均无法发挥应有效用。究其原因，涉个人信息犯罪的刑事治理面临着理论与实践的双重掣肘，一方面，理论上对涉个人信息犯罪的问题域缺乏清晰界定；另一方面，实践中对涉个人信息犯罪的罪名群缺乏协调衔接。如何构建结构清晰、内容完善的涉个人信息犯罪刑事治理体系，实现对个人信息的整全保护，是数字时代不可回避的重要课题。

（一）理论困境：涉个人信息犯罪探讨的问题域不清

立足涉个人信息犯罪刑事治理的视角，对个人信息的内涵和外延的合理界定是构建科学的涉个人信息犯罪体系的根本前提。而作为涉个人信息犯罪问题域的个人信息，并未界定清晰的内涵和外延，既有理论往往忽视个人数据、个人信息等不同概念之间存在的本质区别，缺乏精细化的标准划分，试图将一套公式生硬地套用在本质不同的概念上。这不仅无助于把握事

---

① 参见《习近平总书记指引我国数字经济高质量发展纪实》，《中国网信》2022 年第 4 期。

② 参见国务院新闻办公室于 2023 年 3 月 16 日发布的《新时代的中国网络法治建设》白皮书。

物本质以及划清概念边界，还可能造成概念适用的混乱与冲突。这主要体现在：一是个人信息的范畴模糊不清；二是个人信息内部的分级分类仍存在完善的空间。此外，在个人信息内涵和外延不清的情况下，涉个人信息犯罪的法益厘定也必然存在交叉混淆。概念与问题域的合理划定不仅可以对体系内部的构建发挥指引功能，还可以起到衔接体系内部与外部的作用。

1. 个人信息范畴划定不清

个人信息的范畴划定主要体现在合理确定个人信息的外延上，然而作为确立个人信息外延标准的"可识别性"特征面临适用难题。通过梳理个人信息保护法律体系的相关规定，可以看出个人信息的边界呈现扩张态势。作为个人信息保护专门性规定的起点，2012 年《关于加强网络信息保护的决定》（以下简称《决定》）将个人信息初步划分为"身份识别性信息"和"个人隐私性信息"两大类。① 次年"两高一部"联合发布的《关于依法惩处侵害公民个人信息犯罪活动的通知》在《决定》的基础上对个人信息进行了细化，但并未进行实质上的边界扩张。② 2016 年《中华人民共和国网络安全法》（以下简称《网络安全法》）出台，个人信息的概念范畴首次明确并向外延伸，以"身份上的可识别或结合识别"为认定标准，③ 将"隐私性"从认定标准中剥离，在法律层面确认了个人信息与个人隐私并不等同这一结论。2017 年两高联合发布的《关于办理侵犯公民个人信息刑事案件适用法律若干问题的解释》（以下简称《解释》）在《网络安全法》规定的基础上，进一步扩大了个人信息的范畴，④ 不仅包括身份上具有可识别性的信息，还包括反映特定自然人活动情况的信息，这反映出立法旨在对公民个人信息确定尽可能周延的保护范畴。《中华人民共

---

① 《关于加强网络信息保护的决定》第 1 条规定：国家保护能够识别公民个人身份和涉及公民个人隐私的电子信息。

② 《关于依法惩处侵害公民个人信息犯罪活动的通知》（公通字〔2013〕12 号）规定：公民个人信息包括公民的姓名、年龄、有效证件号码、婚姻状况、工作单位、学历、履历、家庭住址、电话号码等能够识别公民个人身份或者涉及公民个人隐私的信息、数据资料。

③ 《网络安全法》第 76 条第 5 项规定：个人信息是指以电子或者其他方式记录的能够单独或者与其他信息结合识别自然人个人身份的各种信息，包括但不限于自然人的姓名、出生日期、身份证件号码、个人生物识别信息、住址、电话号码等。

④ 《最高人民法院、最高人民检察院关于办理侵犯公民个人信息刑事案件适用法律若干问题的解释》第 1 条规定：刑法第 253 条之一规定的"公民个人信息"，是指以电子或者其他方式记录的能够单独或者与其他信息结合识别特定自然人身份或者反映特定自然人活动情况的各种信息，包括姓名、身份证件号码、通信通讯联系方式、住址、账号密码、财产状况、行踪轨迹等。

和国民法典》（以下简称《民法典》）将个人信息的概念范畴进行了整合，[①] 统一适用"可识别性"的标准，而不限于识别身份信息或其他信息，个人信息的概念范畴更为宽泛。2021 年出台的《中华人民共和国个人信息保护法》（以下简称《个人信息保护法》）可谓我国对个人信息进行保护的里程碑，其首次采用"识别性+关联性"的标准界定个人信息，识别性强调通过信息定位自然人，即通过信息可以确定特定自然人，并在《民法典》界定的基础上采用排除式规定进一步细化，[②] 将经匿名化处理的信息排除，也正是对"可识别性"特征的反向证明；关联性强调通过与自然人的关系定位信息，即该信息要与特定自然人有关。不难发现，在"识别性+关联性"的标准中，识别性是核心要素，是对信息的初次筛选；而关联性是在具有识别性信息的基础上的二次筛选，因而"识别性"的界定直接决定了个人信息的范围的广度。

随着数字时代到来，识别性标准面临着前所未有的冲击。一方面，在诸如"用户画像""算法推荐"等涉个人信息自动化决策中，将用户浏览偏好、订单信息、购买记录等进行类型化处理后进行推送的行为中经脱敏处理的信息已经突破识别性标准的界限，识别性受到场景化的桎梏。另一方面，大数据时代下每个人都是"透明"的，每个人都难逃数字化的洪流，人们的一切日常行为都被信息技术所记录。对获取的用户零散的记录进行整合分析后，原本很多不具有识别性的信息也可能具有识别性，可识别性与不可识别性存在转化的可能性，而容纳上述信息会产生个人信息无限膨胀，进而存在架空可识别性标准的风险。[③] 此外，有学者指出，"在《网络安全法》等其他部门法和相关规范陆续建立的背景之下，刑法应当回归本源地位，公民个人信息保护应当由'刑先民后'变更为'民先刑后'，最关键的做法就是公民个人信息的刑法概念和行政法概念的统一"。[④] 这种认为刑法对个人信息的保护依附于前置法规定的观点加剧了个人信息范畴的模糊与混乱现状。

---

① 《民法典》第 1034 条第 2 款规定：个人信息是以电子或者其他方式记录的能够单独或者与其他信息结合识别特定自然人的各种信息，包括自然人的姓名、出生日期、身份证件号码、生物识别信息、住址、电话号码、电子邮箱、健康信息、行踪信息等。

② 《个人信息保护法》第 4 条规定：个人信息是以电子或者其他方式记录的与已识别或者可识别的自然人有关的各种信息，不包括匿名化处理后的信息。

③ 高志宏：《数字经济时代个人信息的识别标准及规范续造》，《社会科学辑刊》2023 年第 2 期。

④ 李怀胜：《公民个人信息保护的刑法扩展路径及策略转变》，《江淮论坛》2020 年第 3 期。

2. 个人信息分级分类有待完善

个人信息的分级分类可以理解为对个人信息内核进行的序列化整理，以实现对个人信息的差别保护。目前的相关法律规定对个人信息主要分为以下几类：一是《民法典》将个人信息划分为私密信息和非私密信息两类，其中私密信息适用隐私权的规定，非私密信息适用有关个人信息保护的规定。[①] 二是《个人信息保护法》区分了一般信息与敏感信息，并对敏感信息适用更为严格的处理规则。[②] 三是《解释》作为侵犯公民个人信息罪适用的重要参照，也对个人信息进行分类，其规范目的是区分涉案信息的重要性，将个人信息划分为敏感信息、重要信息和一般信息，对不同信息在定罪量刑中的数量要求存在差异。[③]

整体来看，个人信息的分级分类主要存在以下问题：其一，从宏观上看，相关规定看似已对个人信息作出分级或分类，实际上仅表明了法律保护的侧重，从"私密"与"非私密"、"敏感"与"非敏感"、"重要"与"一般"等语词的描述便可以推知法律保护的优位性，而尚未形成系统的分级分类体系。其二，从微观上看，分级的标准主观且宽泛，例如对"敏感"的界定并不取决于信息的客观属性，不同的信息主体对敏感的界定并不相同，这便会导致实践中对敏感信息的外延扩张，该分级模式存在被架空的风险。[④] 因此，对个人信息构建一个科学的分级分类体系势在必行，合理分级以实现信息保护的强度区分，细化分类以增强实践的可操作性。

3. 涉个人信息犯罪的法益交叉重合

目前个人信息的性质和类别并未得到妥善厘定，有学者采取"大数据"观念，亦有学者采取"大信息"观念，在行为对象尚不清晰的基础上探讨涉个人信息犯罪的法益，固然会造成法益定位不清、重叠交叉的乱象。就侵犯公民个人信息罪的法益而言，理论界就存在个人法益观、超个人法益观、复合法益观、混合法益观等观点分野。其中，个人法益观又包括人格权说、人格利益和财产利益说、个人信息自决权说、个人信息权说

---

① 《民法典》第 1034 条第 3 款规定：个人信息中的私密信息，适用有关隐私权的规定；没有规定的，适用有关个人信息保护的规定。

② 《个人信息保护法》第二章第二节专门规定了敏感个人信息的处理规则。

③ 王思衍：《个人信息类别与侵犯公民个人信息罪的司法适用——以个人信息保护法的新规为切入点》，《江苏警官学院学报》2022 年第 6 期。

④ 高志宏：《数字经济时代个人信息的识别标准及规范续造》，《社会科学辑刊》2023 年第 2 期。

等主张；超个人法益观又包括公共信息安全说、信息管理秩序说、信息专有权说等观点。然而，理论界的主流观点认为，诸如包括非法获取计算机信息系统数据罪在内的数据犯罪的法益是超个人法益，又细分为计算机信息系统安全、数据安全等不同学说。不同犯罪对于法益的同一内容保护存在交叉重合，导致不同犯罪无法仅根据法益进行有效区分。

（二）实践困惑：涉个人信息犯罪的罪名群适用不清

笔者以"公民个人信息"为标题，选取刑事案由，在北大法宝数据库共检索到 14134 篇裁判文书，[①] 可见涉个人信息犯罪无疑是司法实务中的热点问题。据统计，涉案数量的前三类犯罪分别是侵犯公民人身权利、民主权利罪，侵犯财产罪，妨害社会管理秩序罪（见图 1）。其中，侵犯公民人身权利、民主权利罪中涉案罪名前三位分别是侵犯公民个人信息罪、非法获取公民个人信息罪和出售、非法提供公民个人信息罪；侵犯财产罪中涉案罪名前三位分别是诈骗罪、盗窃罪和敲诈勒索罪；妨害社会管理秩序罪中涉案罪名前三位分别是非法获取计算机信息系统数据、非法控制计算机信息系统罪，提供侵入、非法控制计算机信息系统程序、工具罪和破坏计算机信息系统罪。

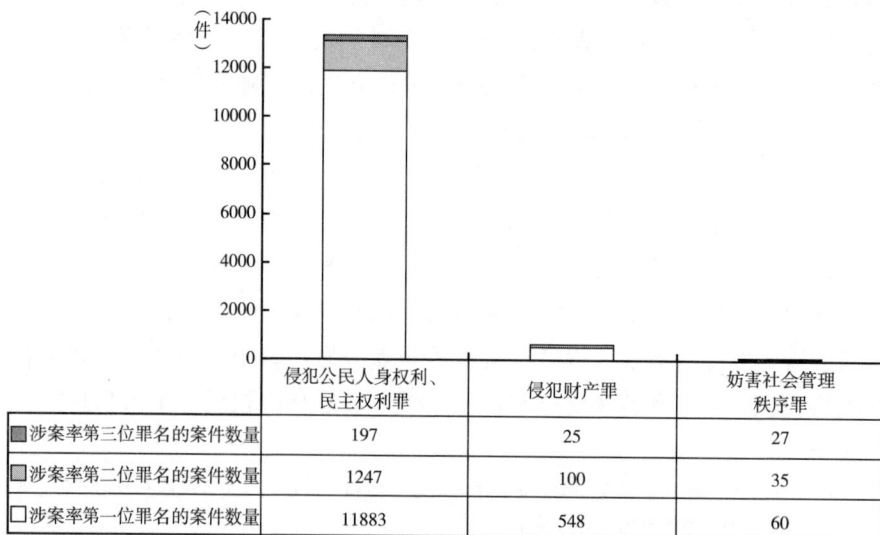

	侵犯公民人身权利、民主权利罪	侵犯财产罪	妨害社会管理秩序罪
■ 涉案率第三位罪名的案件数量	197	25	27
▨ 涉案率第二位罪名的案件数量	1247	100	35
□ 涉案率第一位罪名的案件数量	11883	548	60

图 1 涉个人信息犯罪主要罪名案件数量统计

---

① 北京大学法宝数据库，www.pkulaw.com。

对涉个人信息犯罪罪名群的适用，涉及对个人信息与个人数据、个人隐私等相关概念的理解，也关乎对侵犯公民个人信息罪法益的解读。目前，司法实践所暴露的问题表明实务界并未明晰个人信息的性质，混淆了个人信息与个人数据、个人隐私的关系，亦未厘清侵犯公民个人信息罪的法益，致使涉个人信息犯罪的刑事治理脉络尚不清晰，造成种种实践乱象。主要表现在以下两方面。

其一，就涉个人信息犯罪的行为对象而言，实践中存在个人信息与个人数据、个人隐私等相关概念混淆使用的现状。例如，笔者以"个人信息数据"为关键词进行全文检索，并选取刑事案由，共检索到599篇裁判文书，① 足以说明司法实践中有些法院并未厘清个人信息与个人数据的关系，将二者并列使用，进一步导致对信息犯罪与数据犯罪产生混淆。再如，在"欧灿辉、汤小宾等侵犯公民个人信息案"② 中，法院将涉案的实名制手机号码认定为公民个人信息的原因之一是其符合隐私性的特征，反映出实践中也确有法院未明确个人信息与个人隐私之间的关系，以隐私性为个人信息的特征，简单地将个人信息等同于个人隐私，或者认为二者是包含与被包含的关系，个人信息的性质尚未清晰，同时也反映在实践中会延续民刑概念混用的问题。

其二，就涉个人信息犯罪的法益而言，实践中存在对侵犯公民个人信息罪法益观的误读。笔者以"侵犯公民个人信息罪"为案由，分别以"法益"和"客体"进行全文检索，经归纳发现有法院将隐私权作为侵犯公民个人信息罪的法益，如"黎某1、沈某侵犯公民个人信息罪"一案③；也有法院将侵犯公民个人信息罪的法益认定为公民隐私权和社会秩序，如"姚某侵犯公民个人信息罪"一案④；还有法院将公民人格尊严和个人信息自由作为侵犯公民个人信息罪的法益，如"方某侵犯公民个人信息罪"一案⑤；亦有法院认为侵犯公民个人信息罪的法益为公民个人身份信息的安全和公民身份的管理秩序，如"徐浩然、原一明侵犯公民个人信息罪"一

---

① 北京大学法宝数据库，www.pkulaw.com。
② 参见（2021）赣11刑终104号刑事裁定书。
③ 参见（2019）川13刑终244号刑事裁定书。
④ 参见（2020）鲁02刑终127号刑事裁定书。
⑤ 参见（2019）沪01刑终98号刑事裁定书。

案①；等等。不难发现，司法实践对侵犯公民个人信息罪的法益也仍争驳不定，这不仅导致该罪法益适用不清，还会产生该罪与相关罪名认定上重合、交叉的乱象。

基于以上问题，本文一方面准确界定行为对象个人信息的内涵和外延，旨在厘清个人信息与相关概念的关系，在法秩序统一视域下确定个人信息的边界，并构建科学合理的个人信息分级分类保护体系；另一方面厘清侵犯公民个人信息罪的保护法益，采取与个人信息分级分类体系相协调的类型化法益观，并阐释涉个人信息犯罪相关罪名的司法适用，以期为涉个人信息犯罪的刑事治理提供指引。

二 涉个人信息犯罪行为对象之准确界定

（一）行为对象外延：法秩序统一视域下个人信息边界之确定

毋庸置疑，涉个人信息犯罪的行为对象是个人信息。但个人信息为何，个人信息与个人隐私、个人数据的关系为何，刑法是否应与前置法保持一致认定等相关问题还未得到解决，这些问题的答案与涉个人信息犯罪行为对象外延的确定息息相关。

1. 个人信息基本概念之匡正

第一，个人信息不等于与个人有关的信息。根据现有规定，《个人信息保护法》采取"识别性＋关联性"的标准对个人信息作出界定。这意味着个人信息不能简单与个人有关的信息画等号，还要求具有识别特定的自然人的功能。《民法典》将可识别性具体划分为直接识别和间接识别两类，即前者能够单独指向特定自然人的信息，后者与其他信息结合后识别特定自然人的信息。然而，间接识别的标准实际上会导致不具有直接识别性好个人无法单独识别特定自然人的信息与其他信息结合后可能被纳入个人信息范畴，个人信息边界不断扩张，可识别性无法真正发挥确定个人信息外延的功能，最终导致个人信息与个人数据区分困难。此外，在大数据时代，经过特定技术处理后，可识别信息和不可识别信息之间可以相互转化，任何匿名信息、经脱敏处理的信息与其他信息相结合都可能成为可以

---

① 参见（2021）豫 01 刑终 227 号刑事裁定书。

识别特定自然人的信息，以可识别性为个人信息的认定标准已然受到冲击。因此，为避免可识别性标准陷入僵化境地，关于刑法语境下的个人信息认定，笔者主张排除间接识别标准，而以直接识别标准认定个人信息。将个人信息限定为能够直接识别特定自然人的信息，既包括信息内容直接指向特定自然人，也包括由技术手段根据信息定位至特定自然人，以及由上述一项或多项信息结合而成的信息串。[①] 同时，将仅具有间接识别性的内容以及不具有识别性的各种符号形式纳入个人数据的范畴。

第二，个人信息具有人格和财产的双重属性，个人对人格权益享有专属权，而对于财产权益不享有专属权。有学者认为，个人信息不是专属于个人的信息，它向来为人们所共享，理由是个人信息的生产者不只是个人，而是个人和处理者。[②] 该观点没有区分看待个人信息专属权的问题，将个人信息权益的双重法律属性杂糅论述。个人信息能识别特定自然人，且与自然人密切相关，彰显人格要素中最基本的自由和尊严，影响该自然人的自我表征和个体评价，因此个人信息具有人格属性并无疑问。同时，个人信息还具有不可忽视的财产属性。一方面，从个人信息的本源上看，个人信息属于人格要素，而几乎所有的人格要素都具有财产属性，但受到社会秩序、公序良俗等限制，如生命、身体等人格要素原则上不能进行交易。另一方面，数字经济的迅猛发展成为对个人信息财产价值挖掘利用的催化剂，党的二十大报告和国家"十四五"规划均对数字经济的发展作出重要战略安排。在传统社会，个人信息仅具有识别和关联特定主体的价值，当人格权益受到侵犯时，往往通过隐私权以及其他人格权便可救济。进入数字社会，个人信息更多地被存储于互联网之中，大数据、算法技术完成了对个人信息的整合和分析，自动化技术实现了用户画像的精准定位，对信息处理者来说，个人信息有着不容忽视的巨大商业价值，这些例外被允许流通的信息只有在以分享为基础的社会场域中才有意义。[③] 综上，关于个人信息的双重属性，其中个人信息承载的人格权益是专属于个人的，不得转让、不得继承，当个人信息被侵害、被滥用时个人享有消极防御权；但对于其上的财产权益的实现不仅要依赖提供信息的个人，更要依靠信息处理者的劳动和技术转化，即个

---

①　靳雨露：《个人信息"控制—利用二元论"的提出及其制度优化》，《大连理工大学学报》（社会科学版）2022 年第 3 期。

②　贺彤：《安全作为个人信息保护的法益》，《财经法学》2023 年第 3 期。

③　梅夏英：《企业数据权益原论：从财产到控制》，《中外法学》2021 年第 5 期。

人是信息生产者，信息处理者是信息加工者，此时个人不享有专属权，因此个人信息是否专属于个人的问题应当一分为二地看待。

2. 个人信息与相关概念之厘清

第一，个人信息与个人隐私的关系。有观点认为不愿意为他人所知的信息是隐私，而不是个人信息。[①] 这并未清晰揭示个人信息与个人隐私的关系。从个人信息与个人隐私的基本特征上看，个人信息强调可识别性，注重通过信息内容定位至特定主体，是主体间进行社会活动和社会交往的基础；而个人隐私强调私密性，更加侧重保护特定主体不受侵扰，与社会生活划清界限，且《民法典》第六章的章节名也将隐私权与个人信息区分保护，证明二者并不相同。《民法典》第 1032 条第 2 款[②]对隐私作出界定，隐私涵盖私密空间、私密活动和私密信息三项具体内容，同时在第 1034 条第 3 款[③]中规定，个人信息中的私密信息部分，适用隐私权的规定。这意味着个人信息与个人隐私不存在包含与被包含的关系，同时隐私权中的"私密信息"与个人信息存在内容重合，可以成为涉个人信息犯罪的行为对象（见图 2）。

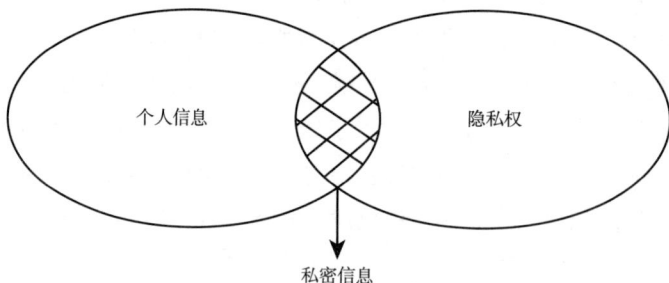

图 2　个人信息与个人隐私的关系

第二，个人信息与个人数据的关系。对于二者的关系，理论界存在一元论和二元论的分野。一元论是欧美个人信息立法模式的理论基础，其采取宽泛的个人信息概念，对个人信息和个人数据不加区分，例如欧盟《通

---

① 贺彤：《安全作为个人信息保护的法益》，《财经法学》2023 年第 3 期。
② 《民法典》第 1032 条第 2 款："隐私是自然人的私人生活安宁和不愿为他人知晓的私密空间、私密活动、私密信息。"
③ 《民法典》第 1034 条第 3 款："个人信息中的私密信息，适用有关隐私权的规定；没有规定的，适用有关个人信息保护的规定。"

用数据保护条例》（GDPR）中相关概念界定。同时在我国司法实践中，也经常存在个人信息和个人数据混用乃至并用的情形。而二元论对个人信息和个人数据加以区分。究其本质，个人信息与个人数据相互依托、互为一体，密不可分却又迥乎不同。一方面，密切联系体现在二者是内容和载体的关系，类似于水桶和水的关系（见图3）。个人信息关注内容，强调对特定主体的识别和关联；而个人数据是伴随数字信息化洪流诞生的概念，作为个人信息的一类新兴载体，个人数据扮演了促进信息流通和利用的角色，促进个人信息天然财产价值的发挥。另一方面，迥乎不同意味着二者不可简单相互替代，应当加以区分。个人数据的范畴更为广泛，个人数据将个人信息符号化，削弱了个人信息所内含的识别性和关联性特质，与具有直接识别性的个人信息不同，仅具有间接识别性以及经匿名化、脱敏处理等不具有识别性的各种符号形式归属个人数据范畴。对数据和信息采取严格的二分界定，不仅可以避免概念混淆造成的权利叠加和权利冲突问题，还可以针对不同形式采取不同的保护方法，实现概念内部以及概念之间的体系化协调。

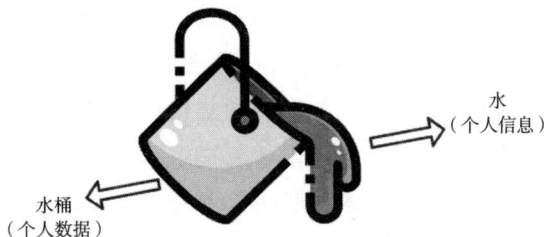

图3　个人信息与个人数据的关系

3. 法秩序统一视域下个人信息外延厘定

对现行个人信息保护相关法律体系进行审视，不难发现刑法与民法、行政法不同领域存在不协调、割裂的问题。而对于上述问题的解决，涉及对民刑、行刑关系的理解，在理论上则主要体现为违法一元论和违法相对论的分野。主张违法一元论的学者认为，应当严格遵循刑法的后置法地位，即刑法从属于民法，对刑法用语的理解应当与民法保持一致。然而，主张违法相对论的学者认为，刑法具有自身的独立性，基于不同的规范目的考量，刑法对法概念的解释、法益保护范围的确定等方面可以采取与民法不同的价值取向，进而得出不同的判断结论，也即刑法不依附民法而独立存在。

法秩序的统一并不排斥刑法的独立性，不要求刑法与前置规定完全一致，不同部门法之间可以产生价值判断的矛盾。[①] 因为整体法秩序的违法性判断是对不同部门法违法性判断综合之后的结论而非前提。因此，各部门法的价值判断结论无论是一致还是矛盾，都不会损害最终整体法秩序关于违法性的判断，是自下而上构建而成的产物。如果仅仅为了实现形式上的统一，就为各个部门法确立统一的标准，不仅与各部门法所担负的任务相悖，也使部门法分化显得毫无意义。不同部门法违法性与不同的伦理义务分别对应，不同部门法各自构成相对自治的领域，[②] 从而各司其职而相不干预。与此同时，综观法条也不难发现，民刑之间不同的概念界定不胜枚举，如生产、销售假药罪中的"假药"、信用卡诈骗罪中的"信用卡"等，而这恰恰与违法相对论所主张的不同部门法应具有不同之立法目的相契合。因此，违法相对论从本质上更加契合法秩序统一原理。

综观个人信息保护的法律规范体系不难发现不同部门立法有着不同的着重点。具体而言，民事侵权属于私人不法，行政违法属于合作者不法，而刑事犯罪则属于公民不法。而如果将刑法仅仅局限在前置法的讨论范畴之中，不仅混淆了部门法的学科界限，忽视了不同学科所具有的独特功能与固有的调整领域，[③] 而且未体现刑法学者的研究主动性。基于此，在个人信息的刑事认定方面，应根据刑法的规范目的考量，坚持刑法的独立性，探寻刑法功能性进路，科学限制入罪范围。

（二）行为对象内涵：个人信息分级分类保护路径选择

1. 分级分类保护的正当性证成：类型化思维方式

由于社会现实处于一种变幻不定的流动状态之中，封闭的概念体系不

---

① 喻海松：《"刑法先行"路径下侵犯公民个人信息罪犯罪圈的调适》，《中国法律评论》2022 年第 6 期。

② 张峰铭：《法秩序在何种意义上是统一的——对部门法交叉问题的前提性反思》，《东岳论丛》2022 年第 4 期。

③ 张峰铭：《刑法是后置法吗？——法域冲突问题之体系反思》，《法制与社会发展》2023 年第 4 期。

足以对生活现象及其彼此之间的意义关联进行充分掌握，如此便必须借助一种可以克服"分离式思维"指导下概念建构的弊端的方法论，[①] 以便对多变的社会现象进行建构性分析。正是借助类型这一工具，得以在抽象概念与具体事实之间构建起一座桥梁，避免使概念构建落入空洞化的窠臼，可以保留社会现象之间的意义关联，进而使构建起有意义关联的现象共同结合成共同图像。类型，主要是指某些具有共同特征的事物的集合体，融合了归纳和演绎两种双向思考方法，[②] 处于个别、直观、具体三者与抽象概念之间的中间地带。[③]

类型化思维最早由马克斯·韦伯提出，韦伯根据一定标准对社会形态进行逻辑归类，将不同发展阶段的社会形态划分为不同的类型，称之为理想类型。[④] 由于该思维方式具有诸多难以替代的优点，后经拉德布鲁赫、拉伦茨、考夫曼等众多学者的研究得以不断发展。衍生于概念思维的分类概念单一、平面，在其指引下划分的事物之间是非此即彼的状态，具有割裂整体、过度抽象、容易导致荒谬极端结论的弊端。然而，不同事物之间的过渡是流动、不确定的，[⑤] 为克服分类概念的弊端，应当提倡具有层级性的次序概念。[⑥]

在大数据时代随着技术革新，个人信息内涵和表现方式发生了根本变革，无法通过一以概之的方法进行种类的划分以及全图景式的把握。一方面，不同类型与具体的对象之间是相互开放、流动变化的，事物之间存在复杂的深刻的连接，不能用生硬的概念"高墙"阻碍对不同现象的进一步描述与刻画；另一方面，划分不同类型个人信息的标准要素可能存在重合，对于同一种要素而言，不同类型的个人信息仅仅可能呈现"或多或少"程度不同的差异，而不存在固定不变的要素比例，无法保证具有某一要素的对象全部无一例外地落入同一种类概念的"射程"之内。[⑦] 不同种类的个人信息不能做出非此即彼明确封闭的划分，平面、单义的概念思维

---

① 胡玉鸿：《韦伯的"理想类型"及其法学方法论意义——兼论法学中"类型"的建构》，《广西师范大学学报》（哲学社会科学版）2003 年第 2 期。

② 温华蕾：《类型思维与疑难案件中大前提的证立》，硕士学位论文，南京师范大学，2013。

③ 军法专刊编辑部：《法学上的类型及类型系列》，刘孔中译，《军法专刊》1987 年第 2 期。

④ 〔德〕马克斯·韦伯：《社会科学方法论》，杨富斌译，华夏出版社，1999。

⑤ 杜宇：《类型思维与刑法方法》，北京大学出版社，2021。

⑥ 陈兴良：《刑法教义学中的类型思维》，《中国法律评论》2022 年第 4 期。

⑦ 杜宇：《类型思维与刑法方法》，北京大学出版社，2021。

难以有效刻画个人信息保护的全景图像。正确的方法是运用类型化思维，在类型化思维指引下进行体系性构建，进而实现层级性强弱有别的个人信息保护，并通过类比与等置的方式确定每一层级的信息范围。

2. 分级分类保护体系的具体构建：以原子核式结构模型为起点

对个人信息的分级分类保护体系构建，可以类比原子核式结构模型，涉及原子核与其组成部分质子以及周围电子数关系的处理。人的理性本质包含了具有绝对价值的尊严，而这一内在价值没有任何等价物，它既不能妥协，也无从替代，不可被任何人放弃。[①] 从个体角度上看，涉个人信息犯罪所侵害的是具体个人的相关权利并无争议，但从人类维度上看，当特定个人的各类信息被视作商品进行流通，不仅侵犯信息主体的权利，实则侵犯人类整体不可让渡、不可侵犯的最基本的权利和自由。[②] 个人信息作为人格尊严和人格自由的一类表征，人格尊严和人格自由构成个人信息分级分类保护体系的核质子，其周围依靠吸引力控制着大量的电子（个人信息）。由于核质子对外延电子的吸引力根据距离远近存在强弱差异，从而形成不同的电子层面，越靠近核质子的电子层受控制的程度越强，即人格尊严和人格自由对其要求越严格，属于法律严格保护的信息；反之距离核质子越远的电子层，受到核质子的控制程度越弱，也就拥有更多自由发展的空间，法律予以一定程度的保护。当电子距离核质子距离过远，受核质子控制程度过弱的情况下还可能出现电子飞离现象，这些电子便是经过脱敏处理、不具有直接识别性的数据，可以不受限制地流通利用。故而为实现对个人信息科学、合理的保护，应根据人格尊严和人格自由对个人信息吸引力的强弱，区分对哪些信息予以严格保护，对哪些信息给予相对自由发展的空间，允许其在社会分工中进行流动分享，从而构建强弱有别的分级分类保护体系极为关键。

个人信息权利系统是涉及多方主体与多元利益的动态发展的集合。权利束结构既可以平衡权利系统中各个主体与各项利益的复杂关系，也能够有效应对数字社会革新带来的挑战。权利束由"束点"和"束棒"构成，

---

① 〔英〕丹尼斯·J. 贝克：《不被犯罪化的权利》，王晓晓译，社会科学文献出版社，2023。

② 劳东燕：《买卖人口犯罪的保护法益与不法本质——基于对收买被拐卖妇女罪的立法论审视》，《国家检察官学院学报》2022 年第 4 期。

其中"束点"是整个权利束的控制枢纽，调节"束棒"的数量与大小，进而控制整个权利系统的边界范围；"束棒"是权利束的重要组成部分，使原本各自独立分散的权利通过"束点"联结成"一捆权利"。① 前文所述，个人信息具有浓厚的人格属性和天然的财产属性，关涉信息主体和信息处理者的切身利益，因此个人信息分级分类保护体系的构建不可忽视对个人信息权利的科学配置，以缓和个人信息双重属性内部的紧张关系。借助霍菲尔德理论②，将个人信息权利束的"束点"定位于主张、自由、权利、豁免；根据个人信息的多元主体将"束棒"具体划分为信息主体所享有的以主张和自由为根基的信息自决权，主要包括请求权和支配权，以及信息处理者所享有的以权利和豁免为基石的信息收集利用权和豁免权。需要明确的是，"虽然个人信息具有商业价值与社会治理价值，但信息利用不能凌驾于信息自决这一价值理性原则之上，否则会产生目的理性构想侵蚀价值理性基石的危险结果"。③ 信息处理者的权利是一种不完全的权利，其衍生于信息主体的信息自决权，即信息处理者对个人信息的收集利用与豁免来源于信息主体的授予，在位阶上从属于信息主体所享有的信息自决权（见图4）。④

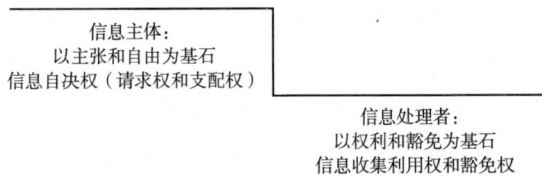

信息主体：
以主张和自由为基石
信息自决权（请求权和支配权）

信息处理者：
以权利和豁免为基石
信息收集利用权和豁免权

图4　个人信息权利束的位阶关系

---

① 周维栋：《个人数据权利的宪法体系化展开》，《法学》2023年第1期。

② 美国著名法学家霍菲尔德将法律关系划分为相反关系和相关关系，并提出了构成"法律的最小公分母"的8个法律概念，包括4对相对关系和4对相反关系。具体包括权利（right）、义务（duty）、特权（privilege）、无权利（no-right）、权力（power）、责任（liability）、豁免（immunity）、无权力（disability）。其中广义的权利关系包括权利（right）、特权（privilege）、权力（power）、豁免（immunity）。参见宋松宛《个人信息权的构建——基于霍菲尔德权利理论》，《西部学刊》2021年第13期。

③ 马永强：《侵犯公民个人信息罪的法益属性确证》，《环球法律评论》2021年第2期。

④ 袁俊宇：《个人信息的民事法律保护——以霍菲尔德权利理论为起点》，《江苏社会科学》2022年第2期。

概言之，个人信息分级分类原子核式结构模型是通过核质子（人格尊严和人格自由）对周围电子（个人信息）的吸引力，进而形成不同的电子层（相关发散信息的外延），划定了个人信息的基本范畴，严格保护受控制力强的相关发散信息，而给予受控制力较弱的相关发散信息以一定自由发展的空间，从内向外的延伸体现了由私人向社会的场域变化，为社会发展与个人交往设置了基本的"度"，有效实现了对个人信息强弱有别的保护。以人格尊严和人格自由为内核质子向外产生吸引力，按照吸引力的强弱程度将个人信息划分为内层电子、中层电子和外层电子三个不同的电子层，三个电子层的关系如"洋葱"一般，内层包含于中层、中层包含于外层，在吸引力的作用下将吸引力更强的电子移动至上一层予以更严格的保护，并且个人信息的权利配置在不同电子层中也有所区别。

第一，内层电子。内层电子是距离核质子最近的一层，这一电子层中的信息也是受控制最强的信息，属于"绝对禁止"的范畴，法律应予以严格保护。由于内层电子与人格尊严和人格自由的关联度最强，其涵盖的个人信息主要体现为生物识别信息，针对该信息主张的权利属于个人不可让渡也不可承诺的基本权利，并不属于个人有权自由处置的范围。[①] 人脸识别技术得到广泛应用，这把技术"双刃剑"背后的风险也随之而来，在大数据的加持之下很容易异化为复合型技术利维坦。[②] 一旦生物特征相关信息遭到泄露，将带来不可估量的安全隐患。其一，生物特征信息具有唯一性和可破解性，一旦被泄露则无法得到有效补救，极易被犯罪分子用于财产犯罪等不法用途，进而对权利人的合法权益造成无法控制的巨大损失。[③] 其二，生物特征信息极易被获取，可以说我们每个人在大数据的监控下均无所遁形。数据持有方和控制方对公民进行单方面的倾轧与侵害，公民自由行动的空间被极大程度地剥夺，[④] 这可能会导致社会秩序的混乱与社会信任机制的全面倒塌。例如，脸书推出新款名为 Cambria

---

① 劳东燕：《买卖人口犯罪的保护法益与不法本质——基于对收买被拐卖妇女罪的立法论审视》，《国家检察官学院学报》2022 年第 4 期。

② 孙道锐：《人脸识别技术的社会风险及其法律规制》，《科学学研究》2021 年第 1 期。

③ 银丹妮、许定乾：《人脸识别技术应用及其法律规制》，《人工智能》2020 年第 4 期。

④ 王鑫媛：《人脸识别技术应用的风险与法律规制》，《科技与法律（中英文）》2021 年第 5 期。

的 VR 眼镜，该眼镜收集和识别和身体相关指标、眼动追踪、脑部信号、心率等数据，进而在元宇宙进行相应的具体呈现。通过对这些身体隐私数据进行分析，不仅极易得出用户的偏好与思维方式，还可以进一步借助人为造就的信息茧房实现对用户行为的控制，这无疑会对人的主体身份造成毁灭性的打击。[①] 其三，人脸识别技术运用具有标签分类的判断方法，容易加剧社会歧视。由于生物特征信息与尊严的密切关联，加之其具有种种安全风险，应当予以单独、严格保护，该部分个人信息是绝对不能自决的领域，应被绝对控制和保密，信息主体不得主动进行商业化利用，信息处理者也不可以进行刺探、侵扰、利用并公开。因其不得流通、利用的特殊性，自决权没有发挥的空间，与权利束的"束棒"不作对应。

第二，中层电子。中层电子相对内层电子的吸引力有所减弱，但是仍然与核质子有着较强的关联，这一层的信息主要体现为个人隐私与个人信息的重合部分——"私密信息"。《民法典》第1034条第3款之所以规定私密信息适用隐私权的规定，是考虑到隐私权和个人信息的立法意旨的差异。对于隐私权能否被商业化利用在整个立法过程中饱受争议，但理论界的主流观点否认隐私权可以商业化，立法机关也对此作出了立法层面的确认。[②] 考察现行法的规定，《民法典》第1032条第1款表明了隐私权的立法倾向，即"任何组织或者个人不得以刺探、侵扰、泄露、公开等方式侵害他人的隐私权"。故隐私权主要体现为消极防御的功能。而《民法典》第1035条[③]、《个人信息保护法》第1条[④]对个人信息的立法倾向不同于隐私权，注重个人信息的处理与合理利用，这意味着个人信息不仅具有消极防御权能，还兼具积极利用权能。因此，私密信息的立法宗旨是保护而非利用，集中体现为消极防御权能。与内层电子的"绝对禁止"不同，原则上，信息主体不得擅自决定他人对中层电子中私密信息的处理和利用，但对于涉及公共安

[①] 李勇坚：《元宇宙：经济学的解释及真相》，人民出版社，2022。

[②] 黄薇主编：《中华人民共和国民法典人格权编解读》，中国法制出版社，2020。

[③] 《民法典》第1035条：处理个人信息的，应当遵循合法、正当、必要原则，不得过度处理，并符合下列条件……

[④] 《个人信息保护法》第1条：为了保护个人信息权益，规范个人信息处理活动，促进个人信息合理利用，根据宪法，制定本法。

全或者公共利益的情形，信息处理者出于公共安全与公共利益的考虑，可以根据比例原则对公民的私密信息予以处理和利用，比如身份证号、医疗信息等。具体而言，在公共卫生事件中，基于防疫需要将公民的部分私密信息作为疫情信息进行收集和使用。故在私密信息的权利配置上，其所对应的权利束"束棒"受到限制，仅包括信息主体对于非法与不当处理和利用私密信息所享有的防御型请求权，以及信息处理者出于公共安全或公共利益的考量而对私密信息处理和利用的信息收集利用权和豁免权。

第三，外层电子。相较于前两层，外层电子与核质子的关联性减弱、受核质子的控制力降低，拥有更为自由的发展空间。这意味着在外层电子上，个人信息的积极利用权能得以凸显，以满足社会发展与个人交往需要。这一电子层对应的是除前两层信息外的个人信息，即一般直接识别性信息，如手机号码、社交平台登录账号、网页浏览记录等信息。在该电子层内部，根据影响人身、财产安全的程度差异又可以将一般直接识别性信息细化为不同的信息类型。故在权利配置上，一般直接识别性信息的权利束是完整的，涵盖信息主体兼具进攻型和防御型的请求权与支配权、信息处理者的信息收集利用权与豁免权（见图5和表1）。

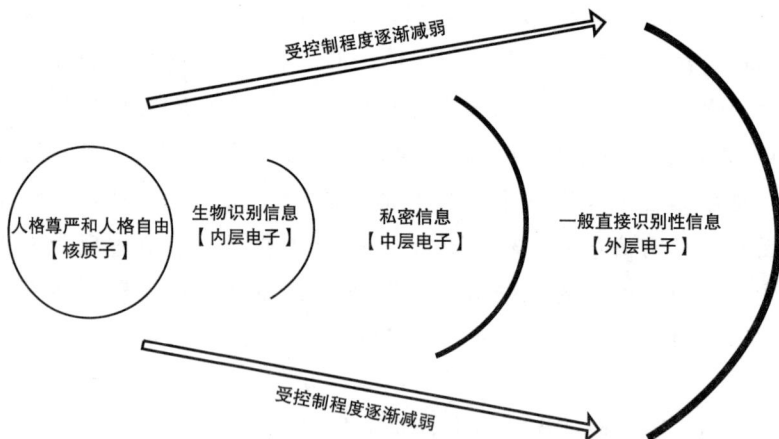

图5 个人信息分级分类原子核式结构模型

表1　个人信息分级分类体系的权利配置（权利束）

个人信息权利配置		生物识别信息	私密信息	一般直接识别性信息
信息主体	进攻型请求权	○	×	√
	防御型请求权		≠	√
	支配权		×	√
信息处理者	收集利用权		≠	√
	豁免权		≠	√

注：○表示不作对应；√表示享有；×表示不享有；≠表示某些情形下享有。

三　涉个人信息犯罪之法益厘清与体系化适用

（一）侵犯公民个人信息罪法益观之学说述评

由于在本文建构的个人信息分级分类保护体系中，数据未形成独立的电子层，仅作为飞离的电子存在，故数据犯罪不属于狭义的涉个人信息犯罪的讨论范畴，具体将在罪名体系性适用部分予以探讨。涉个人信息犯罪的核心罪名为侵犯公民个人信息罪，对该罪法益的准确厘定不仅关乎科学定罪量刑，也是与相关罪名正确区分适用的关键。

1. 现存观点纷争

侵犯公民个人信息罪的法益为何，理论界存在个人法益观、超个人法益观、混合法益观的争论。

其一，关于个人法益观。个人法益观是目前学界大多数学者所持的观点，内部观点交锋最为激烈，主要存在人格权说、个人生活安宁说、人格利益和财产利益说、个人信息自决权说、个人信息权说等观点分化。人格权说和个人生活安宁说漏洞明显，合理性受到质疑，已遭淘汰，目前的主流观点集中为人格利益和财产利益说、个人信息自决权说、个人信息权说，这三种学说均有学者主张。人格利益和财产利益说将人格权保护对象延伸至财产利益，认为侵犯公民个人信息罪不仅包括人格利益，还包括人格利益背后所承载的财产利益。[①]

---

① 叶良芳、应家赟：《非法获取公民个人信息罪之"公民个人信息"的教义学阐释——以〈刑事审判参考〉第1009号案例为样本》，《浙江社会科学》2016年第4期。

个人信息自决权说认为个人对个人信息享有所有权，因此个人对个人信息具有处分、许可使用、删除等权利，其核心内容是个人有权自行决定其个人信息是否公开、对谁公开、公开到何种程度。[①] 个人信息权说将侵犯公民个人信息罪的保护法益进行泛化，以一种独立的新型权利存在，实现对人格属性和财产属性的概括性评价。[②]

其二，关于超个人法益观。超个人法益观的观点包括公共信息安全说、信息管理秩序说、信息专有权说等。公共信息安全说认为，本罪成立的关键在于对公共信息安全的侵害。[③] 信息管理秩序说认为，刑法设立该罪的初衷不是保护公民个人信息权，而是将公民个人信息权设定为社会信息管理内容，只有将其置于社会信息管理之下，才能对其内涵作出完整阐释。[④] 因此该罪的法益不是对微观具体利益的侵犯，而是对宏观信息管理秩序的侵犯。[⑤] 信息专有权说认为，应当构建出能够间接保护作为宪法法益、公民个体享有的信息自决权，同时具备实质内涵的独立信息权类型，作为侵犯公民个人信息罪的保护的集体法益，除法定主体外，其他主体不得非法获取与利用个人信息。[⑥]

其三，关于混合法益观。混合法益观兼具个人法益与超个人法益，持混合法益观的学者认为，"刑法中个人信息法益既有传统上包括隐私权在内的人身权和财产权，也有'超个人'的国家和社会公共安全、利益和秩序等，因此是多元的、多层次的体系"。[⑦] 在混合法益观内部，亦无法回避两种法益的顺位关系，有学者指出在混合法益内部，"首先是公民个人法益，然后才是超个人法益属性，二者之间的主次关系不能颠倒"。[⑧] 但目前持该主张的学者大多数未对混合法益内部的关系作出进一步阐释。

① 张勇：《App 个人信息的刑法保护：以知情同意为视角》，《法学》2020 年第 8 期。
② 于冲：《侵犯公民个人信息罪中"公民个人信息"的法益属性与入罪边界》，《政治与法律》2018 年第 4 期。
③ 王肃之：《被害人教义学核心原则的发展——基于侵犯公民个人信息罪法益的反思》，《政治与法律》2017 年第 10 期。
④ 凌萍萍、焦冶：《侵犯公民个人信息罪的刑法法益重析》，《苏州大学学报》（哲学社会科学版）2017 年第 6 期。
⑤ 张楚：《集体法益视野下获取公民个人信息行为的入罪限度研究》，《刑法论丛》2021 年第 1 期。
⑥ 敬力嘉：《大数据环境下侵犯公民个人信息罪法益的应然转向》，《法学评论》2018 年第 2 期。
⑦ 张勇：《公民个人信息刑法保护的碎片化与体系解释》，《社会科学辑刊》2018 年第 2 期。
⑧ 曲新久：《论侵犯公民个人信息犯罪的超个人法益属性》，《人民检察》2015 年第 11 期。

2. 现存观点评析

笔者认为，首先，侵犯公民个人信息罪的保护法益应包括个人法益并无疑问。前文所述，个人信息所具有的天然的、专属于信息主体的人格属性无须赘述，同时在数字社会，出于时代发展和社会治理需要，个人信息内含巨大的商业价值，内置于个人信息的财产属性不可小觑，而对个人信息财产价值的挖掘不仅依赖信息主体，也离不开信息处理者。在个人信息权利配置上，权利束的"束棒"包括信息主体享有的信息自决权，以及信息处理者享有的信息收集利用权和豁免权，而信息主体的信息自决权又是信息处理者对信息进行合理利用的权利源泉和绝对前提，因此侵犯公民个人信息罪的个人法益应当体现为公民个人信息自决权，同时包括一阶权利——信息主体的自决权与二阶权利——信息处理者的衍生权利。此外，无论是《刑法》、《网络安全法》、《个人信息保护法》抑或是《解释》等均强调个人知情同意这一前提要件，也从侧面证明个人信息自决权作为个人法益的正当性。如果完全消解个人法益，赋予个人信息全部的公共属性，直接违背了个人信息的内在属性，将导致超个人法益的适用范围无限扩张，个人法益得不到妥善保护，甚至可能存在为维护超个人法益而侵犯个人法益的现象。

其次，侵犯公民个人信息罪的保护法益还内含超个人法益的因素。在本文建构的个人信息分级分类保护体系下，越严格保护的信息，流通利用的空间就越狭窄，《刑法》之所以进行强保护，根本原因是该部分信息与人格尊严和人格自由的关联十分密切，具有种种安全风险，个人信息一旦泄露会造成不可逆的巨大损失，此时《刑法》保护的便是个人信息安全，即保护个人信息免受非法侵害的风险。此外，否定超个人法益观的观点失之片面，具体而言，对其批驳主要集中为以下观点：一是保护法益不符合超个人法益的特征；二是犯罪性质并不属于法定犯；三是因理论滥用会违反罪刑法定原则。[①] 然而上述理由都无法有力否定本罪的超个人法益：其一，在特征的比对上，论者试图从个人信息无法满足超个人法益的特征得出其不符合超个人法益的结论，但这一论证明显存在行为对象和保护法益的概念混淆，行为对象当然不必然满足超个人法益的特征，例如毒品犯罪

---

① 马永强：《侵犯公民个人信息罪的法益属性确证》，《环球法律评论》2021 年第 2 期。

中，通说认为保护的法益是毒品管理制度，① 也有部分学者认为是公众健康，② 但无论是哪一种都承认毒品犯罪是侵犯超个人法益的犯罪，而毒品并不满足超个人法益的特征。其二，论者认为本罪的犯罪性质应当被理解为与公民自然权利相关的自然犯，一方面，自然犯与法定犯的区分和个人法益与超个人法益之间并不具有直接的对应关系；另一方面，将本身在理论界尚未形成确定区分标准的自然犯与法定犯作为推导论据也显然不足取。其三，论者认为超个人法益无法起到限缩入罪范围的作用，存在理论滥用带来对罪刑法定原则的悖反。该观点实质上关乎法益一元论与二元论的争论，论者持有一元论的观点，而"僵化地坚持法益一元论会使我国刑法转型建立在某种近乎偏执的、'标签化'的法益观基础之上，忽视立法与司法的实践理性，丧失刑法与时代同频共振的敏锐度，导致刑法对于新兴法益保护的迟滞与缺失，难以解决我国当前刑法多元价值诉求的共时性问题。"③

最后，侵犯公民个人信息罪的法益应当体现为兼具个人法益与超个人法益的混合法益观。纵然尚有不少学者主张个人法益观中的人格利益和财产利益说、个人信息自决权说、个人信息权说等观点，但因忽视了个人信息内部的层级类型以及公共面向，完全抹杀了超个人法益存在的可能性，有失偏颇。与此相对，在超个人法益观视域下，个人信息被赋予公共价值，仅关注个人信息的公共属性，不但忽视了对个人信息内在天然的个人属性的保护，而且作为超个人法益的安全、秩序等，往往由立法者创设，如果否定个人法益存在的正当性，还会导致超个人法益的适用无限扩张，甚至可能出现为维护安全、秩序而不当限制个人法益的情形。由此，个人法益观和超个人法益观均无法完整、全面揭示侵犯公民个人信息罪的保护法益，混合法益观应运而生。但目前理论界对混合法益观的论证与适用仍有较大的完善空间，不仅论证较为笼统，且其适用没有进一步展开，即便是阐释了适用顺位的观点，也存在与复合法益概念相混淆之嫌。故笔者拟在类型化思维的指引下重新分析本罪的法益。

（二）类型化法益观之法益重塑

个人法益观和超个人法益观之所以片面，根源在于它们忽视了个人信

---

① 高铭暄、马克昌：《刑法学（第十版）》，北京大学出版社，2022。
② 张明楷：《刑法学（第六版）》，法律出版社，2021。
③ 马春晓：《现代刑法的法益观：法益二元论的提倡》，《环球法律评论》2019 年第 6 期。

息这一"类概念"的复杂多样性，仅将个人信息作为一个整体确证法益内涵，最终导致二者均有难以自洽的弱项，故侵犯公民个人信息罪的法益不应拘泥于单一视角，而应采用混合法益观。同时混合法益观有着内在独立的生成根基，行为对象所指向的人或物是具象化的公民利益，而法益表现为公民利益在刑法上的映射，偏向于物质化的概念，侵犯公民个人信息罪的法益受到侵害是实行行为对行为对象即个人信息施加影响所致，因此可以理解为行为对象是法益物质化的表现，个人信息分级分类保护体系也正是确定侵犯公民个人信息罪法益的依据所在。故与传统的混合法益观不同，本文所倡的混合法益观既不是个人法益与超个人法益的简单相加，也非形成固定的主次关系，而是基于个人信息分级分类保护体系，在类型化思维的指引下，对个人信息分级分类体系的内、中、外三个电子层所涵盖的信息分别作出认定，笔者称其为"类型化法益观"，作为混合法益观的具体分支存在。

至于类型化法益观内部的适用逻辑，笔者认为应与"复合法益"这一相近概念区分开来。复合法益是指"某一具体犯罪所侵害的具体法益中，包含了两种以上的具体的保护法益"。[①] 根据具体法益在决定犯罪性质中的作用，复合法益又分为主要法益、次要法益和附随法益。在复合法益的犯罪中，犯罪成立的条件是必须同时侵犯主要法益和次要法益；而在侵犯公民个人信息罪中，类型化法益观以个人信息的层级为判断基准，犯罪成立只要求侵犯该层信息所保护的法益，不要求同时侵犯个人法益与超个人法益。二者的区别在于是否需要同时侵犯多重法益。由于不同层级信息保护的法益内容不尽相同，犯罪成立的要件也就不完全一致，具体证立如下。

首先，内层电子所对应的生物识别信息，属于"绝对禁止"的范畴，没有流通和利用的空间，亦没有自决权的讨论价值，因此刑法对生物识别信息加以保护的原因并不在于保护信息主体所享有的信息自决权，更不涉及信息处理者的衍生权利。基于生物识别信息与人格尊严和人格自由密切相关，具有不可逆的特质，一经泄露并被非法利用，会对公民的人身、财产安全乃至公共利益安全造成不可挽回的损害。故就生物识别信息而言，侵犯公民个人信息罪保护的法益具象为信息安全法益，意指信息内容安全。由于单纯侵犯公民个人信息的行为可能不会产生实害结果，该罪往往

---

① 张小虎：《刑法学》，北京大学出版社，2015。

充当其他犯罪如诈骗罪、敲诈勒索罪的犯罪链上游犯罪行为，"情节严重"这一要件更是葆有抽象危险犯罪的意蕴，信息安全法益应理解为保护个人信息免受非法侵害的可预期的风险。

其次，中层电子所对应的私密信息，原则上私密信息的立法宗旨是保护而非利用，与内层电子的理念相似，此时侵犯公民个人信息罪保护的法益体现为作为超个人法益的信息安全。例外允许信息处理者基于公共安全或公共利益的考量对公民的私密信息加以处理和利用，个人的自决权应当做出让渡，但即便是这种情形，个人也应当享有一定的防御型请求权，以应对信息处理者不当或非法处理上述信息，侵害公民信息安全的行为，也就是说在该层信息中，个人的信息自决权是不完整的，刑法保护的是主张型权利中的防御型请求权，即作为个人法益的有限制的信息自决权。

最后，外层电子所对应的一般直接识别性信息，积极利用权能和消极防御权能并重，于信息主体而言，公民有权自主决定个人信息的处理和利用，包括选择、控制、更改和删除等多项权利，同时对不当与非法利用行为享有防御型请求权，因此《刑法》保护的是信息主体的信息自决权；于信息处理者而言，信息处理者所享有的来源于信息自决权的对个人信息的收集利用权和豁免权也受到刑法保护。因此在该层信息上，侵犯公民个人信息罪的法益指向信息主体的信息自决权，以及由信息自决权衍生出的信息处理者的信息收集利用权与豁免权。

（三）涉个人信息犯罪之体系性适用

涉个人信息犯罪的实践适用可以根据视角的不同进一步分为内部视角和外部视角：一方面，在侵犯公民个人信息罪内部适用上，要坚持类型化法益观，旨在实现罪刑均衡；另一方面，在处理侵犯公民个人信息罪与其他相关罪名的外部关系上，应严格区分侵犯公民个人信息罪与数据犯罪、财产犯罪的关系，以妥善解决涉个人信息犯罪罪名群适用的混乱困境。

1. 内部视角：类型化法益观指引侵犯公民个人信息罪之罪刑轻重衡量

侵犯公民个人信息罪在实践适用中，最为关键的问题是如何准确定罪量刑、发挥类型化法益观对司法实践的指引作用，以科学划定该罪的"犯罪圈"。作为抽象危险犯规范构造的侵犯公民个人信息罪，恰好可以与个人信息分级分类保护体系契合对应。根据人格尊严和人格自由关联程度的差异，侵犯行为的对象涉及离核越近的信息，对人身安全与财产安全所造成的危险越大，越应当从重处罚。① 换言之，从生物识别信息到私密信息再到一般直接识别性信息的入罪，入罪门槛应逐渐提高，量刑也应逐渐减轻，以此实现侵犯不同类型信息的行为与规制强度之间的协调对应。此外，在类型化法益观的指引下，被害人同意是否可以作为出罪事由应当区分情形处理：在生物识别信息和私密信息原则上的认定中，由于该罪保护的法益为信息安全，被害人同意无效，犯罪仍然成立；在例外出于公共安全或公共利益的考量对私密信息进行处理的情形下，视为被害人默许，被害人不享有进攻型请求权和支配权，此时如果相关信息处理者在符合比例原则范围内合理使用不构成犯罪；在一般直接识别性信息的认定中，保护的法益观为个人信息自决权，被害人同意可以作为出罪事由。

2. 外部视角：秉持概念严格区分涉个人信息相关犯罪之科学进路

除了明确侵犯公民个人信息罪的司法适用，厘清该罪与其他关联罪名之间的关系，也是涉个人信息犯罪刑事治理的关键环节。

第一，关于侵犯公民个人信息罪与数据犯罪的界分。前文揭示了个人信息与个人数据的关系体现为内容与载体的关系，个人数据是个人信息财产价值发挥的重要媒介。本文以直接识别性为界，将具有直接识别性的内容认定为个人信息，利用侵犯公民个人信息罪规制；而将仅具有间接识别性的内容与如经脱敏处理等不具有识别性的符号形式认定为个人数据，利用数据犯罪规制，便可以区分侵犯公民个人信息罪与数据犯罪。有学者指出："就侵犯公民个人信息罪与非法获取计算机信息系统数据罪的关系而言，如果信息主体与数据控制者均对数据享有值得刑法保护的权益，虽然只有一个非法获取行为，成立两个犯罪的想象竞合。"② 这种处理路径从形式上看似合理，但是实质上面临以下悖论：一方面，《刑法》中的法条竞合，由于其外延存在扩张和延伸之势，存在《刑法》中所有法条均存在竞合关系的趋势，这一现象亟待反思，③ 将信息犯罪与数据犯罪竞合处理并非解决罪名间关系的科学进路；另一方面，依本文观点，信息和数据本属于广义个人信息的两个层面，规制的对象不同，保护的法益也不同，本不

---

① 刘浩：《侵犯公民个人信息罪的法益构造及其规范解释》，《环球法律评论》2023 年第
　3 期。

② 于润芝：《非法获取个人数据犯罪的法益分析及处罚限定》，《大连理工大学学报》（社会
　科学版）2023 年第 2 期。

③ 叶良芳：《法条何以会"竞合"？——一个概念上的澄清》，《法律科学》2014 年第 1 期。

应并列，而竞合处理恰恰将信息犯罪与数据犯罪视为同一层面的并列的犯罪类型，不尽合理。

第二，关于侵犯公民个人信息罪与财产犯罪的界分。法益概念正是犯罪行为的实质不法内涵所在，也是行为之所以被定义为犯罪且需要受到处罚的实质理由。对二者的界分亦应从法益入手，前文证成个人信息具有天然的财产价值，在个人信息分级分类体系中，能够实现流通和利用、将财产价值进行转化的部分集中于外层信息。在该层中，侵犯公民个人信息罪的法益体现为公民个人信息自决权，即二者的区分关涉个人信息自决权与财产权的关系。理论界不乏个人信息财产权说的支持者，但该观点最大的问题在于将个人信息的双重属性割裂开来。个人信息的财产属性天然存在于人格之中，通过一定途径转化为财产价值，财产价值并不是源于简单的符号形式，而是指向信息背后的人，简言之，离开人格本质的个人信息的财产价值便荡然无存。故如果将个人信息财产权化，非但不利于财产利益的转化，反而可能导致人格的物化。人是目的而非只是手段，享有对个人信息的自决权利，如果将个人信息财产权化，则人格充当为财产服务的工具，人彻底沦为手段，人格尊严、人格自由便无从谈起。综上，在个人信息上无法形成财产权，不属于财产犯罪的保护法益，不应适用财产犯罪规制。根据前文所述，侵犯公民个人信息权的犯罪行为可以成为诈骗罪、敲诈勒索罪等财产犯罪链的上游犯罪行为，此时因二者不具有手段或目的必然的牵连关系，未形成牵连犯，应当数罪并罚。

结　语

作为新一轮国际竞争中的战略方向，数字经济对于国家发展格局的优化提升具有十分显著的作用，在未来的发展中应当把握数字经济发展新机遇，加快产业数字化、数据要素等领域的高质量建设，争取在全球竞争中抢占新一轮的制高点。然而，凡事有利必有弊。在看到数字经济发展优势的同时，不能忽视对数字安全保护制度的构建与完善，应当在个人利益保护和社会整体利益保护中寻找平衡与协调。尽管对个人信息保护法律规制的研究已经如火如荼地开展了许多年，不过既有研究仍未有效解决个人信息保护的诸多理论困惑，诸多理论问题纠缠在一起，更加剧了司法实践难以对不同罪名进行有效区分和适用的困境。在个人信息的刑法保护体系研究中，应当坚持法秩序统一视域下的违法相对性理论，脱离民法等前置法形成的概念牢笼。与此同时，应当回归本质分析，"大数据论"思维和"大个人信息论"思维均应当被摒弃，明确区分个人信息与个人数据等诸多概念的界限，进而确立一个清晰客观的理论探讨问题域。在此基础上，本文全面引入类型化思维作为指导理念，根据人格尊严和人格自由对个人信息吸引力的强弱，构建了独具特色的包含内、中、外三层信息的个人信息分级分类原子核式结构模型。在涉个人信息犯罪的罪名选择与适用方面，本文将侵犯公民个人信息罪的法益确立为混合法益，并创造性地提出了类型化法益观，对与个人信息保护相关的罪名予以明确界分，实现个人信息保护体系内部与外部的协调与连贯。

数字经济发展的经济法促进理论
与实践探索

陈　兵　张天蓉[*]

摘　要： 为提高我国数字经济法治建设水平，促进市场竞争，推动有效市场、有为政府更好结合，经济法需发挥其发展促进法的作用，当前需要构建数字经济法的相关理论和制度。对欧盟《数字市场法》、公共数据、我国《反垄断法》修订的探讨，启发我们需厘清数字经济与平台经济之间的关系、找准发展数字经济的站位、鼓励产业参与国际竞争。针对数字经济法治基础理论，经济法各部门法均需做出回应，需厘清法治进程中"守与创""权和责""法律与科技""变与不变""攻与守""放与管"等的关系。针对数字经济与竞争法治，竞争法需回应数字经济的现实需求，建立契合数字经济发展规律的法律理念，通过实践为理论界提供更多的样本。针对平台经济常态化监管，需根据我国数字经济发展现状与态势及时调整规制方式。针对数字经济与科技监管，需适当借鉴域外经验，根据具体场景选择合适的规制手段，同时也应关注公平竞争审查制度立法走向。新锐学者提出的微观层面具体行为分析的问题具有前沿性，值得进一步探索。

关键词： 数字经济法治　竞争法治　常态化监管　科技监管

2023 年 5 月 13 日，由中国法学会经济法学研究会主办，天津市市场监督管理委员会-南开大学"竞争治理技术科技创新实验室"、南开大学竞争法研究中心承办的中国法学会经济法学研究会第 33 期"经济法 30 人论

---

[*]　陈兵，南开大学法学院教授、博士生导师，研究方向为经济法学、竞争法学；张天蓉，南开大学竞争法研究中心研究助理。

坛"暨南开大学第三届经济法论坛，在天津市国家会展中心津园宾馆成功举办。来自高校、司法、执法等的多领域、多学科专家齐聚南开，围绕"数字经济的经济法促进"主题展开讨论，进一步推动常态化监管的科学化、敏捷化、精准化、持续化，落实数字经济要素治理的法治化、规范化。

一　数字经济发展的经济法促进

（一）数字经济发展的经济法促进：主题与问题

北京大学张守文教授围绕数字经济、发展促进、规制手段、数据要素、制度构建五个关键词，提出了在"数字经济发展的经济法促进"方面需要关注的重要问题。

围绕数字经济，张守文教授认为，促进数字经济发展是推动高质量发展的需要，与实现国家现代化的目标紧密相关，具有重要意义。因此，我们应当基于"技术—产业—经济—制度"的主线，揭示"数字技术—数字经济—数字经济法"的内在联系，回答运用经济法促进数字经济发展的必要性问题。[①] 为此，是否要展开专门的"数字经济法"研究，以及如何深化相关研究，需要各位学者共同思考。

围绕发展促进，张守文教授提出经济法是发展促进法，对各类经济形态都有着重要的促进作用，而经济法主要产生于工业经济时代，对在数字经济时代应当如何完善制度、如何处理制度的"变与不变"问题应当持续深入讨论。为此，需要进一步研究经济法的促进手段有哪些、如何构成以及如何运用，其促进数字经济发展是否具有可行性。目前已有专家学者起草《数字经济促进法》，对其必要性和可行性还需要进一步研究。

围绕规制手段，张守文教授指出，从规制理论的角度看，经济法的规制涉及两大方面，一是积极的鼓励促进，二是消极的限制和禁止，只有将两者有机结合，才能实现系统的规制。未来需要进一步思考是否要从消极的监管转变为全面的规制，以及是否要从以限制为主转变为促进和限制并行的系统规制。

---

① 　张守文：《数字经济发展的经济法理论因应》，《政法论坛》2023 年第 2 期。

围绕数据要素，张守文教授认为数据是影响数字经济发展的核心要素，应该推进其市场化配置。在统一大市场建设过程中，我国特别强调要构建一系列基础制度，包括产权制度、市场准入制度、竞争制度等，这些制度对于整个数字经济发展是不是都适用、在哪些方面适用，是否需要确权、确哪些权，都是目前需要深入研究的核心问题。从经济法视角如何看待上述问题，如何确立数据治理中的经济法路径，仍有待考量。

围绕制度构建，张守文教授提出，为了促进数字经济发展，应修改哪些旧制度、构建哪些新制度，经济法的各类具体制度如何回应等都需要被关注。数字经济引发的经济法问题不胜枚举，对此经济法的各具体部门法领域已有大量研究，如从数字税到数字货币、从数据垄断到网络竞争、从消费者保护到平台治理等，但如何从整体经济法视角进行回应，如何进一步构建数字经济法的相关理论和制度，仍需要深入研讨。

（二）欧盟《数字市场法》对我国《反垄断法》的影响

深圳大学王晓晔教授从我国和欧盟立法两个层面进行探讨。

王晓晔教授首先对我国的数字经济治理状况进行了梳理，她认为目前我国对数字经济的态度明显，采取一系列举措收紧了对数字经济的监管。立法方面，推出了《关于平台经济领域的反垄断指南》《互联网平台落实主体责任指南（征求意见稿）》《互联网平台分类分级指南（征求意见稿）》等一系列政策文件。王晓晔教授对修订后的《反垄断法》的第九条、第二十二条以及第二十六条着重进行了分析。她认为，第九条作为数字经济总则性的反垄断条款，对整个反垄断执法都具有重要意义；第二十二条可以与《关于平台经济领域的反垄断指南》等文件进行联动；第二十六条虽然未明确提出数字经济，但在相当程度上考虑了数字经济发展。执法方面，2020年12月阿里电商平台"二选一"行为被有关部门立案并且最终于2021年4月被处罚款182亿元，创下迄今罚款最高纪录。机构设置方面，国内成立了国家反垄断局以及竞争政策与大数据中心等重要机构。[①]

在肯定近年来我国对强化数字经济反垄断做出的诸多工作的同时，王晓晔教授分别列举了平台封禁、自我优待以及扼杀性并购三种新型垄断行

---

① 王晓晔：《中国数字经济领域反垄断监管的理论与实践》，《中国社会科学院大学学报》2022年第5期。

为，指出我国反垄断执法存在问题、面临挑战。对于平台封禁行为，王晓晔教授认为对于核心设施理论应当谨慎使用，平台企业的数据固然重要，但其并不是与生俱来的垄断者，而是通过创新和技术赢得了市场后才取得了市场地位，不能当然要求其开放数据。对于自我优待行为，王晓晔教授提出，不能认定所有平台企业的自我优待都违法，在市场经济条件下，我们不能要求企业去支持其竞争对手，原因在于这可能产生"搭便车"的情形，导致企业创新性和投资积极性下降。对于扼杀性并购问题，王晓晔教授对是否只要扩大互联网生态就不允许平台纵向并购提出了质疑，值得深入探讨。

在欧盟立法层面，王晓晔教授介绍了欧盟《数字市场法》中建立的"守门人"制度，包括"守门人"企业的定性标准、定量标准及应当遵守的义务，其中她着重介绍了《数字市场法》的第五、六、七条，即"守门人"需遵守的禁止性义务，并指出为降低达到相关要求的难度，《数字市场法》还设置了实施期限。

王晓晔教授指出，《数字市场法》也存在一些弊端，主要有三点。一是《数字市场法》来自保护主义的产业政策，相当多欧盟的官员在推动《数字市场法》时出于欧盟产业政策的考量，其量化标准刚好未将欧盟的企业纳入"守门人"行列之内。二是《数字市场法》规则存在严重的不确定性，这种不确定性体现在"守门人"标准的模糊性以及"一刀切"的禁止性规定中。三是《数字市场法》和欧盟《竞争法》明显存在重复，因此在法律运行过程中，对于同一案件的判定可能会出现两种结果。

王晓晔教授对我国是否需要反垄断和监管"二元分治"这一问题展开了重点论述。王晓晔教授首先对监管进行定义，认为监管仅是对平台竞争的监管。随后对《数字市场法》中确立的反垄断和监管二元分治在我国境内是否值得借鉴进行分析。王晓晔教授认为，第一，《数字市场法》的事先监管对执法者和当事人来说都充满不确定性和挑战性，不仅规定非常模糊，而且未赋予经营者抗辩权；第二，数字经济虽然有鲜明特点，但反垄断法传统理念和经济分析仍然至关重要，包括程序公正与否在内的因素具有重要考量意义。

王晓晔教授指出，国家立法必须考虑国情，我国目前为止的监管并非没有效力，我国的政府与市场中的企业也并非零和游戏，不能完全因循欧盟的做法。王晓晔教授认为，数字经济涉及互联网安全问题、数据安全问题、个人信息保护问题、反垄断问题以及反不正当竞争问题，因此如果采取反垄断和监管二元分治，前路将会面临较多的不确定性。

最后，王晓晔教授引用了工信部副部长王江平在博鳌亚洲论坛"推进数字经济"分论坛上的讲话对自己的演讲进行了总结，"对于数字经济和先进技术，要在发展中规范，在规范中发展，规范和发展两手都要抓，两手都要硬。对于一些先进的技术和产业，可以秉持'法无禁止皆可为'的监管原则，没必要过早下结论，可以让'子弹'先飞一会儿"。

（三）公共数据的若干法律问题

中国政法大学时建中副校长从何为公共数据、公共数据的权利如何配置以及公共数据的授权应用机制应该如何设计三个方面展开分析。

在"何为公共数据"方面，时建中副校长表示，目前公共数据概念混乱，在不同文件中存在不同的表述。《中共中央 国务院关于构建数据基础制度更好发挥数据要素作用的意见》（以下简称"数据二十条"）中对公共数据本身没有定义，但有公共数据产生的相关表述，即各级党政机关和企事业单位依法履职或提供服务过程中产生的公共数据，并对公共数据的主体及来源主体进行了界定。在《数据安全法》中使用的定义是政务数据。在"十四五"规划中，其使用的是政府数据、公共数据，而未使用政务数据。在《国务院关于加强数字政府建设的指导意见》中使用了政务数据、公共数据、社会数据，但是未使用政府数据。此外，"数据二十条"将公共数据、企业数据和个人数据并列，因此它们属于相互排斥的关系。如果以二分法的角度来看，可以分为公共数据和非公共数据，但根据"数据二十条"列明的公共数据的主体，公共数据又来源于个人数据、企业数据等非公共数据，因而其内涵逻辑存在紊乱。由此可见，目前我国法律体系中的公共数据概念的形式和内涵逻辑混乱的，学者应当进一步梳理并建立清晰的概念体系。

在"公共数据的权利如何配置"方面，时建中副校长对"数据二十条"中的数据制度进行简要概括："数据二十条"要求建立公共数据、企业数据、个人数据分类、分级授权、确权授权制度，以及要求建立数据资源持有权、数据加工使用权和数据产品经营权制度，即"三权分立"。时建中副校长提出，数据加工使用权的对象是数据，而经营权的对象是数据产品，数据资源持有权主体是否能够对数据进行加工和经营，数据与数据产品之间的关系等问题都存在不清晰的状况。将经营权仅仅对应数据产品、将持有权仅仅对应数据资源、将加工使用权仅仅对应数据将会把数据牢牢困在制度安排的"笼子"里面，不符合数据资源流通、提高数据资源利用效率、用公共数据赋能数字中国建设的要求。

时建中副校长对目前省一级的立法进行了梳理，全国只有西藏没有数据立法，其他各省份均已进行数据立法，立法文件一共有 151 个，绝大多数省级立法回避了公共数据，甚至回避了政务数据、政府数据的权属方面的规定。其中《广西政务数据资源调度管理办法》存在较为不合理的规定，其规定"自治区党委自治区人民政府依法拥有广西政务数据的所有权"，并在分类中规定了"党委所有权"，缺乏《宪法》依据。因此，目前地方数据立法仍存在不合规的情况。

在"公共数据的授权应用机制应该如何设计"方面，时建中副校长认为，按照"数据二十条"的规定，党政机关不能亲自运营公共数据，如果想充分释放公共数据的赋能力量，党政机关就要寻找"马甲"，将数据转化成财政。当数据成为财政之后，受到经济驱动，政府将会采取独家授权的应用机制，但这会最大限度遏制公共数据授权应用机制的市场化程度，而公共数据中包括大量个人数据和企业数据，取之于民的当然应该用之于民，其应该是数字化时代的公共产品，但目前这种机制难谓"取之于民，用之于民"。从需求端来说，中小微企业最需要公共数据的赋能，但独家授权难以对中小企业进行赋能，即使是在政府采取公共数据开放的模式下，政府如果将公共数据设置为免费服务则会设定严格的门槛，如果将公共数据设置为收费服务则会在财政要求下收取更高的费用，最后会损害中小微企业的积极性。

时建中副校长总结道，公共数据的授权应用机制应当打破垄断，对包括地方性法规在内的关于公共数据授权的文件进行公平竞争审查，充分释放公共数据的价值。

（四）对《反垄断法》修订的几点观察

中国经济体制改革研究会李青副会长以"对《反垄断法》修订的几点观察"为主题进行分享。

李青副会长就时建中副校长的发言，介绍了在调研中了解的公共数据有条件有偿使用的个案。某市将各职能部门履职产生的公共数据作为资产充值到城投公司，并通过城投公司向有需要的中小企业开放，既解决了中小企业获得公共数据的困难，也解决了数据的隐私、安全等问题，形成可持续的产业闭环。李青副会长认为该模式解决了公共数据使用的启动问题，至于后续如何发展并解决竞争方面的问题，有很大的观察和研究价值。

李青副会长在主题演讲时，首先介绍了《反垄断法》的定位和主要内容。她认为《反垄断法》的定位是禁止垄断行为，保护市场竞争不被垄断行为减损，但同时也提出，应该深入思考《反垄断法》是否具有弥补停止垄断行为之后的市场功能的职责，以及是否需要反垄断执法机构承担该项职责。在谈及《反垄断法》实施以来的总体情况时，李青副会长提出，反垄断的行政执法和司法实践覆盖了所有的垄断行为种类，办案对象涉及各行业、各种所有制、各层级行政机关。李青副会长也提出，《反垄断法》在制止滥用行政权力排除限制竞争的问题上涉及的行政机关的层级上限在何处，值得专家、学者深入研究。

李青副会长随后对《反垄断法》修订的几个方面进行了介绍，分别是明确竞争政策的基础地位、建立健全公平竞争审查制度、赋予反垄断执法机构更多的职能、加大法律责任、增加对平台经济领域的规定、完善反垄断相关规则。李青副会长认为，将竞争政策的基础地位写入《反垄断法》可能还不够，是否需要将其写入更高的法律层级尚有讨论的空间。至于将公平竞争审查制度写入《反垄断法》，则需要做好法理和执行层面的衔接，特别是四级行政结构和两级反垄断执法结构如何融合，具有重要的现实意义。李青副会长提出了《反垄断法》修改之后可以进一步思考的问题，如竞争损害评估在确定罚款基数中的权重、强监管特征下当事人的权利保障以及滥用市场支配地位行为的竞争损害理论等。

李青副会长随后就滥用行政权力排除限制竞争的特殊性进行了分析，她认为我国滥用行政权力排除竞争专章具有鲜明的中国特色，具有重要意义。李青副会长还分享了梳理滥用行政权力排除限制竞争案例的几个特点：第一，行政层级越低限制竞争越多；第二，行为种类中，限定交易占比最高；第三，持续时间开始缩短；第四，行业分布相对集中。

对外经济贸易大学黄勇教授从数字经济与平台经济之间的关系、发展数字经济的站位以及如何鼓励产业参与国际竞争的角度发表了自己的观点，对本单元进行了总结。

第一，面对"数字经济"和"平台经济"两个概念和领域，我们经济法人作为法律人需要注意二者在法律原则和规则方面应该有所区别。数字经济更多涉及国家和政府主动作为，如基础设施的开发建设投入、公共数据的互联互通和公开共享等，因此要限制公权力和做好程序保障；而平台经济更多涉及私权保障，对其应用私权处理的原则和方法。

第二，在当下和未来发展数字经济的过程中，我们要全盘考虑中国的产业发展和创新，从中国数字产业的国际竞争力的角度去看待这些法律的规制，这是非常重要的。

第三，我们经济法人对新事物的监管原则和监管理念也值得深入思考。比如对现在看到的 ChatGPT 问题，不能仅看到国外开发出了 ChatGPT 这个结果，而是需要看到它之前是如何发展的，其中科技发展的深层次规律是什么，国外的制度如何为它的产生和发展提供环境等。《反垄断法》只是监管的一部分，我们有综合的监管的体系、能力以及机构；《反垄断法》不是万能的，不是所有的市场问题都适用《反垄断法》解决。

二 数字经济法治基础理论与实践

（一）数字经济的经济法回应

中国政法大学薛克鹏教授主要从数字经济需要法律全面回应、经济法的回应方式以及经济法对数字经济的具体回应三个方面展开分享。

薛克鹏教授首先从法律发展的角度出发，认为新技术、新产品、新产业以及新市场的产生形成了很多不同的法律关系和法律行为，是法律发展的最根本的动因，数字技术出现以后，又出现了数字产品、数字市场，影响了传统的市场，必然会对过去的法律体系产成冲击和提出整体性挑战。以传统工业经济为基础的法律要全面顺应、适应和回应数字经济。传统私法对此回应较少，而经济法的本质是回应性法，因此回应数字经济是经济法的重要任务。

薛克鹏教授认为，私法的回应方式主要包括数据确权、电子合同、网络和算法侵权等，经济法回应的方式、目的和角度应该与私法有所不同。在回应方式方面，应当尊重市场，尊重数字经济产品和服务的基本规律，坚持有限政府的回应方式，以市场自治为基础，以规制、调控和促进为辅助性手段，不能越位。经济法不能仅仅站在私权的角度回应数字经济，还需要站在公共秩序的角度进行考量，包括公平竞争、消费者保护、网络安全数据安全、产业融合、经济增长等宏观经济目标。回应的具体手段应当回归法律本身，对数字经济行为进行规制，厘清对何种行为应采取自治，对何种行为应禁止、限制，以及对何种行为应采取财税手段促进等。

在经济法对数字经济的具体回应方面，薛克鹏教授将其分为四个方面。首先是对数字市场中妨碍公平竞争的行为进行回应，2019 年修订的《反不正当竞争法》对混淆、虚假宣传以及侵犯商业秘密等行为都进行了相应的规定，2017 年修订增加的互联网专条对互联网领域利用技术进行不正当竞争的行为予以了规定。除此以外，算法共谋、滥用数据优势、自我优待等也需要进行回应。

其次是对经营者利用数字技术和数字产品侵犯消费者权益的行为进行规制，包括大数据"杀熟"、非法收集消费者个人信息和数据、强制交易等行为，对此《消费者权益保护法》《个人信息和保护法》《电子商务法》《食品安全法》《广告法》等均需要做出回应。

再次是对妨碍数字经济安全的行为进行规范，依据《网络安全法》《数据安全法》对数字经济安全中的数据采集收集、储存、交易等行为进行规制，特别是要对金融安全中的数字货币、智能投顾等产品进行规范。

最后是对政府数字信用进行规制，一是要注意政府也是市场中的一员，政府的行为也应受到规制，防止数字货币发行的滥用。二是公共数据的收集和共享问题，即政府是否存在过度收集数据等问题。三是政府数字促进行为问题，应当注意政府对数字企业的不正当补贴和优惠、对公共资源交易平台的建设运行的规范以及政府小程序过多等问题。四是对数字基础建设和运行中的不当行为也应进行规制。

薛克鹏教授总结道，经济法回应数字经济，一定要站在公共利益的角度，对市场行为和政府行为等进行相应的规制、禁止或者强制限制。

（二）科学认识和把握"党管数据"

中国社会科学院法学研究所席月民研究员首先指出党管数据的重要意义，党管数据意味着把党的领导贯穿在网络与数据治理以及法治政府建设的全过程，贯彻于网络与数据安全及制度创新各领域、各方面、各环节。党管数据的时代意义主要体现在两点：第一，有利于充分发挥党总揽全局、协调各方的领导核心作用，在数字经济法治创新中不断推进国家治理体系和治理能力的现代化、法治化；第二，有利于全面落实总体国家安全观以及与世界各国的互联互通。

席月民研究员认为，党管数据必须从各级领导干部抓起，重点是充分发挥领导干部的关键少数作用。从当前实践看，这方面的工作仍然任重而道远。领导干部在数据治理中既可以起到关键推动作用，也可能产生不应有的阻碍或破坏作用。为此，党管数据需要依托"党管干部"这一纽带，在关键少数领导干部身上多下功夫，着力培养和选拔党和人民需要的好干部。

席月民研究员提出，党管数据需要重点推动党的领导入法。依法治国与依规治党的有机统一是我国法治建设的鲜明特色，能否正确处理好国家法律与党内法规、依法治国与依规治党的关系，对党管数据来说，是从政治宣示到制度保障所面临的重要理论课题。在数字经济法治创新中，需要重点推动将党的领导体系化入法，使党的领导及其执政能力在数字经济立法实践中变得更加具体，更加符合《宪法》中党的领导的规范意蕴，并借由具体制度设计来保障党在网络治理和数据治理中的领导地位，不断促进党的领导活动在法治框架内充分展开，最终实现依法执政与依宪执政相统一，实现党领导人民当家作主与依法治国相统一。[1]

席月民研究员指出，党管数据的难点是依法夯实党政同责的责任根基。国家法律与党内法规在调整对象、规定内容、表达方式、尺度标准、实施方法等方面都有着明显区别，二者的关系并非效力位阶的冲突问题，而是本质属性的关联问题。就网络与数据治理而言，党必须在《宪法》和法律的范围内活动。对于党员干部而言，一旦涉及违法犯罪，就需要按照国家相关法律规定处理，不能把党的领导作为个人以言代法、以权压法、徇私枉法的"挡箭牌"。他指出，目前在粮食安全方面以及网络安全工作方面都对党政同责进行了相应规定。

席月民研究员强调，党政同责是党的领导方式变革在政治与法律责任领域的崭新探索，预示着我国权力监督体系在责任政治的二元化中正在迎来新的理论与制度突破，将党政同责写入《网络安全法》《数据安全法》意义更为重大。为此，席月民研究员提出了三点建议：一是在上述两部法

---

[1] 席月民：《科学认识和把握"党管数据"》，《中国社会科学报》2023 年 3 月 15 日。

律的修订中，对网络与数据治理党政同责的基本含义、基本要求、共同责任、各自责任、工作机制、激励措施以及责任追究等做出较为详尽的规定，严格区分集体责任与个人责任；二是加强对负面典型案例研究和追责程序制度研究，悉心洞察民心之自省与民意之底蕴；三是做好党内法规同国家法律的衔接与协调，依法依规建立完善党政同责的问责制度体系，提升党政机关及其领导干部在网络与数据安全方面发现威胁、监测预警、应急指挥等的重要能力。

（三）数字经济下知识产权保护与反垄断法适用

最高人民法院知识产权法庭原晓爽审判长围绕"数字经济下知识产权保护与反垄断法适用"从实践角度出发分享了观点。

原晓爽审判长指出，数字经济对知识产权和反垄断审判提出了新要求。党的十八大以来，党中央高度重视数字经济发展，发展数字经济已经上升为国家战略，数字中国建设的宏伟蓝图中有丰富的相关论述。党的十九大报告提出推动互联网、大数据、人工智能和实体经济深度融合，建设数字中国、智慧社会。党的十九届五中全会和二十大报告都提出，要加快发展数字经济，促进数字经济和实体经济的深度融合。党的二十大报告对数字经济背景下知识产权保护和维护公平竞争市场环境提出新要求，强调"深化科技体制改革，深化科技评价改革，加大多元化科技投入，加强知识产权法治保障，形成支持全面创新的基础制度""加强反垄断和反不正当竞争，破除地方保护和行政性垄断，依法规范和引导资本健康发展"。习近平总书记主持中共十九届中央政治局第三十四次集体学习时提出"发展数字经济，抢占未来发展制高点"，分析了我国数字经济发展形势及面临的问题，明确我国数字经济健康发展的思路举措。我国已经出台的《网络强国战略实施纲要》《数字经济发展战略纲要》，从国家层面部署推动数字经济发展，对知识产权保护和竞争审判提出新要求。

最高人民法院张军院长在政法领导干部学习贯彻习近平新时代中国特色社会主义思想锻造政法铁军专题研讨班上作辅导报告时强调，要树立现代化的审判理念，要坚持"办理一案、治理一片"。《反垄断法》的修订中将"鼓励创新"纳入立法目的，在知识产权保护和反垄断审判中树立鼓励创新的现代化审判理念成为人民法院面临的新课题。对此，原晓爽审判长认为司法实践中做出每一个反垄断判断时都应当严谨，保持司法谦抑性。

要关注相关产业发展状况，在涉及知识产权滥用的反垄断案件中，要厘知识产权权利人的合理边界，既要保护知识产权权利人的合法权利，又要防止滥用知识产权破坏公平竞争市场环境，同时还要注重保护消费者的合法权益。借此她对司法实践中禁止滥用知识产权排除、限制竞争行为相关的三个典型案例进行分析。

原晓爽审判长重点介绍了最高人民法院审理的音集协滥用市场支配地位纠纷系列案件。此系列案件是我国最高人民法院审理的首起涉及著作权集体管理组织滥用市场支配地位纠纷的案件。音集协作为著作权集体管理组织系合法取得市场支配力，该案二审的争议焦点为音集协是否实施了滥用市场支配地位的拒绝交易和附加不合理交易条件等行为。

原晓爽审判长以音集协将要求 KTV 经营者补交前两年的著作权许可使用费作为签约条件是否属于附加不合理交易条件行为为例，分析指出在判断经营者附加的交易条件是否合理时，应主要考虑交易条件的必要性与合理性，结合交易对象的特点、行业惯例等综合判断。由于音集协管理的作品数量较大，KTV 经营者为了满足日常经营必然会使用由音集协统一管理的作品，音集协要求相关 KTV 经营者补交签约前许可费用与 KTV 经营者的实际经营需要相符，且音集协作为非营利性的著作权集体管理组织，其有义务为著作权权利人争取最大利益，在明确相关 KTV 经营者在签约前使用了未经许可使用其所管理的类电影作品和音像制品情况下，音集协有权利代表著作权权利人收取相应使用费。

而且音集协对于所有与其签约的 KTV 经营者，在签约时均提出要求补交签约前两年的许可费用，若 KTV 经营者经营时间不满两年的，以具体经营时间计算，并合理扣除因疫情无法营业的时间的许可费用，该签约条件并未针对特定经营者，且可以避免提起著作权侵权诉讼，节约诉讼成本，且对其他经营者也有良好警示作用。因此，音集协的上述行为不属于《反垄断法》所规制的附加不合理交易条件的垄断行为。该案从保护权利人权益、节约司法成本，以及行业内净化市场行为等方面阐述了正当理由，明确了反垄断司法裁判中对于行业竞争状况及知识产权权利边界等的考量因素，展示了政治效果、社会效果、法律效果相统一的现代化审理理念目标要求。

原晓爽审判长随后分析了"无励磁开关专利侵权和解协议"横向垄断协议纠纷案，最高人民法院在该案二审裁判文书中明确指出专利权人在提起专利侵权案件后签订调解协议的目的不在于维权，而在于实施分割市场、控制价格等排除、限制竞争的行为，最高人民法院最终认定涉案调解协议无效。该案的典型意义在于：专利权是一种合法垄断权，经营者合法行使专利权的行为不受《反垄断法》限制，但是经营者滥用专利权排除、限制竞争的行为受《反垄断法》规制。

该案明确了涉及专利权许可的横向垄断协议的分析判断标准，就审查专利侵权案件当事人达成的调解或和解协议是否违反《反垄断法》做出了指引，对于规范专利权权利人合法行使权利、提高全社会的反垄断法治意识具有积极意义。原晓爽审判长还介绍了"涉沙格列汀片剂药品专利反向支付协议"发明专利侵权纠纷案，该案是目前中国法院对"药品专利反向支付协议"做出反垄断审查的首起案件，最高人民法院通过该案树立了非垄断案由案件中的反垄断审查原则，明确"药品专利反向支付协议"是药品专利权利人承诺给予仿制药申请人直接或者间接的利益补偿，仿制药申请人承诺不挑战该药品相关专利权的有效性或者达成延迟进入该专利药品相关市场的协议。

最高人民法院在该案中虽然只是针对撤回上诉申请所作的反垄断进行初步审查，而且最终鉴于案件具体情况也未明确定性涉案和解协议是否违反《反垄断法》，但该案裁判强调了在非垄断案由案件审理中对当事人据以提出主张的协议适时适度进行反垄断审查的必要性，指明了对涉及"药品专利反向支付协议"的审查限度和基本路径，对于提升企业的反垄断合规意识、规范药品市场竞争秩序、指引人民法院加强反垄断审查具有积极意义。

（四）数字经济竞争法的思考

中国人民大学孟雁北教授围绕"数字经济市场竞争的特点以及竞争法面临的挑战"、"竞争法立法目标与分析框架的'变'与'不变'"以及"竞争法具体制度的'变'与'不变'"展开分析。

孟雁北教授首先指出，随着技术和市场的发展，数字经济呈现新的特点，给竞争法律制度带来了新的挑战，在制度建构和实施的角度可以围绕"变"与"不变"进行讨论。例如，数字经济的市场竞争是平台竞争和数据竞争，我们在谈论超级平台是否应当向竞争对手开放的问题时，就可能会涉及必需设施理论的适用问题，并需要关注必需设施理论能否适用于平台或者适用于数据，与之前讨论的桥梁、铁路等设施以及标准必要专利相比，平台或者数据被认定为必需设施的条件是否会发生变化，是否基于必需设施理论平台或数据一定要向竞争对手开放，尤其是必需设施理论在适用中，是否仍然要遵循原有的滥用行为的分析框架，是否仍需要进行市场力量的评估和竞争损害分析来认定平台或数据能够适用必需设施理论或者构成必需设施，这些问题仍有待进一步研究。

在分析竞争法立法目标与分析框架的"变"与"不变"时，孟雁北教授提出《反垄断法》和相关的法律制度的关系的问题仍是重要的基础性问题，即面对数字经济市场竞争出现的新特点，到底是更多地依靠竞争法自身变化和优化来应对，还是通过多元或者是二元法律制度来完成数字经济治理，会影响反垄断立法目标的"变"与"不变"。如果数字经济的治理是多元或者二元的路径选择，竞争法通过优化就可以应对数字经济的挑战，立法目标不会发生变化；但是如果想让《反垄断法》或《反不正当竞争法》起到更大的作用，面临数字经济的挑战，竞争法的立法目标可能会发生变化，美国目前正在进行的关于反托拉斯法立法目标的学术争论就在于此。从制度构建的角度上来讲，立法目标不发生变化，竞争法的分析框架就不会有大的变化，而立法目标是否发生变化与数字经济的法律治理路径的多元、二元、一元化选择密切相关。孟雁北教授认为，在现行《反垄断法》的框架下，鼓励创新已是反垄断的立法目标，虽然在大多数情况下保护市场竞争也会保护创新，但也可能存在创新与竞争背离的情形。因此，在数字经济时代，"鼓励创新"是否已成为《反垄断法》相对独立的立法目标，以及创新抗辩是否具有相对独立性，是值得关注的议题。[①]

在分析竞争法具体制度时，孟雁北教授提出，数字经济时代，《反垄断法》的具体制度目前基本保持未变，但考量要素和分析工具则一定会发生变化。与此同时，数字经济时代对反垄断监管科技提出了高要求，甚至大数据和技术的运用需要类似于发现涉嫌垄断行为线索的感知技术，需要提升反垄断监管水平和对竞争问题做出精准判断的监管科技的发展。而对于反不正当竞争的具体制度而言，在我国正在进行《反不正当竞争法》第

---

① 孟雁北：《数字经济时代反垄断法"反什么"——以〈反垄断法〉立法目标切入》，《探索与争鸣》2022 年第 7 期。

三次修订的当下，需要关注司法实践中仍存在的大量"黑灰"产业以及各种各样的新型不正当竞争行为，在修法时对这些问题予以回应，是我国反不正当竞争法律制度在数字经济时代面临的挑战，需要对正在运行的具体制度是否发生变化进行修法选择。

（五）数字贸易法的一般理论与学科构建

中国政法大学戴龙教授从数据信息的基本概念、数据的法律属性和分类、数字贸易法的理论构想、数字贸易法的研究对象与内容四个方面，介绍以戴龙教授为代表的中国政法大学创新团队创作的关于《数字贸易法通论》的一般理论以及创建"数字贸易法"新型交叉学科的构想。

在数据信息的基本概念部分，戴龙教授提出，不同学科对数据和信息概念的界定差异巨大，必须在不同的学科背景下看待数据和信息的差异。戴龙教授列举了DIKW层级模型并且从法学领域对数据和信息概念进行了界定。

在数据的法律属性和分类部分，戴龙教授归纳总结了相关的学界观点，包括人格权说、财产权说、知识产权说、新型权利说以及数据信托说等。同时对数据分类进行了详细的分析。以数据来源划分，可以将数据分为自然数据、国民经济数据、实验数据以及人类行为数据，目前讨论的大数据资源以人类行为数据为主。戴龙教授认为，我们既不可能也没有必要对各种数据来源进行毫无体系的简单列举，只有根据特定目的对数据进行归类才具有意义与价值，并据此对上述数据进行了再分类，包括根据拥有主体将数据分为政府数据、企业数据和个人数据；根据数据来源及其价值分为基础数据和增值数据；根据欧盟GDP的规律方法分为个人数据和非个人数据；根据数据结构特征分为结构化数据和非结构化数据，该种分类方法对理解数据价值分类具有重要意义。

在数字贸易法的理论构想部分，戴龙教授探讨了从数字经济、电子商务到数字贸易的提法演变，运用中国信息通信研究院（CAICT）以及联合国贸发会议（UNCTAD）的相关文件对数字经济的范围进行了界定。他表示，电子商务更多是在以世界贸易组织（WTO）为代表的多边框架下探讨的新型商务形态，是从原来的工业经济时代向数字经济时代延伸的一个概念，但其内涵与外延是不完整的。他进而解释了使用数字贸易法的原因：

2013 年美国国际贸易委员会（ITC）提出适用数字贸易①，世界三大国际组织经济合作与发展组织（OECD）、国际货币基金组织（IMF）和 WTO 共同发表了《数字贸易测量手册》，认为数字贸易是最能够代表、涵盖数字经济下的各种各样新兴形态的词语，因此具有较高的合理性。戴龙教授强调，数字贸易是一个具有包容性和前瞻性的概念，更能描绘未来数字经济的发展特征，也是创新团队采纳和推出"数字贸易法通论"的主要原因。

戴龙教授同时对数字贸易法的特征进行了阐释：一是属于新兴交叉学科，研究数字贸易中的法律关系；二是跨越公法和私法、国际法和国内法两个维度，是综合性的新学科；三是聚焦数据治理的核心问题，属于社会科学研究的范畴。此外，戴龙教授还对数字贸易法与相邻部门法的关系进行了梳理。对于数字贸易法的主体和客体，戴龙教授认为数字贸易法的主体包括自然人、法人、国家和国际组织，这些主体在数字经济背景下，被赋予了新的角色和新的功能，有相应的差异。其客体为数字产品、数字服务、跨境数据传输以及云计算和云储备。

在数字贸易法的研究对象与内容部分，戴龙教授主要介绍了专著的章节以及作者，包括数字贸易法概论，数字贸易的国际规则博弈，网络安全法、数据安全法、个人信息保护法以及人工智能的法律与伦理，数字贸易中的知识产权保护、数字金融、数字税收、数字竞争与反垄断，以及数字贸易争议解决等丰富内容。

（六）人工智能催收行业的法律治理

对外经济贸易大学冯辉教授从催收行业的污名化和债权人、债务人保护视角转换切入，引入经济法整体主义的思维方式，结合金融交易及监管、产业政策，从行业性规范和激励的角度讨论了该问题的独特价值。

冯辉教授首先对人工智能催收进行了定义，即使用比较成熟的算法、自动化决策以及分布式计算等方法提高催收行业的效率与合规。广义上而言，人工智能催收包括所有以人工智能方式代替人工去催收的现象；狭义上而言，人工智能催收主要是利用特定系统收集一些公开渠道的债务人信息，然后进行催收作业。

---

① 戴龙：《论数字贸易背景下的个人隐私权保护》，《当代法学》2020 年第 1 期。

冯辉教授对人工智能催收的三个法律隐患进行了阐述。一是与《个人信息保护法》存在冲突。催收以穷尽个人信息、最快获得个人信息、精准及时更新个人信息为生存前提，但《个人信息保护法》以严格保护个人信息为立法目的，应当思考《个人信息保护法》作为一般性原则如何在特殊场景下取得平衡，采用特别法方式还是催收行业整体合规的方式值得思量。

二是目前人工智能催收行业逐渐规范化，依托于银行等金融机构采取作业，在规模扩大的同时也导致了网络安全问题的出现。催收行业以资产管理、信息咨询之名，在成为事实上的资产管理行业并具有盈利来源之后，也成了整个金融市场很大体量的存在，在得到人工智能加持后，将对债权人、债务人以及相关人员的信息安全造成重大威胁。

三是由于催收行业的特殊性，我国催收立法迟迟无法出台，执法部门大多根据后果进行合法性判断。① 在此种情况之下，很多催收企业认为利用人工智能技术可以规避行业监管规则，这也形成了监管失败的风险。

冯辉教授认为，人工智能催收很像为催收行业加披的"马甲"。催收行业的合规取决于本身立法，应当尽快出台相关法律或规范性文件，防止在人工智能催收乱象频出之后再进行整顿，破坏行业发展生态。总体而言，人工智能催收问题并不复杂，但其呼吁我们正视一个行业在技术和智能的加持下产生的外部性很大的时候，我们的规制怎样才能变得更具合理性。

最后，冯辉教授指出，催收行业真正的出路应该是混业经营、混业监管，这有待后续立法和政策的支持及规范。

中央财经大学邢会强教授将本单元发言总结为几对关系。邢会强教授认为薛克鹏教授的发言可以总结为"守与创"的关系，对如何兼顾安全与发展提出了思考，邢会强教授认为在风险社会下，安全问题更为突出，应当更加重视安全的保障。邢会强教授认为席月民研究员的发言可以总结为"党和政"的关系以及"权和责"的关系，在法治框架下重新思考了党管数据具有的现实意义。邢会强教授认为原晓爽审判长的发言可以总结为"法律与科技"的关系，论述了鼓励创新、促进产业发展

---

① 冯辉、杨梅：《利益平衡视野下中国第三方债务催收的监管与立法完善》，《首都师范大学学报》（社会科学版）2021年第6期。

的意义，审理一个案件要"治理一片"的思想以及最高法的裁判具有重要导向意义。邢会强教授认为孟雁北教授的发言可以借用其原话总结为"变"与"不变"的关系，科技监管具有重要意义。邢会强教授认为戴龙教授的发言可以概括为"攻与守"的关系，对于数据自由流动，美国是攻势，欧盟是守势，中国既要攻又要守，如何抉择政策取向是巨大的挑战。邢会强教授认为冯辉教授的发言可以归纳为"放与管"的关系，应当在遵守《个人信息保护法》的规定的基础上，加强催收行业规范。最后，邢会强教授提出，面对技术发展对经济法提出的挑战，经济法的各个部门法对数字经济都有相应的回应，在数字经济时代经济法这坛"老酒"一定会飘出新香。

三　数字经济竞争法治理论与实践

（一）数字时代的社会风险特性及监管模式转变

中国政法大学刘继峰教授从"国家安全观的提出"入手，提出国家安全观是一个庞杂的体系，由于存在风险才产生安全问题，控制风险成为法律的核心任务。在这样的逻辑起点下，数字经济时代，法律更要做好风险控制工作，为数字经济时代的发展保驾护航。

刘继峰教授认为社会性风险在不同的时代有不同的形式，因此对法律也会提出不同的要求。为了进一步认清社会性风险的本质，刘继峰教授论述了在不同时代，社会性风险的形态与本质差异。在前工业时代，风险是以"点"为发生形态的，比如在特定时间，有一个特定的人物，发生了一个特定的事件，这是一种故事型的风险。在工业时代，随着产品的工业化，形成了以"面"为发生形态的风险，体现为特定的时间、特定的地点、特定的多数人产生的一种风险。在数字经济时代，风险以"片"为发生形态，体现为不特定的时间、不特定的地点、不特定的人，在这样的环境下产生的风险的本质与之前就完全不同。数字经济时代的风险和传统的社会性风险最本质的差异在于风险系统发生了重大的变化。

刘继峰教授指出，在过去，"系统性风险"这一词语更多地被运用在金融领域，金融领域的"系统性风险"发生在财产领域，但今天提到的数字经济时代的系统性风险不限于财产方面，还包括人身、人格等方面。因此，当数字化与某一个具体的领域结合，从法律的角度来说就可能会产生数字化加上生命健康的法律、隐私的法律、肖像的法律、知识产权的法律以及消费者权益保护的法律等，这可能会形成控制数字化时代风险的法律模式。

最后，刘继峰教授提出数字经济时代的社会性风险会对法律产生影响。第一个方面是法的功能主义倾向似乎更加明显。所谓功能主义倾向就是具有能动性，可以主动控制风险、防范风险，甚至可以预测风险，而不是事后补救损失，这是一个很大的立法技术的转换。第二个方面是部门法的多元功能化，公法与私法之间的界限会变得模糊，很难用一些传统的观念来定位某一个法部门。第三个方面是预防性立法"界标"的前移，生成了一些柔性的调整手段，比如近年来制定的约谈、关注、咨询等预防性立法手段增多，"守门人"制度就是一种典型的预防性立法制度。最后，刘继峰教授总结道，新的风险需要新的控制方法，除了技术性的控制之外，法律上的控制也需要一些新的手段相辅助。

（二）大型互联网平台反垄断规制路径——从"行为"到"身份"？

中国社会科学院大学谭袁副教授以欧美实践为参考，探讨中国是否应借鉴欧美对大型互联网平台的规制路径，是否应从传统的行为规制转化为欧美所主张的身份规制。

谭袁副教授提出，传统的《反垄断法》规制路径探讨的是从行为出发，分为垄断协议、滥用市场支配地位制度以及经营者集中反垄断审查三大类，这种规制路径存在很多问题。一是主要体现为事后规制的垄断协议以及滥用市场支配地位制度，在认定构成垄断方面存在困难[①]；同时由于监管的事后性，当一种垄断行为发生时，市场竞争可能已经被消除了，规制手段的滞后性使保护竞争的效果将大打折扣；此外，事后规制也往往无法改变平台企业的商业模式，只能对其进行处罚。以谷歌为例，即便欧盟委员会对其做出了巨额处罚，其商业模式仍然未做出特别大的改变。二是对于主要体现为事前规制的经营者集中反垄断审查，由于有一些经营者集

---

① 谭袁：《互联网平台滥用市场支配地位行为规制的困境与出路》，《法治研究》2021年第4期。

中未达到申报门槛，故无法对其进行有效规制。三是传统的《反垄断法》规制大多数采用合理原则的分析。本身违法原则的适用范围越来越窄，即便是对于理论上属于适用本身违法原则分析的垄断协议，在实践中适用的也是合理原则。合理原则的分析有其价值，但是也确实存在问题，因为在适用合理原则的过程中需要进行大量分析，需要获得大量数据，在此过程中，对合理原则的把握可能会出现一些偏差以及误查、漏查之类的问题。

谭袁副教授指出，在前述背景下，出现了一种新的规制思路，如欧盟《数字市场法》所引入的"守门人"制度以及美国的《终止平台垄断法案》等法案所确定的"涵盖平台"制度，通过考察平台用户以及市值或者营业额，直接禁止达到特定标准的平台做出相关的行为，这就是所谓的身份规制。我国也在 2021 年的《互联网平台分级分类指南（征求意见稿）》中，尝试采取类似的规制路径，但是目前无最新动态，可能其存在一定的争议。

谭袁副教授认为，身份规制有其价值，但是也有弊端。身份规制非常简明，只要达到一定的标准，就可以直接禁止行为人从事某种行为，从执法或者司法的角度来说可操作性强，也能给予相对人明确的指导。身份规制实质上是将经验转化为立法，欧盟和美国根据多年来的执法经验，认为达到一定的体量的企业所从事的某种行为就可以被认为具有限制竞争的效果，从而应该被禁止。身份规制也有其弊端，体现为"一刀切"式的垄断规制，因为只要达到法律规定的某种标准，该主体就不能从事某类行为，司法或者执法机关将不会去考察这种行为损害竞争的后果，因此这种"一刀切"可能会造成误伤，例如即便是对于平台所从事的自我优待行为，也不能一概认为违法，而是应当进行具体分析。

谭袁副教授认为，中国应该慎重地借鉴身份规制。原因在于，中国与美国面临的问题存在很大的不同，美国在 20 世纪 70 年代引入芝加哥学派后，对大型企业的反垄断处于相对空白的状态，所以在新布兰代斯运动之下，他们需要做出一定转变。中国与欧盟面临的问题也存在很大的差别。中国目前整体的规制还是相对有效的，尽管存在一些问题，但反垄断监管仍然处于成长期，最近几年出现了许多富有成效的执法实践。盲目地采用身份规制可能会造成错误的执法，甚至可能会架空现有的反垄断制度。

最后，谭袁副教授总结道，中国应当保持应有的制度自信，虽然当前反垄断规制有很多不足，但其整体框架还是能够适应中国的数字经济发展趋势。对于本身违法原则，也应当非常慎重地适用。

（三）竞争公平视野下的互联互通

天津市高级人民法院知识产权审判庭张军强法官以"竞争公平视野下的互联互通"为主题进行分享。

在简单阐述互联互通的内涵后，张军强法官指出，互联互通具有积极影响。一是互联互通有助于各种元素的自由流通，互联网本身是一个万物互联的网络环境。二是互联互通能够为中小企业提供更多的机会，让市场得到更充分的竞争。三是互联互通能够促进数据的流通，有利于数据的充分利用，产生衍生数据，充分发挥数据价值。四是互联互通可以提升消费者福利。

同时，互联互通也有消极影响。一是不利于激励创新和发展。因为在互联互通的背景下，当一个企业达到了某种规模时，其就需要强制接受互联互通，因此，很多企业发展动力不足，始终保持缓慢的发展速度，不触碰"天花板"。二是提高不正当竞争行为的发生概率。在非互联互通的情况下，各种新型网络不正当竞争案件屡见不鲜，比如"流量劫持""批量点评"等。如果互联互通，可能会为此类"黑灰"产业大开方便之门。三是可能会危害用户数据安全。实现互联互通，数据挖掘、搬运会变得更加便利。

因此，张军强法官认为，我们应当对互联互通进行一定的限制。当前阶段互联互通的应有之义包括以下几个方面。

第一，拒绝互联互通不能与恶意不兼容画等号。

第二，互联互通应限制在无竞争关系的平台或应用之间，管理者不能强迫一个企业或者一个主体做对自己不利的事情。

第三，关于 Robots 协议互联互通，当前司法案例中分为两类，两类案例的处理结果不同。张军强法官引用了"百度与奇虎 360 Robots 协议案"提出在搜索引擎类案件中，没有正当理由不能设置歧视性的 Robots 协议。而在非搜索引擎类案件"字节跳动公司诉微梦公司案"中，法院认定新浪微博设置的不允许字节跳动公司访问数据的 Robots 协议不违法，由此可见在非搜索引擎类案件中，在一定程度上又允许设置歧视性的 Robots 协议。

第四，接受外链方面的互联互通，可以考虑设置 API 接口，双方协商中小企业上交一部分费用，尝试在此种平衡的制度下开展互联互通。

（四）数字经济领域排他性交易行为的反垄断规制

西南政法大学叶明教授开篇提出，《反垄断法》修订以后，实务界还有一些案子无法解决，比如排他性交易，立法未有效地回应社会需求。

对于这些实务界无法解决的数字经济领域的排他性交易行为，叶明教授总结了四个方面的特性：第一个方面是主体，首先，这些主体主要是一些数字平台企业。其次，这些主体并不必然具有市场的支配地位，可能只具有相对的优势地位。最后，这些行为主体并非处于行为相对人的上下游，不是传统的横向或纵向的关系，而是双边关系，平台只扮演中介的角色。第二个方面是这种行为的实施途径具有特殊性。与传统领域的达成垄断协议不同，数字经济领域更多是通过滥用市场支配地位来实施垄断行为。第三个方面是实施方式具有特殊性，与传统的排他性交易不同，平台主要是通过技术手段实施排他性交易，隐蔽性更强。第四个方面是行为的后果具有特殊性，一是影响地域具有广泛性，不仅仅局限于国内，还可能扩张到国外市场；二是行为主体可以迅速积累市场优势，与传统市场优势的累积确有差异。

因此，叶明教授认为对数字经济领域排他性交易行为的规制相比传统规制也应具有特殊性。首先是在规制理念上具有特殊性，要采取谦抑性规制。原因有三，一是对于新生事物应有敬畏之心；二是规制中竞争效果的判断具有不确定性；三是这种行为具有动态竞争以及技术创新的特点。其次是在规制路径上具有特殊性。一方面，我们要坚持滥用市场支配地位的规制路径；另一方面，我们要激活纵向垄断协议的规制思路，以避免对平台企业市场支配地位的认定。目前的执法和司法对于这方面的考虑有所不足。再次是规制内容方面具有特殊性。应当综合考察行为人的市场力量、竞争损害的效果以及抗辩的理由，将行为人的市场力量评估作为反垄断规制的前置条件，而不是评价其是否具有市场支配地位的依据。在竞争损害评估时，应该采取综合性的分析方法，强调市场封锁的效果。还要明确行为人的抗辩理由，可以允许经济效率抗辩，防止"搭便车"抗辩以及保证产品质量抗辩，"一刀切"式禁止并不符合数字经济的实际情况。最后是规制方式具有特殊性。需创新监管机制，注重事前和事中规制，事后规制的问题在于处罚一个企业，整个产业可能会因此消失。所以，要强调事前风险预警机制，同时可以考虑建立事中执法程序制度。

叶明教授最后提出几点建议作为总结：一是要进一步完善我国反垄断配套规章制度；二是要根据个案选择规制路线；三是要以市场封锁为核心标准展开竞争损害评估；四是要完善对排他性正当行为的分析认定制度。

（五）数字经济的反不正当悖论

浙江大学张占江教授在演讲开篇提出了一个悖论，即在数字经济背景下，《反不正当竞争法》的适用并不是保护了竞争，而是制造了不正当竞争。

张占江教授指出，在数字经济背景下出现了很多的不正当竞争问题，比如广告屏蔽、流量劫持、恶意不兼容等。这些不正当竞争行为有一个共同的特点，就是发生的语境都是在一种不对称的竞争结构之下。在平台经济背景下，一个大型的超级平台需要其他参与者为其吸引用户、产生流量，其又可能通过各种技术、算法对其他的竞争参与者甚至整个竞争生态进行控制，打压竞争对手，扭曲消费者的自由决策。在这种情况下，其他的竞争参与者包括消费者在整个竞争生态中的身份和功能都面临被扭曲的风险，这种风险就产生了外部性和公共性，涉及竞争秩序，由此就落入了经济法的范围。在这样的背景下，《反不正当竞争法》保护竞争、平衡强者与弱者之间的关系是很严峻的挑战。在这种严峻的挑战之下，原《反不正当竞争法》套用了一些被诉侵权的条款，经常会引用"搭便车"、不劳而获等。张占江教授指出在引用这些道德标准时，很容易给企业的竞争行为贴上一个不道德的标签，而过于干预企业行为，被认为有家长主义倾向。

张占江教授认为，从规制法学的法理角度分析，《反不正当竞争法》借由规制强化自治，通过对有限行为的禁止，实现更普遍的竞争自由。面对不对称的竞争结构，规制实质上是公权力如何进行约束。因此，公权力在平台经济的背景下，既要"不作为"，不轻易给企业施加道德上的判断；又要积极履行义务，给弱势的竞争者、参与者创造条件，以确保他们实质的竞争资格。

对于如何打破前述悖论，张占江教授提出，《反不正当竞争法》实际上是一种公私融合的产物，在面对不对称竞争结构的时候，更需强调公私融合。因此，当前，《反不正当竞争法》应当融入公法要素，这种公法要素可以被解释为基本权利体系，其可作为法理的补充，强调国家对竞争关系的介入，要站在整体主义的立场上服务，考虑落实参与各方的利益，准确划定不正当竞争行为的边界。①

发言的最后，张占江教授进行了总结：平台经济、数字经济冲击产业的发展，给《反不正当竞争法》带来了很多"冲动"，进而制定了很多类型化的条款，但实际上这种"冲动"可能操之过急，缺少了法理上的思考。对于不正当竞争行为的禁止，从来都不局限于专门的法律法规，真正起作用的是其背后连贯的法理框架，这也是经济法所强调的，即竞争失衡要求国家介入竞争关系，在确保人类最基本的价值方面承担责任，站在整体主义立场考虑问题，突破形式平等来看待问题。此时，《反不正当竞争法》才会更多地体现现代经济法的特色。

（六）滥用相对优势地位制度纳入《反不正当竞争法》之质疑

上海财经大学袁波助理教授提出，滥用相对优势地位制度最早是用来解决零供关系失衡问题的，但由于最近十年中，大家对平台领域的监管关注度持续升高，人们开始思考这种制度是否可以用来解决平台监管中遇到的问题。典型的例子是，2016 年《反垄断法》修订时曾尝试引入滥用相对优势地位制度，但是立法未果。但 2018 年出台的《电商法》第 35 条被学界的主流观点认为是电商领域的滥用相对优势地位制度。比利时 2019 年在经济法中引入了这一制度，核心目的就是监管数字"守门人"。② 在数字经济的大背景之下，是否还需要引入滥用相对优势地位制度对于学界来说是一个值得思考的问题。

为了回答这个问题，袁波从三个维度和三个方面进行阐述。第一个维度是制度构成分析。滥用相对优势地位制度包括主体要件、行为要件和效果要件。主体要件是分析是否具有优势地位的一个前置要件，但是其与滥用市场支配地位中的市场支配地位认定相比差别很大，因为市场支配地位的认定有量化分析的方法，而且考量因素比较成熟，但是优势地位判定的分析方法较泛化且不成熟。从行为要件来看，对于何种行为属于滥用相对优势地位行为，不同国家和地区的分歧比较大，主要有两种观点，一种是

---

① 张占江：《反不正当竞争法属性的新定位——一个结构性的视角》，《中外法学》2020 年第 1 期。

② 刺森：《互联网平台滥用相对优势地位的规制理论与制度构成》，《环球法律评论》2023 年第 1 期。

将常见的反竞争行为纳入滥用相对优势地位制度中，如德国的《反限制竞争法》，但是日韩将不公平、不正当的交易也纳入滥用相对优势地位制度中。因此，对于滥用相对优势地位制度的内涵，在不同的司法辖区未形成共识。效果要件是最核心的要件，关于滥用相对优势地位是由于损害了竞争才具有违法性，还是这种行为一旦出现就具有违法性，从目前我国《反不正当竞争法》的条款中很难得出结论，分歧较大。

第二个维度是制度必要性分析。目前学界达成共识，都认为滥用相对优势地位没有必要被规定在《反不正当竞争法》中，因为这种行为完全可以被置于《反垄断法》的滥用市场支配地位中进行规制，因为相对优势地位的认定与《反垄断法》中的滥用市场支配地位认定并没有太大区别，一旦认定一个经营者具有相对优势地位，就意味着其具有市场支配地位。袁波助理教授认为，对于这类行为，不应当将其纳入竞争法的规制范围。主要理由有三：一是在经营者在相关市场上的影响力比较有限的情况下，滥用相对优势地位是一个契约失灵问题，而不是市场失灵的问题，因此，经济法干预的正当性基础是受到质疑的。二是竞争法无法解决契约失灵问题，因为会产生很多监管上的规避，进而抵消监管本身的效果。三是2016年修订《反不正当竞争法》时，在不正当竞争行为的界定以及立法目的上都有调整，更加关注行为对市场秩序的影响以及对其他法益的侵害性。而国外经济学普遍的研究结论认为滥用相对优势地位行为对经济效益的影响以及对长期动态竞争的影响是不确定的。

第三个维度是制度功能分析。首先，《民法典》、《反不正当竞争法》以及《反垄断法》中的相关制度，足以解决滥用相对优势地位制度想要解决的一些问题。另外，一些行业监管法或者特殊领域的法律制度，也发挥着同样的功能和效用。袁波助理教授在此分享了自己的实证分析调研。一是对《零售商供应商公平交易管理办法》第6条的实证调研，本条规定了零供关系领域的滥用相对优势地位制度，在40多个案件的绝大多数案件中，对于零售商提出的交易条件，经销商并没有提出反对，所以从实证调研的角度来说，零供关系领域是否存在滥用相对优势地位行为，仍需斟酌。二是对《电商法》第35条的调研，该条解决的核心问题是"二选一"问题，但是在实施后的4~5年时间里，在"二选一"案件中竟然没有1起案件适用《电商法》第35条，这就意味着最初的立法目的并没有实现。三是针对执法案例的实证调研，40多起执法案件中，适用《反垄断法》

《反不正当竞争法》频率较高，尽管有一半的案件适用《电商法》第35条，但这些案件执法主体是区县和市级的监管机构。因此，如果将滥用相对优势地位制度纳入《反不正当竞争法》，必然会面临执法机构太多、执法标准难以把控的问题。

因此，基于上述的分析，袁波助理教授认为，不论是从制度本身的角度还是从制度功能的角度，不论是从静态的角度还是动态的角度，将滥用相对优势地位制度纳入《反不正当竞争法》进行一般化的立法规制，仍需做好许多前期分析研究工作，这种行为是否大量存在、是否有立法规制的必要性，仍需要我们进一步思考。

天津市高级人民法院刘震岩副庭长总结道，大数据、云计算和人工智能等的发展给理论界、司法界都带来了新的挑战，这种挑战主要体现在以下几个方面：一是保护客体更为多样，在数字经济的背景下，数据、算法都被纳入保护的客体。二是市场竞争行为的样态在不断翻新，数字经济时代，不正当竞争行为往往更具隐蔽性，对于司法工作者来说，不仅要了解法律的规定，还需要了解技术背后的底层逻辑甚至整个行业的发展。三是权利边界具有模糊性。原则上立法在理论研究的基础上要回应实践的需求，但实际上司法虽然是事后救济，当法律相对模糊或者比较原则性的时候，我们需要司法来确定行为的边界，我们也需要考量在这种情况下如何平衡各方的利益。

刘震岩副庭长认为，竞争法要回应数字经济的现实需求，我们应当建立契合数字经济发展规律的法律理念，通过实践为理论界提供更多的样本，学界和理论界也应给予实务界更多理论上的支持，通过建立良性的互动共同推进数字经济健康有序发展。

四　平台经济常态化监管理论与探索

（一）超级平台"围墙花园"的竞争法解构与破拆进路

中南财经政法大学刘大洪教授从超级平台"围墙花园"的垄断机理剖析、"围墙花园"破拆的现实必要以及"围墙花园"的破拆进路三个方面进行分享。

刘大洪教授从"围墙花园"的发展现状出发，指出随着强化反垄断和防止资本无序扩张的平台治理走向深入，中国互联网深层次的"围墙花园"问题也开始"破冰"。[1] 刘大洪教授对当前"围墙花园"的特征进行了简要总结，认为"围墙花园"模糊了封闭与开放的简单二元对立，有时候为"花园"筑起高墙，其呈现的面貌并不是令人反感和厌恶的封闭，而是很巧妙地让用户心甘情愿地停留在其所谓的生态之中。

基于此，刘大洪教授对"围墙花园"的垄断机理进行剖析，将其总结为"数据+算法"的双轮驱动。"围墙花园"的形成以"用户以注意力和信息作为对价交换服务"为起点，超级平台凭借访问用户的海量数据提升算法的精准度，而更加精准的算法又会不断提升和优化平台的产品和服务，并吸引更多的用户入驻，产生循环，在杠杆效应的加持下进行跨域传导，最终在辐射型市场上营造更广域的"围墙花园"。在形成"围墙花园"之后，用户对超级平台跨领域竞争接受度提高，无形中产生用户锁定，加之超级平台通过主动采取措施压制竞争对手，以及用户与流量交互赋能"围墙花园"，导致超级平台的市场优势不断累积并最终筑成市场壁垒。

刘大洪教授指出，由于生态型垄断风险的滋生，有必要对数字经济"围墙花园"进行竞争法破拆。在超级平台建构的"围墙花园"中，海量数据聚集是垄断的基础，歧视的算法是垄断的利器，强大的算力是垄断的支撑，雄厚的资本实力是垄断的保障。在此过程中，头部企业已经建立了极为完备的生态系统，潜存着生态型垄断的风险，原因在于：该类互联网平台企业于内只有不断强化锁定才有收回前期沉没成本的可能，于外只有不断扩张才能避免被吞并、模仿。中国信息通信研究院的数据显示，我国即时通信、移动支付、游戏直播、搜索引擎、网络音乐、网上外卖、电商直播等市场 CR4 均超过了 90%，呈现高度的寡占性，具有较强的负外部性，平台"围墙花园"向生态型垄断不断演化有其内在动因，平台生态圈将会产生全产品、全市场覆盖竞争的新型竞争业态。

对于超级平台"围墙花园"的破拆，刘大洪教授从反垄断规制理念和治理框架两方面提出解决方案。在规制理念上，反垄断视角应当从传统的行为主义转向结构主义，从行为规制转向主体规制。为防范超级平台"大而不能倒"的风险，反垄断法要落实到具体主体身上才有约束力。在治理

---

[1] 钟祥铭、方兴东：《"围墙花园"破拆：互联网平台治理的一个关键问题》，《现代出版》2021 年第 5 期。

框架上，需要平台内外部治理力量的平衡与重构，面对多元主体、多重角色、多层关系层层嵌套的"围墙花园"，参与市场竞争的主体已非单一企业或者平台，这也呼吁以系统性的思维确立监管框架。

刘大洪教授总结道，"围墙花园"的出现是必须高度警惕的事情，但在规制的同时也不能"用力过猛""寸草不生"，如果连"草"都不长，更不会长"苗"。目前的着力点应当是在顺应平台经济发展的大形势之下为其健康、可持续发展保驾护航。

（二）数字经济领域竞争与规制的边界

上海交通大学侯利阳教授以"数字经济领域竞争与规制的边界"为题，从自我优待行为的视角展开了观察分享。

侯利阳教授从平台治理的国内国际发展趋势切入，指出目前我国对于平台治理基本上与国际平行，进而提出目前存在两类平台治理工具，分别是《反垄断法》和行业规制，但两者之间的边界有待进一步明晰，可以自我优待行为为切入点进行观察。

侯利阳教授首先对自我优待进行了简要的定义，即对待自己的业务要优于别人的业务，并据此提出疑问：自我优待在正常状态下属于正当经营情形，在何种情况下才需要被禁止？借此，他谈到应进一步解构自我优待的行为模式，可将自我优待归纳为存在自营业务或关联业务的平台，同时给其竞争者和自身提供平台业务，产生下游市场的竞争关系。对此，又可以细分为生态圈间的自我优待和生态圈内的自我优待。

平台生态圈间的自我优待是指在核心平台、核心平台自营或关联业务以及竞争平台三方主体之外，竞争平台之后仍有一个核心平台，与竞争平台共同组成生态圈，从而形成两个由核心平台主导的生态圈之间的对抗局面，比较典型的案例包括腾讯"封杀"支付宝红包以及微信"封杀"抖音等，属于力量均衡的竞争，在这种情况下市场机制并没有失灵，应当首先由市场机制进行调整，再才由《反垄断法》进行解决。

平台生态圈内的自我优待是指与自营业务竞争的竞争者背后没有其他核心平台，比如淘宝、谷歌内的自营业务，在这种情况下双方力量极度不均衡，平台同时承担着经营职能和市场组织职能，平台通过市场组织职能谋取利益。侯利阳教授借此提出在这种情况下的市场不中立是否属于市场失灵的情况的问题。他解释道，在纯粹的市场机制下，平台并没有保持中立的义务，在《反垄断法》的框架下，需要回归经济学寻找答案，而目前不少人认为这种不中立不利于社会总体福利的增加，但也有学者认为其对社会福利起到促进作用，该问题仍有待考量。

侯利阳教授指出，即使要对平台施加维持中立的义务，也存在是否对所有平台施加以及对哪些平台施加中立义务的问题。在当前市场状态下，应当采用分类解决方案，针对平台行为，在市场未失灵状态下，使用《反垄断法》进行规制；在市场失灵的状态下，对其行为性质和市场效果拿得准的就采取行业规制的方法，拿不准的应当采用自我规制的方法。在自我规制方面，侯利阳教授又提出要对自我规制进行规制，即元规制，具体方案包括要求平台建立内部规则的制定机制、内部规则的外部督促机制以及内部规则的外部审查机制。[①]

（三）中国式现代化背景下平台经济治理创新的趋势

国家信息中心信息化和产业发展部于凤霞处长围绕如何认识中国式现代化、数字经济新阶段以及平台经济治理创新趋势展开分析。

于凤霞处长指出，现代化是一个动态的、发展的概念，对新发展阶段中国式现代化的理解，必须密切结合全球数字经济发展这一大的历史背景，深刻理解其理论逻辑和战略内涵。从发展阶段上看，中国式现代化是我国现代化进程进入数字经济时代，顺应人类社会发展大势和适应新阶段外部环境变化的必然选择；从发展模式上看，中国式现代化是基于新发展阶段社会主要矛盾和发展目标而探索的，以工业化、信息化、城镇化、农业现代化"四化"同步发展的并联式现代化模式。从发展动力上看，中国式现代化是以数字技术和数据要素为核心驱动、以打造和强化数字经济新引擎为特征的现代化。中国式现代化的战略内涵是发展高质量的数字经济，即坚持以人民为中心的价值导向，以实现全体人民共同富裕为战略目标，全面构筑数字经济新优势和积极构建网络空间命运共同体。

于凤霞处长认为，当前我国数字经济发展进入"做强做优做大"的新阶段，中国式现代化为我国数字经济发展提供了重要的价值导向，即追求共同富裕的价值导向、以人民为中心的价值导向、实现可持续发展的价值

---

① 侯利阳：《〈反垄断法〉语境中自我优待的分类规制方案》，《社会科学辑刊》2023年第3期。

导向、构建网络空间命运共同体的价值导向。这些对平台经济规范发展和治理创新提出了新的要求。[①]

于凤霞处长在分析平台经济的特殊性、平台的双重身份、平台治理面临的新问题等的基础上，提出了未来几年我国平台治理创新的主要趋势：一是加快建立覆盖事前事中事后全链条的、多种监管方式相结合的监管体系；二是平台经济治理将走向常态化、法治化，平台经济监管将由政府主导走向多元主体协同；三是大数据、区块链等技术监管手段应用持续深化；四是以信用为基础的新型监管机制成为平台经济监管的重要抓手。[②]

（四）关于提升平台经济常态化监管水平的初步思考

中国信息通信研究院政策与经济研究所监管研究部王甜甜研究员主要从中央为什么提常态化监管、常态化监管应该是怎样的、如何提升常态化监管水平三个部分进行分享。

关于中央为什么提常态化监管，王甜甜研究员主要从历史沿革角度提出见解，她指出，2016 年首次提出了要探索包容而有效的审慎监管方式，引导和支持新业态、新模式的健康发展；到 2017 年 3 月政府工作报告当中，正式提出了要鼓励创新、包容审慎的原则，制定新兴产业的监管规则。这种包容审慎的原则一直到 2020 年都是我国平台经济新业态最基本的监管理念。整体监管的基调为平台经济的高速发展提供了政策的保障。但在高速发展的同时，关于隐私保护、平台责任一系列不规范的问题也在这个过程中逐渐显现。2020 年底，中央经济工作会议首次提出了要强化反垄断和防止资本无序扩张，进入了全面强化、集中整改的时期。虽然密集的监管整改了乱象，但也使市场的发展信心受到影响。这在数据上也有明显表现，2021 年我国市场价值超 10 亿美元的品牌企业第一次出现了数量下滑，市值规模也同比下降 20%，阿里巴巴当年的市值下跌了将近 50%。因此，到了 2022 年 3 月中央态度发生了转变，开启了平台经济常态化监管的

---

① 于凤霞：《中国式现代化视域下数字经济发展的价值导向与实践路径》，《新经济导刊》2023 年第 2 期。

② 于凤霞：《我国平台经济监管的理论逻辑与政策实践》，《中国劳动关系学院学报》2022 年第 3 期。

新阶段。[①] 王甜甜研究员据此进一步指出，中央向常态化监管转变的原因就在于想要从过去"一放就乱"，后来"一管就死"的怪圈中走出来，在发展与监管间找到平衡点，希望能够以常态化的监管促进平台经济真正实现高质量发展。

关于常态化监管应该是怎样的，王甜甜研究员认为，经过多年探索，在包容审慎时期和全面强化、集中整改时期出台的政策法规和体制机制已经形成了一定系统性规划，取得了一定积极成效。目前仍存在两个问题：一是监管规则有待进一步细化，监管要求有待进一步明确，政策法规间的竞合与衔接有待更好处理；二是部门间职责边界有待进一步明确，跨部门协同监管机制有待进一步优化。王甜甜研究员进一步进行例证，指出目前《反不正当竞争法（修订草案）》中引入的滥用相对优势条款，带来了标准降低的风险，模糊了《反垄断法》和《反不正当竞争法》的衔接边界，执法的不确定性大大增加。除此以外，我国行业监管部门与市场监管部门的职责边界也不清楚，数字经济时代，国家市场监管总局、工信部、传统行业管理部门职责交叉，造成监管效率低下和监管叠加或真空的问题。

关于如何提升常态化监管水平，王甜甜研究员提出了三点建议：一是进一步完善制度细则，明确合规要求；二是加强政策和监管协同，强化统筹协调；三是创新常态化监管工具，提升监管水平。

（五）数字平台行业监管与市场监管的分工与协调

天津财经大学冯博教授提到本次会议反复讨论反垄断执法与行业监管之间的关系，而要厘清二者之间的关系就需要首先明确行业监管与市场监管之间的关系。行业监管是指以行业分类为基础的条条监管，例如原银保监会等机构重点整治网络借贷平台。市场监管是指以统一市场为对象的块块监管，核心是反垄断，例如阿里巴巴实施"二选一"等数字平台反垄断执法的标志性事件。部分跨界经营的数字平台已然形成"一市场多行业"、"一行业多市场"或"多行业多市场"的新格局，催生了数字平台"行业≠市场"的新命题，使得行业监管与市场监管的分工与

[①] 卓丽洪：《发展平台经济与监管有效性研究——平台经济实现从专项整改向常态化监管转变》，《价格理论与实践》2023年第3期。

协调的重要性日益凸显。

冯博教授首先对行业监管和市场监管的历史演进进行了阐释。监管初始阶段，监管主要表现为针对证券、铁路、航空的反托拉斯执法，在这些行业中，行业和市场的区别并不明显，基本符合"行业＝市场"这一假设，因此这一阶段政府监管以行业监管为主，且行业监管与市场监管混同。随着行业监管的范围扩大，出现了市场监管无效率的弊端，大家越来越重视更有效率的反垄断，反垄断逐渐与行业监管分化成了两种监管模式。进入数字经济时代，出现了"多行业多市场"的纷繁复杂的发展格局，行业和市场产生了交叉，所以行业监管与市场监管也不再泾渭分明，而需要互相协调和补充。

冯博教授指出，数字平台行业存在"一行业多市场"的情形，也存在"一市场多行业"的情形，甚至存在多个平台、业务种类纷繁复杂的数字平台企业集团，涉足"多行业多市场"的情形，基本符合"行业≠市场"的行业监管和市场监管功能分工的基本前提。冯博教授运用反垄断经济学和规制经济学的理论，指出行业监管和市场监管分别承担解决进入壁垒、外部性与内部性三类市场失灵的功能，并运用表格的形式将行业监管与市场监管的监管对象、职能、方式、内容、机构、法律政策依据、法律实施方式一一进行对应，从而拆解出行业监管和市场监管的大致边界。

据此，冯博教授进一步指出市场监管与行业监管不应当是互相替代而应当是相互补充的关系。但目前数字平台行业监管与市场监管互补实践中存在现实难题，包括行业监管可能会扭曲市场配置、滋生行政垄断、妨碍市场竞争等，最终经过治理应当达到平台行业监管与市场监管之间分工明确、有效协调的实然状态。

对于如何实现数字平台的行业监管与市场监管的有效协调，冯博教授建议对数字平台进行分类管理。一是基础设施型平台，自然垄断性较强，可以通过价格控制等手段对其收费水平和服务质量实施限制和约束，以克服"马歇尔困境"；同时加强行业监管以防范信息泄露等网络安全隐患。二是广告服务型平台，拥有大量用户和海量数据，容易形成市场势力，进而引发垄断风险，因而应科学运用市场监管特别是反垄断监管执法来规范广告服务型平台的市场行为。三是一般应用型平台，市场监管部门应当坚持竞争倡导，谨慎开展反垄断执法；同时行业监管部门应重点预防及处理安全风险。

在司法监管层，冯博教授提出，应当加强管反垄断执法与司法协调，推动专门法院或法庭对相关监管事项进行管辖。[1]

（六）从经典反垄断法向反垄断监管法的范式转化

华东政法大学翟巍副教授表示，目前反垄断法的发展包含两种趋势，一是不断强化成为超级反垄断监管法；二是固守传统的反垄断法经典范式。德国目前突破了传统的反垄断法监管范式，将要建立反垄断监管法，德国的联邦卡特尔局也将成为超级的监管机构。翟巍副教授梳理了德国《反限制竞争法》（GWB）的修订情况，其第十次修订已完成，第十一次修订预计将在2023年完成，第十二次修订按照规划将在2024年完成。从第九次修订开始，德国《反限制竞争法》已经有了从经典的反垄断法向反垄断监管法转化的趋势，第十次修订其实就是对标欧盟《数字市场法》，要进行数字化变革。其最大的修订亮点就是增加的第19a条，其针对具有突出的跨市场的竞争重要性的企业的滥用行为设置规制内容。如果这些企业滥用市场力量，就直接构成一种新类型的垄断行为，不再需要用传统的滥用市场支配地位行为条款进行规制，这为此类具有特定身份的数字平台企业设定了相应的义务。

《反限制竞争法》第十次修订在2021年生效之后，德国联邦卡特尔局迅速地对世界的头部互联网平台企业进行了评估，作为美国头部平台企业代表的GAFA企业均被认定为具有突出的跨市场竞争重要性，因此它们直接被赋予了相应的义务，比如互操作性等义务，而不需要再按照传统反垄断法条款来识别或者决定是否应当规制。《反限制竞争法》第十一次修订设定了一个远期目标和一个近期目标：其近期目标是应对俄乌冲突之后德国对燃油巨头的补贴效果争议，但经过分析和市场调查，该补贴的红利并没有传导给消费者，因此其修订近期目标落空；其远期目标是推动监管政策在国家政策中居于核心地位，进一步加强反垄断部门的执法权限，此目标支撑着修法的继续。

2022年9月26日，德国联邦经济与气候保护部发布了《反限制竞争法》第十一次修订的部长级草案，部长级草案全称为"优化竞争结构与征纳垄断行为衍生利益之部长级草案"。2023年4月5日，德国联邦政府正

---

[1] 冯博、于晓淳：《数字平台行业监管与市场监管的分工与协调》，《理论学刊》2023年第2期。

式通过了《反限制竞争法》第十一次修订的政府草案，该草案很有可能得到德国联邦议会和联邦参议院的最后通过。《反限制竞争法》第十一次修订受到广泛关注，争议最大的是具有明显反垄断监管法色彩的突破传统的经典反垄断法范式的规定，即德国联邦卡特尔局可以在无须考虑企业是否具有垄断行为、是否实施滥用市场力行为的情况之下，仅通过对市场进行调查，一旦发现市场的竞争机制受到了损害，就可以直接对市场进行结构性干预。这一规定被称为"亡魂"理念之复活，呼应 1949 年德国《反限制竞争法》约斯腾草案的相似内容。[①]

德国《反限制竞争法》第十次修订被称作数字化法，第十一次修订被称作竞争执行法，竞争执行法主要就是拓展与强化德国联邦卡特尔局的执法权限。德国目前法律规定的尴尬之处在于，德国联邦卡特尔局可以进行行业调查，但即使查明市场经济竞争机制已经失灵，如果并非企业垄断行为导致的，那么德国联邦卡特尔局也不能进行直接干预。第十一次修订突破了这种尴尬的局面，直接对德国联邦卡特尔局赋予超出经典反垄断法范畴的权限。

翟巍副教授最后指出，该草案也引起了业界的反对，主要集中在这种规制方法可能会使以前的执法和司法标准都失效的观点；也有人提出目前执法力度不大，不是立法的原因，而是执法资源欠缺的原因，所以应当增加执法资源的观点。因此应当谨慎思考、辩证借鉴域外经验。

郑州大学吕明瑜教授总结道，刘大洪教授分享的"围墙花园"破拆具有哲学思维，协同共治的方法具有重要意义；侯利阳教授通过类型化的方法将平台竞争分为生态圈间和生态圈内的竞争具有启发意义，平台自我优待的边界需要分层次确定；于凤霞处长通过对新阶段的阐释，提出了常态化监管的方案，清晰全面讲述了平台监管进路；冯博教授分享的行业监管和市场监管协调的问题需要持续讨论，如果市场性更强就采用反垄断监管，如果社会性更强就采用行业监管；翟巍副教授分享的反垄断法扩张的问题，应该从反垄断法的宗旨入手，凡是与竞争自由有密切关系的，都可以扩张纳入，如果仅仅是消费者利益保护等方面，都不宜扩张到反垄断法；王甜甜研究员分享了常态化监管的发展历程，我国在未来仍要坚持包容审慎，持续发展。

---

① 翟巍：《德国〈反限制竞争法〉第十一次修订部长级草案述评》，《竞争政策研究》2023年第 1 期。

五　数字经济与科技监管法治

（一）欧盟模式下个人数据共享的建构与借鉴——以数据中介机构为视角

在主题发言开始之前，西北政法大学倪楠教授首先对目前数字法学的发展提出了三个困惑。困惑之一是数字法学目前在法学核心期刊中具有重要地位，但是否所有课题都应与数字法学结合，尤其是经济法基础理论，这是否是一个正常的现象，引人深思。困惑之二是在《反不正当竞争法》的修订过程中，需要厘清技术问题和法学问题，而即使在法学问题上，也需谨慎评估其改变的必要性，未必需要修法如此之快。困惑之三是数字法学的研究院目前在全国有49所，但培养方案不尽相同，而如何培养数字法学的学生，仍是需要商榷的事情。

在进入发言主题后，倪楠教授指出，数据利用的应然状态是在流动中实现其最大价值，但在数据流动中也会存在诸如数据垄断、隐私风险以及数据主体知情同意的异化等问题。这些问题的出现归根到底是由于数据主体与数据使用者之间没有建立起一种信任关系。对此，倪楠教授提出应当以建立数据中介机构为解决上述问题新的方案。

欧盟于2022年6月出台的《数据治理法案》首次提出数据中介机构的概念。倪楠教授对数据中介机构的概念做出了三点总结：第一，数据中介机构属于中立的第三方的角色，主要作用是协调数据保护与数据共享之间的矛盾。第二，数据中介机构构建了一种新型数据治理模式，以促进对数据更信任的访问和共享。第三，数据中介机构对数据访问和抓取过程中的重叠点进行管理，提供标准化的专业技术基础设施来增强多主体间的互操作性，为希望共享、访问或聚集数据的各主体提供谈判平台，以此来协调相关主体之间不相互信任的矛盾。

倪楠教授进而提出数据中介机构具有的两个优势。第一个优势是其具有可信任的中立地位，在被授权收集数据后，数据中介机构要防止数据的交叉使用，不将交换的数据用于除供数据用户使用以外的其他用途。对于为提供数据中介服务而收集的与自然人或法人的任何活动有关的数据，应仅用于开发该数据中介服务。数据中介服务独立于该机构提供的其他服务，有责任将由其提供的数据中介服务与其提供的包括存储、分析、人工智能或其他基于数据应用的服务进行结构性分离。

倪楠教授对此指出，欧盟对于大型平台的管制方面一直采取高压管制的态度，要求数据中介机构不能对数据增加任何的实质性价值，以保证其中立性。DGA 从数据转换、数据交换形式上限制了数据中介处理数据的权限。在数据中介机构进行数据转换时，欧盟要求仅限合法的目的，或者增强部门内和部门间互操作性的目的方可进行操作。在数据中介机构进行数据形式的交换时，比如临时存储、保管、转换、匿名化和假名化，只能在数据持有人或数据主体明确要求或批准的情况下进行。

第二个优势是数据中介机构具有去中心化的数据流通链。欧盟模式下的数据中介机构"让个人控制他们的数据"其实是用一种去中心化的方式，为个人提供了一种获取数据的方式，提高了数据主体与个人数据之间的交互，使得个人能够决定可能发生的处理或传输，改变传统的数据流通链条，从而能够有效解决信息来源限制、信息不规范、信息不对称，打破"信息孤岛"等难题。

倪楠教授指出，为了实现"让个人控制他们的数据"这一过程，欧盟提供了一套系统、一个政策。系统方面，可以被称为个人数据管理系统，通过该系统，用户能够控制与哪些公司共享自己的数据，当数据用户请求访问数据时，该系统会向数据主体提供关于该公司目的限制的概述，还会询问数据主体是否需要对副本进行保存。政策方面，可以被称为数据协作政策，相对于个人信息管理系统，数据协作具有更强的公益性质。该协作政策要求各单位之间进行协作，对政府数据和非政府数据进行处理。倪楠教授将该政策归纳为一种特殊的信托关系，并提出了四个特殊之处，即进入市场有规定，数据处理有标准，安全保障有措施，以及即使公司破产，数据中介服务仍具有延续性。

倪楠教授认为，我国可以借鉴欧盟建立数据中介机构的做法，但还要做好以下三点。第一，要突破"确权为先"的思维定式。第二，要对数据中介机构建立全链条监管。当前市场监管提出要全链条监管，但经济法中的市场监管手段匮乏，主要是信用监管和合规监管。倪楠教授同时提出要重视一点，即经济学、管理学中的监管与经济法中的监管不能混为一谈，其监管的目标、实施措施都不同。第三，要以顶层设计促进数据共享，数据共享系一揽子方案，难以通过切割的方式实现。①

倪楠教授最后提出，相较于数据价值、数据流通、数据流转，数据安全其实才是我国一直重视的方面，应该更加注意其理论和制度研究。

（二）我国算法审计制度的构建

华南师范大学张永忠教授从算法审计的制度价值、算法审计的制度内涵、算法审计的制度实现三个方面展开发言。张永忠教授以算法权利异化以及算法风险等社会风险问题为切入点，指出经济法需要对此有所回应。

在算法审计的制度价值层面，张永忠教授指出，一方面系维护数字正义，通过算法审计来保证数字权利能够规范地运行。张永忠教授以 WPS 为例证，认为面对算法领域中如何平衡技术的保密性与公众知情权的问题，算法审计能够起到比较好的效果。另一方面，面对当前算法异化所产生的社会风险问题，应当对技术本身给予必要的监督，需要了解技术到底正在做什么，而算法审计兼有自我审计以及专业机构的审计，具有较好的解决能力。张永忠教授指出，《个人信息保护法》要求在处理个人信息时进行相应的合规审计，而如今许多对个人信息的自动化处理，实际上就是算法的处理，所以《个人信息保护法》第 54 条和第 64 条的相关规定已对个人信息处理中的算法审计提供了法律依据，虽然算法审计和个人信息审计存在一定差异，但总体来说《个人信息保护法》实际上开启了相应的法律的窗口。

在算法审计的制度内涵层面，张永忠教授以审查对象为标准将其归纳为技术审计、合规审计和风险审计。在技术审计的内涵中，张永忠教授以微软聊天机器人的训练异化为引，指出技术审计包括对模型的审计、数据的审计。在合规审计的内涵中，张永忠教授又认为，技术中立逐渐成为托词，技术应当符合法律法规的规制。在风险审计的内涵中，张永忠教授指出，算法审计的全覆盖是其客观要求，但鉴于算法审计的实施成本，应当依据风险等级的不同，设定不同等级的审计要求。对前述内涵进行总结后可将算法审计制度定义为：对有资质的主体进行相应的技术合规的审计，使得算法能够符合现有的法律规定，促进国民经济健康发展。

---

① 倪楠：《欧盟模式下个人数据共享的建构与借鉴——以数据中介机构为视角》，《法治研究》2023 年第 2 期。

在算法审计的制度实现层面，又可以分为实施主体、实施条件、实施机制以及实施后果。实施主体方面，算法审计的实施主体目前存在传统的会计审计部门和专门机构两种不同的观点。张永忠教授认为，传统的会计审计部门不具备相应的技术性，采取专门机构进行算法审计目前成为国际趋势。实施条件方面，应当形成行业领域相应的算法准则。实施机制方面，应当采取有针对性的技术审计方法，包括代码审计、抓取审计等。实施后果方面，应当真正实现算法的可问责性，进行算法审计后果效力的制度性建构。[①]

（三）域外数据产权制度比较及启示

西南政法大学王怀勇教授指出，数据是不同于传统生产要素的一种新型生产要素，为了激发数据的潜能，在制度设计层面需要做出更多的思考和探索。世界各国基于基本国情、社会背景以及法律传统的不同，在数据产权制度的设计上有很大的差异，对于我们认识和理解数据产权具有深刻意义。

王怀勇教授提出，目前，对数据产权制度的设计方面比较有代表性的主要是欧盟和美国。关于欧盟和美国在数据产权制度设计上的特点，王怀勇教授认为主要有以下三点。

第一，欧美采用的是以事实产权为主、以法定产权为辅的产权设置方式。王怀勇教授指出，欧美的数据产权相关立法虽然多，但除了对数据库的产权保护以外，对其他如个人数据、企业数据以及公共数据等领域的立法却寥寥无几。这种在法律层面上的留白，并不代表数据在产权方面的缺位，而可能是在某种角度上代表了立法者对数据产权的另外一种思考或者倾向性表达。以欧盟的个人数据保护为例，其虽然未对个人数据的产权进行规制，却通过《一般数据保护条例》赋予数据主体相当多的权利，并特别强调了只有征得了数据处理者的同意才能够对数据进行处理。在整个数据处理过程中，数据主体还享有更为广泛的权利。这种立法思路在事实上与对数据的产权进行了规定无异。究其原因，可以总结为两个方面。其一，传统的财产权体制主要是以保护排他性诉求为基本的功能，但是数据

---

① 张永忠、张宝山：《算法规制的路径创新：论我国算法审计制度的构建》，《电子政务》2022年第10期。

这种生产要素所具有的非竞争性或者非排他性特征就决定了数据价值的充分实现并不依赖于排他性的产权的设置，这种差异性决定了数据如果采用传统的财产权的体制设置是无法保证其流通和共享的。其二，可以避免标准化的财产权禁锢多样化的数据关系。物权、知识产权经过多年的发展，其权利内涵、权利边界甚至相对人的义务都已经非常完善、确定。这种标准化、固定化的确权方式或者说权利束的构成方式可能会影响多样化的数据关系，导致数据的流通和共享受到相应的影响。

第二，欧美的数据产权制度以现实需求和政策导向为设计的重要依据。王怀勇教授认为，目前学界对于数据产权的一些研究过多采用法教义学的视角，沿着探究数据属性、定位产权类型、设计具体权能的思路来展开。欧美在数据产权制度设计上更多遵循政策导向的逻辑，即依据现实的需要进行制度的设计。例如，美国和欧盟一个强调自由的放任，一个强调积极的干预，但均是基于政策的背景、具体的国情产生的。究其原因，美国的数字经济相对比较发达，在自由市场经济根深蒂固的文化之下，美国缺乏培育对数据进行强有力保护和立法的土壤，加之美国致力于全球数字化市场的开拓和角逐，设置一种宽松的数据产权制度，可以有效地帮助美国利用其数字和经济的体量优势，在全球的数字市场竞争中抢占先机，所以美国的数据产权制度给予数据处理者相当的权利和自由。欧盟在整个数据市场以及对数据产权的确定方面设置了严格的政策和标准，采取这种方式是因为欧盟的数字经济相比美国比较滞后，欧盟为了排斥其他国家对其区域内的数字市场的垄断，通过这种严格的标准和政策来形成强有力的贸易壁垒，来阻止其他国家对欧盟数字产业的蚕食和分化。另外也可以通过这种方式来形成欧盟内部的统一的数字单一市场，为欧盟在世界数据市场上的角逐保驾护航。

第三，域外视数据类型不同设置有侧重点的产权制度。王怀勇教授指出，应用场景的复杂性决定了设置统一的数据产权制度是一种空想，欧美均未设置统一的数据产权制度。欧盟将数据分为个人数据和非个人数据，而美国并没有在数据的类型上做比较明确的界分，更多地采用了一种宽泛的表达。这样的思路也是延续对不同类型的数据进行界分，根据其特征和属性的不同来进行制度配置，建立各有侧重的数据产权制度。比如，对于个人数据，整个欧盟采用了保护和向数据主体倾斜的立法策略，通过比较严格的个人数据保护制度，把事实层面的个人数据产权赋予数据主体。而美国采取了较为宽松的个人数据保护制度，默许数据企业可以自由地收集和处理个人信息，在整个政策取向上偏重于数据的处理者和数据的利用。

王怀勇教授认为，我国要构建的中国特色数据产权制度一定是与中国的实际相联系的。目前中国的数字经济已经位居世界第二，在数字经济迅速发展的同时也要看到其存在大而不强的特点，即规模很大，但是质量不高，数字领域的创新能力还比较弱。并且数据涉及国家安全的问题，在发展的同时也要兼顾安全。经过以上的分析，王怀勇教授就我国数据产权的立法提出了三点思考。

其一，应当采取法律适当保护的立法态度，通过法律适度的介入，在政府和市场的关系处理上更加符合中国的国情，让数据要素得到市场化配置、数据价值得到充分发掘和数字经济行稳致远的数字产权制度能够在中国落地生根，让法律制度成为数字经济的"开山斧"而不是"拦路虎"。

其二，要以类型化的思维来指导数据产权的构建。数据确权的核心无非是谁控制数据、谁有权接入数据、谁有权交易数据、谁有权分配数据的价值。在整个过程中，主体的角色有所不同，在数据生态链中发挥的作用也会有很大的差异，因此依据数据主体的标准的差异来构建相关的产权制度可能具有可操作性与合理性。也有一些学者会担心出现规则碎片化的问题，但在目前的情况下，这可能更有利于厘清数据产权关系和明确义务责任。

其三，探索创新型的数据产权的制度设计。"数据二十条"已经对此做了一些相关规定，虽然实际上对于数据资源的持有、数据产品的经营等权利的内涵，还是存在很大的争议，但值得肯定的一点是数据产权制度已经不适用财产权的框架，而更加趋向一种行为主义的保护，这有利于数据潜能的释放以及合理地平衡各方主体。

其四，采用渐进式的立法策略。对于一些比较成熟的能够在知识产权体系内优先完成立法的可以先开展，对于一些立法比较难的个人数据和公共数据可以交给地方，通过先行先试的方式进行制度的探索与构建。

（四）公平竞争政策在政策体系中的地位与作用

国家市场监督管理总局发展研究中心卢雁处长首先梳理了公平竞争政策的背景，2021 年 8 月，中央全面深化改革委员会第二十一次会议审议通过了《关于强化反垄断深入推进公平竞争政策实施的意见》；2022 年 4 月，

《中共中央　国务院关于加快建设全国统一大市场的意见》，加快建设高效规范、公平竞争、充分开放的全国统一大市场；2022年6月，第十三届全国人民代表大会常务委员会第三十五次会议通过全国人民代表大会常务委员会关于修改《中华人民共和国反垄断法》的决定，将国家建立健全公平竞争审查制度写入总则。他指出，从整个政策体系的背景来看，2019年是非常重要的一年，党的十九届四中全会将我们的基本经济制度从两个变成了三个，在所有制制度和分配制度的基础上增加了社会主义市场经济体制，这对于经济法来说是一个重要的历史性变革。

卢雁处长接着从四个部分阐述了公平竞争政策在政策体系中的地位与作用。

第一部分为公平竞争政策的必要性论证。在理论论证层面，卢雁处长首先运用"双手并用"原理进行论证，指出政策的主体是国家，国家的"手"主要解决市场失灵的问题，而市场失灵的逻辑起点是亚当·斯密的"看不见的手"。一些自由主义经济学家对"看不见的手"进行了无上的推崇，但根据亚当·斯密《国富论》的最后一篇，其对于政府的"手"实际上也是一种支持的态度，所以显然政府的"手"是有必要的。但也不能一概地否认自由主义经济学家的一些认识，就像人体的自我修复和免疫能力一样，不仅药物在治病，睡觉其实也在治病，应当"双手并用"。其次，卢雁处长根据产业周期理论进行论述。最后，卢雁处长根据倒U形关系模型进行论证，指出在市场竞争与经济发展两大变量之间存在倒U形关系，竞争的增加会促进经济增长，但到了拐点后，随着竞争的增加又会阻碍经济发展。无论是保护竞争还是限制竞争，都需要用到国家的"手"。

在实践论证层面，卢雁处长指出政策的制定和实施主体是国家，没有一个国家没有法律，也没有一个国家不制定经济政策。美国现在一直在强调竞争政策，同时也一直在加强其产业政策来补足产业外迁导致的发展短板。日本也是从产业政策到政策产业，但是在转向竞争政策之后迎来了"失去的30年"。对此卢雁处长提出了三点启示，一是日本对经济从来不是放手不管，只是表面上看管的方式发生了改变而已。二是政策的实施离不开国际政治、国家利益的大背景。三是石油危机前后，日本的主导政策是否真的有转向，危机前日本的崛起是否真的得益于产业政策，也需再行探讨。

第二部分为政策定位。卢雁处长指出，研究定位要从两个方面入手，一是从2023年政府工作报告（以下简称"报告"）看政策定位。在报告中"政策"一词共出现 53 次，共 5 类，包括宏观调控的政策、社会保障政策、交叉政策、产业政策和竞争政策。报告中还提到了当前中国面临的主要问题，主要包括国际环境问题，以及国内的就业、金融产业、环境、社保、地方政府等问题。报告一并指出解决问题的政策方向，包括财政政策、税收政策、货币政策等。二是从中央政策体系看公平竞争政策定位。宏观政策、结构性政策、社会政策相互支持、相互协调，统一于推动经济高质量发展的实践，通过三位一体的政策体系，我们完全能够在推动经济高质量发展的基础上，继续保持经济运行处于合理区间。卢雁处长将前面所罗列的所有政策进一步纵向分类为宏观政策、结构性政策和社会政策，并结合经济法的宏观调控政策和市场规制政策进行横向解析。卢雁处长认为，将公平竞争政策加入《反垄断法》其实是对《反垄断法》的扩张。

第三部分为政策功能。卢雁处长借由宏观政策、结构性政策和社会政策的分类，以三者的关系提出其功能差别。卢雁处长重新指出日本"失去的 30 年"是一个悖论，并解释道日本 20 世纪五六十年代的崛起是由于自由化或者市场化与军国主义的产业结构政策相互影响，产业真正的成功其实是在这种竞争政策协同下的成功，中国改革的成功也得益于市场机制，特别是价格机制和产权制度改革的成功。因此，无论是美国还是中国，既加强竞争政策又加强产业政策，并不矛盾也没有问题，这恰恰是解决"空心化"的一个有效方法，美国要解决的是实体经济的"空心化"，中国要解决的是尖端技术的"空心化"。

最后，卢雁处长提出了自己对该课题的四个想法。第一，严格来说，竞争政策与产业政策并不冲突，因为中间存在相关市场，真正的矛盾产生的原因在于，产业政策在落地时，特别是地方"层层加码"后产生的冲突。第二，产业政策与竞争政策发生冲突不是坏事，反而是好事，这有利于促进让产业政策更加精准、有效地制定和实施，促进政府更好地发挥作用。第三，宏观政策和社会政策，尤其是科技相关政策，落地涉及市场主体时，也可能与竞争政策发生冲突，同样能够让竞争政策有用武之地。第四，竞争政策是产业政策等经济政策落地时的"助手"和"教员"，而非对手，二者共同促进经济高质量发展。[①]

---

① 卢雁：《产业政策与竞争政策的关系研究》，《中国市场监管研究》2022 年第 1 期。

（五）公平竞争审查制度的立法走向——基于《公平竞争审查条例（征求意见稿）》的观察

南京师范大学倪斐教授首先对《公平竞争审查条例（征求意见稿）》（以下简称《征求意见稿》）与《公平竞争审查制度实施细则》（以下简称《实施细则》）进行框架对比以及对争议问题进行回应。在框架对比部分，倪斐教授指出，《实施细则》是 7 章 31 条，《征求意见稿》是 5 章 41 条，《征求意见稿》将有些章节的内容合并了，体例上也有一些变化；《实施细则》是程序放前面，标准放后面，《征求意见稿》将实体内容置于程序内容的前面；《征求意见稿》与《反垄断法》的基本体系保持一致。《征求意见稿》在内容方面也更加简洁合理，审查标准不再单独成章，而是与例外规定全部被放在了审查内容里面，第三方评估被纳入审查程序的部分，责任追究被放在了监督保障中。

在对《征求意见稿》争议点以及回应部分，倪斐教授认为，首先，针对自我审查机制，学界认为其不符合法治的正当程序的原则，但《征求意见稿》依然保留了该制度，只是更换了表述，称其为"主体责任"。其次，针对审查标准的交叉问题，原来的《实施细则》有 4 个方面 18 个"不得"，但是在每一个"不得"下面还有细化的几十项的标准，在这一次的《征求意见稿》中相对简化，只保留了 4 个方面 18 个"不得"，但标准的内部依然存在交叉问题。最后，针对责任追究机制，倪斐教授指出，据调查，《实施细则》虽然在 2016 年、2017 年、2021 年有三个不同的版本，但是没有一个行政官员因为公平竞争审查而受到责任追究，所以这个责任追究机制并没有真正地发挥作用。本次的《征求意见稿》对《实施细则》中的责任追究机制做了一些完善，由于监督机制的增加，大体上强化了责任追究的力度并且加入了行政处分以及刑事责任，细化了责任追究机制。

倪斐教授接下来对公平竞争审查制度的政策法律化走向进行了阐述。倪斐教授指出，《征求意见稿》体现了立法者政策法律化的想法，这说明该制度有自己独特的法律价值。从《征求意见稿》中的法律修辞可以看出公平竞争审查制度的法律化走向，譬如把"自我审查"改成"主体责任"、把"加强宣传培训"改成"竞争倡导"，以及把"追究党纪政纪责任"改成"行纪衔接"，这些用词体现了《征求意见稿》的法律性。除了法律修辞，《征求意见稿》还有一些比较法律化的特点，比如合理归类审查对象。

《实施细则》对其的区分逻辑并不清楚，第二条与第三条中对审查对象分类标准的用语出现了分歧；而《征求意见稿》统一按照制定主体来进行分类。此外，《征求意见稿》在责任形态方面也做了一些区分，体现了政策法律化。比如国务院2016年34号文规定了党纪政纪处分，《实施细则》中就没有提到党纪，并且将法律责任与非法律责任混在了一起；在《征求意见稿》中，有内部机制，有软监管以及强监管，此外还有行政责任与刑事责任，具有明显的法律化倾向。

倪斐教授又从三组权力（权利）关系的视角继续阐释公平竞争审查制度由行政法规到国家立法的转变。一是要划定政府与市场的权力（权利）边界，要判断公平竞争审查的是增量审查还是存量审查。《征求意见稿》第二条第二款的基本概念主要针对增量审查，这比较符合公平审查的独特价值。二是主体责任问题，要判断应当由政策制定机关还是审查机构来承担。《征求意见稿》第五条中提到由政策制定机关来落实审查主体责任。三是公平竞争审查的中央事权与地方事权之争，在《征求意见稿》中既有条款体现中央事权，也有条款体现为地方事权，因此应当注意区别对待。

最后，倪斐教授得出三个初步结论。一是要回归法律本位，在《征求意见稿》中，有一部分是反映法治的，还有一部分是背离法治趋势的，因此对于与法治趋势不相符的部分，应当注意改进。二是要回到中央事权，在进行公平竞争审查时应当做到中央和地方两方兼顾，但主线应当从中央做起，自上而下地推进。三是要回应地方需求，从审查对象、审查标准适用以及例外政策规定适用标准等方面入手，进一步细化《征求意见稿》的内容。

（六）数实结合与数据独家授权行为反垄断规制——基于特斯拉反垄断集体诉讼案的思考

江西财经大学喻玲教授首先介绍了特斯拉案，即2023年3月15日美国的消费者代表向加州的法院起诉特斯拉，认为其滥用市场支配地位，通过拒绝授权的方法限制了售后市场和零售市场的竞争的案件，并以此为引提出数据独家授权不仅在平台互联网领域，在数实结合领域中也具有研究的必要。

喻玲教授以不同场景的对比介绍了数实结合领域和平台领域数据独家授权行为的外观差异。喻玲教授以数字广告为场景论述了互联网平台领域的数据传输，对数字广告场景下的数据流向做出图像化概括，并指出在数字广告场景也即平台互联网领域，数据独家授权是否构成拒绝交易或者是限制交易，要根据场景中存在的特定数据的形态是否构成关键性的数据来进行判断。只有通过具体分析交易的不同的环节和该市场的结构，才能真正判断究竟哪些数据构成关键性的数据。喻玲教授接着以学术数据库的场景补强论证平台互联网领域的数据传输链条是多元化的，存在自下而上和自上而下两种途径。喻玲教授继而以特斯拉场景为例说明数实结合领域的数据传输，她指出特斯拉天然具有全部的汽车测试数据和消费者使用数据，理论上说，第三方数据公司也可以通过消费者授权的方法获得消费者使用数据，但事实上，还没有任何一家第三方公司获得这些数据，因此特斯拉对该两类数据形成了独家占有，并且直接独家授权给了自己的售后维修中心，形成单一的自上而下的数据流动渠道。

喻玲教授对此总结道，互联网平台数据传输场景多样、类型多样、链条和形态多样，因此，互联网平台数据独家授权需要结合具体场景展开去判断哪些数据构成独家授权的数据，独家授权数据是否构成拒绝交易或者限定交易等问题；而在数实结合领域，场景是多样的，但类型是单一的，数据传输的形态和流向也是单一的，其外观存在较大差异。

因此喻玲教授认为有必要对数据流向和数据持有者角色的差异进行深入分析。喻玲教授指出，通常来说两大领域主体数据的获取和使用有两个阶段，阶段一是数据资源聚合阶段，阶段二是数据释放赋能阶段，可以称之为二阶流向。在阶段一，互联网平台扮演的角色是数据聚合者，其追求的目标是单归属，如淘宝、美团等限制交易案件；在阶段二，其角色更像是一个数据赋能者，其商业目标变为跨市场的竞争优势。而对制造企业而言，其特殊性就在于在阶段一其是一个天然的单归属，例如特斯拉天然就有相关数据；在阶段二，其目的也是谋取跨市场的竞争优势，这也是特斯拉案中其意图控制售后市场的内因。

根据上述不同，喻玲教授介绍了数据独家授权行为在互联网平台领域与数实结合领域面临的反垄断法律风险差异。喻玲教授以限定交易条款的规制案件以及谷歌拒绝交易条款规制的案件引出对互联网平台领域法律风险的分阶段总结。在阶段一数据资源聚合阶段，企业的法定义务是尊重交易相对人的自由交易权利和消费者选择权等。因此反垄断案件的筛选机制就在于平台是否达到了临界规模，那么在判断是不是构成限制交易等违法情形时，要考虑的因素就包括相对人是否自愿以及效率和适度性的问题等。在阶段二数据释放赋能阶段，数据赋能并非全部为企业的责任，只有掌握关键数据的平台应当具有法定义务。而"关键数据"的确定应当是指向数据的不可或缺性。在数字广告的场景下必要数据指向的是广告交易市场中的广告需求的数据，以及服务器市场的出价请求的数据和需求方平台的出价反馈的数据。

以此为对比，在特斯拉案中其法律风险指向的是拒绝交易，第一个法定义务同互联网平台相同，但由于数据的天然单归属性，其在反垄断案件的筛选机制上存在差异，其筛选标准就定位到主产品的相关市场，包括电车与油车是否为一个相关市场、一个电车品牌是否不构成一个相关产品市场，以及汽车售后是否是一个相关市场等问题。而在正当理由的考虑因素中也需考虑用户人身安全、相对人是否自愿、适度性、效率等。在阶段二及拒绝交易阶段仍然是指向关键数据，仍要考虑关键数据的判断因素。喻玲教授最后总结道，在两大不同领域之下，虽然都是数据独家授权行为，但是法律风险完全不同，所以要考量的因素并不相同。

（七）数字资本市场的适应性监管范式初探

武汉大学李安安副教授从资本市场数字化转型的历史变迁、数字技术在资本市场中的应用场景与监管挑战、数字资本市场监管适应性的逻辑原理、数字资本市场适应性监管的法治化推进四个方面展开发言。

在第一部分，李安安副教授介绍了资本市场数字化转型的历史变迁。首先介绍了资本市场的数字化发展呈现从信息化到网络化再到智能化的演进路径，其中信息化是数字化的基础，智能化是数字化发展的必然趋势，数字化转型是经由信息化向网络化、智能化转变的过程，最终向具有自学习、自调节、自主、自治能力的智慧化方向演进的趋势。由此引出了数字资本市场的概念，即以云计算、大数据、区块链、人工智能等数字技术为依托，以电子化证券交易场所与清算结算机构为基础设施，以互联网为信息披露与传递的重要渠道，以个性化和定制化方式提供创新性金融服务与产品，满足各类投融资与风险管理需求的新型市场形态。李安安副教授对资本市场的数字化转型提炼了三个特点，分别是数字经济与数字金融的上位引领，数字技术的嵌入式驱动和市场要素的结构化重新配置，并提出数字技术的嵌入式驱动是整个数字资本市场最核心的特点。理解嵌入式驱动，就要关注数据技术、网络技术、计算机技术改变资本市场的运作原理，即它们改变了整个资本市场要素的运行状态，对科技要素、资本要素、数据要素进行了重新配置，特别是数据要素成为整个要素的核心样态。

在第二部分，李安安副教授对数字技术在资本市场中的应用场景与监管挑战展开了论述，指出针对资本市场发生的数字化转型，数字技术在资本市场中的应用场景也发生了变化。其中，大数据技术的应用场景主要包括上市公司的经营管理与投资者的股价预测以及异常交易行为监控与稽查；云计算技术的应用场景主要表现为高频交易和量化交易；人工智能技术主要应用于个性化投资组合建议、股票交易决策支持、研究和分析、风险建模和智能投顾等；区块链技术的应用场景有智能证券、数字证券等。在监管挑战方面，首先，数字技术空前提升了金融创新深度，使得资本市场监管进退失据；其次，数字技术深刻改变了金融风险样态，导致传统的主要以信息披露监管为核心的资本市场监管难以为继；最后，数字技术去中心化特性解构了资本市场监管中心化的权利配置格局。

在第三部分，李安安副教授对数字资本市场监管适应性的逻辑原理进行了阐述，认为适应性监管是契合数字资本市场的监管模式。适应性监管要求监管原则和监管方法随机而变，监管战略、监管制度和监管方式的选择应保持动态调整，根据监管对象、监管环境、现实条件的不同而进行差异化设计。数字资本市场的适应性监管意指通过技术赋能让资本市场监管适应数字化的新环境，着重强调在数字技术创新之下确保资本市场监管的与时俱进。

在第四部分，李安安副教授围绕数字资本市场适应性监管的法治化推进进行了总结，提出了规范主义和功能主义两条制度改革进路。在具体设计上，认为应从三个方面予以完善。一是推进证券法制的回应性修订，在数字证券、大数据监管平台、智能投顾、区块链结算、数字资产交易所等方面完善现行证券法；二是着力促进证券监管的适应性改进，注重针对数字资本市场的精巧规制、敏捷治理与科技驱动型监管方式的构建；三是注重配套环境的体系化塑造，特别是数字化信任秩序的建构。

深圳大学叶卫平教授进行了总结点评。叶卫平教授指出，本单元 7 位发言人发言的主题涉及数字法治的相关问题以及公平竞争政策的相关问题两个方面。

对于倪楠教授提到的欧盟的个人数据共享制度问题，叶卫平教授指出，欧盟个人数据共享制度立足于区块链技术，由此带来的问题是相应技术要在商业上占据主导的地位，但区块链技术能否取得商业上的主导地位，是实践领域待进一步观察的问题。

对于张永忠教授提到的算法审计问题，叶卫平教授认为，算法审计确实于法有据，具有研究价值，算法审计制度与合规审计可以区分研究，让算法审计制度的研究发挥更大实践效能。

对于王怀勇教授提到的对域外数据立法的经验总结以及对中国数据立法的思考，叶卫平教授表示赞同，并提出数据产权制度构建，除了要追求统筹发展以及数据安全，也应更重视权利保障的维度。

对于卢雁处长提到的公平竞争政策问题，叶卫平教授表示，卢雁处长发言中涉及公平竞争政策的定位、政策的功能，还有对政策冲突的思考都具有理论和实践意义。

对于倪斐教授就最新的《公平竞争审查条例（征求意见稿）》进行的点评，叶卫平教授认为现在公平竞争审查事务工作的推进难度比较大，一方面是因为标准的问题，即各地方机构在进行公平竞争审查的时候没有统一的标准；另一方面是执法的问题，执法机构"三合一"之后，公平竞争审查的力度明显没有之前强，《征求意见稿》强化审查的力度具有重要意义，期待《征求意见稿》中的内容最终能够转化成功。

对于喻玲教授提出的数实结合与数据独家授权问题，叶卫平教授表示这种视角非常新颖，数字经济与实体经济不宜被孤立地看待，数字经济与实体经济的交叉领域在现实生活中也有丰富的案例。此外，他还指出在数据资源的聚合阶段和赋能阶段分别进行场景化的观察和分析也体现出了喻玲教授的学术洞察力。

对于李安安副教授提到的数字资本市场，叶卫平教授认为竞争法对于数字金融产业发展状况以及合规问题也都非常关注。在研究数字确权的问题时，金融是需要关注的重要领域之一。

六　数字经济竞争法治新锐传声

（一）数字平台滥用市场支配地位行为的创新损害分析

苏州大学方翔讲师提出，2022年新修订的《反垄断法》将"鼓励创新"作为一项新的立法目的，实现鼓励创新的目标有赖于《反垄断法》实体制度、分析规则的更新①，应当引入基于创新的损害分析。在 2021 年国家市场监管总局对阿里巴巴和美团"二选一"垄断案的调查中，国家市场监管总局对限制竞争行为的分析都提到了对创新的损害，提出"二选一"阻碍了资源优化配置，限制了平台经济创新发展，削弱了平台企业的创新动力。两起案件的创新分析主要是基于对平台内的经营者多样化、差异化创新经营的限制，以及对其他平台经营者，包括从事技术和商业模式创新的经营者创新动力与意愿的影响。

方翔指出，以上相关的分析具有概括性和模糊性，如何评估其他创新者的预期回报和损失、是否打击了其他竞争者的创新动力、市场创新动力是否降低等并未被纳入分析框架。因此，现有的基于创新损害的理论分析框架还有所欠缺，相关的理论认知还有所不足。在此背景下，方翔讲师将其他反垄断执法司法辖区涉及的创新损害分析案例做了比较研究，从中概括出创新损害基本分析理论。

方翔首先以微软垄断案为例，提出搭售行为对创新的损害主要表现为三个方面，一是对其他创新竞争者的直接排挤效果；二是会抑制竞争对手的创新动力；三是最终会造成消费者失去对创新产品的选择。第二个经典案例是欧盟在谷歌购物案中对自我优待行为的创新损害分析，微软垄断案关注排他效果，而本案主要关注自我优待行为会降低谷歌提高购物服务质量的动力，以及对整个消费者群体创新受益的影响，即消费者无法搜索到真正需要的创新产品，最终使消费者难以分享其中的创新收益。

方翔总结道，滥用市场支配地位行为的创新损害分析，应在制度框架中建立两个制度，一是分析对竞争的损害的制度，二是执法机构审查基于创新效率抗辩的制度。

其次，方翔提出两个创新损害理论。第一个理论是排他性的创新损害理论，它主要是通过滥用市场支配地位行为，将实际或潜在的竞争者排除在市场之外，从而阻碍了其他创新者进入市场。此处排他性广义上不仅包括阻碍竞争对手进入，或是诱使其退出，还包括削弱竞争对手有效竞争和实施创新的能力，如增加其成本、降低其产品质量，或阻碍其获取重要的创新资源、吸引用户的机会等。在运用《反垄断法》进行排他性创新损害分析时，关键是要构建相关的反事实，需要判断具有市场支配地位的企业

---

① 方翔：《论数字经济时代反垄断法的创新价值目标》，《法学》2021 年第 12 期。

行为导致怎样的创新扭曲，要判断该行为存在与否以及对市场创新所造成的影响，如分析竞争对手能否获得相关信息、资源或允许其进入市场，市场的创新和竞争环境是否会改善，是否会给消费者带来新的或改进的产品。

第二个创新损害理论可以概括为非排他性创新损害理论，该理论源于谷歌购物案，本案关注的不是对其他竞争者的排除，而是关注剥夺其他创新者的创新回报，从而损害他们的创新动机。首先，非排他性创新损害应当以市场支配地位的滥用为前提，因为无法获得足够创新回报而降低创新动力，继而损害创新，通常不属于《反垄断法》关注的内容，但如果这种对创新的损害是滥用市场支配地位的结果，那么就有可能把它视为对竞争的损害。其次，反垄断执法机构有必要充分地证明，创新动机削弱所造成限制竞争效果的可能性和程度。

最后，方翔对执法机构应当如何审查假借创新之名行竞争损害之实的行为提出了自己的观点。在商业实践当中，常出现以"创新"为名，通过改变产品外观、产品功能等微小或者表面创新，旨在排除、限制竞争的策略性创新行为，即掠夺性创新行为，在审查创新抗辩时，应当引入实质性的创新标准，规避掠夺性创新。方翔讲师认为应当围绕两个方面进行审查，一是关注市场的长期竞争是否会因为这种所谓的创新行为而受到损害；二是消费者的利益是否会因为这种创新行为而受到损害。

（二）互联网平台企业自我优待行为的违法性认定

南开大学竞争法研究中心赵青助理研究员提出，自我优待基本上发生在平台企业纵向扩展自身业务的过程中，关于平台企业自我优待是否符合我国《反垄断法》中滥用市场支配地位的规定，需要按照我国法律规定的框架分析，首先需要确定相关市场，其次分析平台企业在这个市场上的地位，最后对平台企业行为的效果进行综合分析。

关于相关市场的界定，赵青认为，需要考虑行为的特殊性，以涉案争议行为为出发点，界定市场支配地位所在的市场和排除、限制竞争效果发生的市场，二者可能存在不一致的情况，此时需要以行为为导向进行个案分析。而且需要确定需求者是谁，若以原告为需求者，因原告本身的经济实力、技术条件等的不同，同样的争议行为可能会界定出不同的相关市场范围，不同的相关市场范围又会影响对市场支配地位存在与否的认定，因此市场支配地位可能时有时无。但是，市场支配地位是一种绝对的市场力量，不应因原告不同而时有时无，它是绝对的力量，不是相对的力量。故应以一般理性需求者对替代性的认识为标准，而不是以个别需求者（原告）的替代性认识为标准。

关于市场支配地位认定，赵青认为需要厘清控制必需设施和具有市场支配地位的关系，我国《反垄断法》是以排除或者限制竞争为违法性判断标准，没有要求一种行为必须消除所有竞争才能被认定违法，所以没有必要在市场支配地位之外再附加必需设施这样更严格的条件。

关于行为效果的分析，赵青认为不宜将流量增减变化等同于限制竞争效果。若将竞争者的流量减少认定为限制竞争效果，那么自我优待行为几乎可以被视为"本身违法"，如此便忽视了互联网平台企业纵向业务扩展所能带来的经济效率。可将竞争者流量减少视为评价限制竞争效果的一个因素，即竞争者所受的损害，在此基础上综合考虑具体自我优待行为影响的竞争者范围、程度，行为对消费者利益及创新等所能造成的影响，通过对正反两方面效果进行比较衡量，最终判断涉案行为是否构成《反垄断法》所禁止的滥用市场支配地位行为。

（三）数据要素流通的竞争法规制路径

天津大学徐文助理教授指出平台对数据的垄断以及不正当竞争行为是当前数字经济领域比较突出的问题。"数据二十条"的出台，构建了数据基础制度，主要包括数据产权流通交易、收益分配、安全治理，现在关于数据产权的研究较多，或者说现在多数研究已经规避产权的相关问题，各类交易制度也正在构建。但是目前缺少对一个非常关键的环节——流通环节的关注。

徐文根据数据类型分析数据要素流通过程中的堵点，政府数据归口比较简单，即事业单位、党政机关，便于统一规划使用，目前关于政府数据开放共享的研究也较为丰富。个人数据争议点相对清晰，主要集中在授权及隐私保护等方面。但是企业数据存在比较突出的问题，即企业缺乏动力，并缺乏合理渠道使其数据流通，因此当前企业数据的流通环节存在堵点。

徐文指出，"数据二十条"对企业数据的要求是保障合理回报，加强供给激励。当前数据主要聚集在头部平台企业，关键问题有两个，第一个问题是"不愿流通"，平台企业尤其是头部平台企业，出于两方面原因，不愿共享自己的数据，第一个原因就是数据已经替代价格要素成为评判企业市场力量的关键要素；第二个原因是头部平台企业已经拥有市场优势，没有动力共享其数据。第二个问题是"无法流通"，可能涉及外部环境的问题。目前市场中数据不正当竞争行为较多，并且数据没有合理的流通渠道，缺少激励和处罚机制。

徐文认为，基于公法填补制度缺乏的路径，需要考虑国家安全与社会利益的要求，只可以强制开放极少部分的数据。私法的路径，基于权属的要求，只能对特定对象进行数据的流通或开放共享，具有相当的局限性。因此，可以采取竞争法的路径规制平台企业数据流通问题，使用市场调整的方法，实现规模化的数据开放共享，达到市场与法治相统一的目标。

徐文指出，平台具有私利性，我们需要论证平台数据流通的理论合理性，探明要求平台开放数据的边界。首先，平台兼具私利性与公益性，平台承担着一部分公益事业的作用，它需要进行一定的数据开放共享。其次，欧盟、美国等的立法对平台进行了划分，在对平台进行分类分级的基础上评估其市场力量，然后对市场力量较强的企业赋予特别的义务，这也是我们未来关注的重点。最后，竞争法在芝加哥学派以后，都是以提升效率或消费者福利为价值目标，但当前消费者与平台内经营者相对平台来说是比较弱势的一方，并且"数据二十条"提出引导中小企业等市场中其他竞争者进行数据产品的研发，与头部平台企业进行双向的数据授权，在当前头部平台企业具有巨大绝对市场力量的情况下，是否应该在兼顾公平的情况下给予弱势方保护，值得思考。

关于平台数据流通的具体问题，徐文指出，平台不愿数据流通是为了维护竞争优势，主要有数据垄断、滥用数据优势、数据自我优待三种行为。平台无法实现数据流通，原因在于缺乏渠道。内部流出方面，平台内部主体具有多重性，包括平台内经营者和消费者，数据权属问题复杂，隐私数据、商业秘密保护问题也是数据流通阶段需要注意的问题。外部交互方面，需要对消费者、平台内经营者的选择权进行保护，如何建立一个合理高效的外部交互渠道值得探讨。

最后，徐文对平台数据流通的竞争法规制路径提出以下看法：一是应在常态化监管下构建平台内部数据的合规机制①；二是应推进解释论视角下数据流通的竞争法规制；三是应探索数据池与数据可携带性等新路径及研究其竞争法风险。

（四）论数据跨境流动规制

关于数据跨境流动的影响及趋势，安徽财经大学许俊伟讲师分三部分进行了阐述。第一部分是数据跨境流动的整体效应，可分为积极效应与消极效应两部分。数据跨境流动能够帮助企业更合理地优化全球要素资源配置，并形成大规模的国际数字经济活动，从而可能促进全球范围内的科技和理念创新，形成或者产生一批新业务、新模式和新企业。它的消极效应在于网络空间已经成为大国博弈的焦点，数字地缘政治也日益兴起，数据的跨境流动可能加剧数字地缘政治危险，甚至威胁国家主权。一些发达国家也可凭借优势形成数据回流与数据垄断。

第二部分是数据跨境流动带来系统性风险。由于技术漏洞、管理缺位和政策法规的不健全，数据跨境流动带来的风险渗透于数据全生命周期，而且系统性风险也随着数据跨境流动范围的不断扩大而产生。这些风险的产生主要源于制度上的冲突、监管难度大和主体非理性，而且数据跨境流动的系统性风险作为一个连续变量，存在动态发展的特点，通常表现为累积、爆发和扩散三个关键发展阶段，各个阶段均不能被忽视，任一阶段都可能造成严重后果。

第三部分是数据跨境流动的本质归属与供给失灵。许俊伟讲师认为可以将数据跨境流动规制归属于一种国际公共产品，供给失灵源于其结构性供给侧的不足。

许俊伟认为，未来数据跨境流动发展态势可能表现在三个方面。第一个方面是重要数据跨境流动成为核心关切；第二个方面是数字经济竞争实力影响政策制定；第三个方面是不同类型数据跨境流动采取分类监管。许俊伟由此提出中国方案：一是基本出发点，二是关键着力点，三是重要发展点。在基本出发点上，以尊重主权为前提，鼓励正当数据流动。在关键着力点上，以维护数据安全为底线，健全审慎监管体系。在重要发展点上，以合作共赢为理念，推动国际规则制定。

---

① 陈兵：《数字企业数据跨境流动合规治理法治化进路》，《法治研究》2023 年第 2 期。

（五）企业数据合规制度完善——以数据交易为视角

西南政法大学马羽男博士生提出，"数据二十条"的数据产权、流通交易、收益分配和安全治理四个部分中有两个部分都提到了合规使用。数据已经成为五大生产要素之一，具有推动经济发展、为经济决策做引导、创新经济管理的重要作用。当前，数据交易现状可以归纳为数据交易数量少、质量低、层次低和交易风险高四个特点，场内外的数据交易呈现冷热相济的畸形发展态势。据不完全统计，2019 年超过一半的数据交易平台的年交易量在 50 笔以下，场内数据交易额只占数据交易总额的 4%，从 2014 年开始陆续到 2021 年一共有 22 家数据交易所成立，其中 2015～2017 年数据交易所呈"井喷式"成立。

马羽男接着介绍了数据交易的流程，主要有 5 个必经步骤、2 个非必经步骤。5 个必经步骤第一步是交易申请，数据供方和需方向数据交易所提出交易申请；第二步是交易确认，数据供方在接收到数据需方的申请或定向订单之后，向平台发出交易确认；第三步是交易实施，数据交易所接收到交易双方的交易信息之后，生成交易订单；第四步是交易结算，数据需方对交易数据按照商品价格进行付费，费用由数据交易所保管；第五步是数据下线，数据供应方先关闭数据调用，然后向数据交易所发出数据下线申请，交易所根据具体情况判断数据是否下线。2 个非必经步骤是交易评价和争议处理。

关于数据交易风险，马羽男认为交易前主要是信息风险，交易中是产品风险和质量风险，交易后主要是数据的转委托风险。这四个风险是数据交易的主要风险，但只在数据交易时请律所进行第三方合规评估是完全不够的，如果进行实质评估，非常耗时，成本也很高，所以要从企业内部数据合规做起。

马羽男提出，企业数据合规的概念是：保证数据不会丢失、被盗、被破坏和滥用，要求企业对数据的收集管理和储存方式遵守相关规范。并且企业数据合规具有重要意义。一是能够防范数据风险；二是能够促进企业自律，从经营者的视角来看，数据合规就是企业应对数据处理行为采取的一种自律机制，主要是进行把控风险、减少损失和创新管理。

就企业数据合规的现状及发展迟滞的原因，马羽男提出，当前企业数据合规主要有四个方面的场景应用，包括数据收集、分析决策、数据存储和数据交易，企业数据合规的现状主要是建立或者是更新隐私策略和内部合规指引。企业数据合规发展迟滞的原因主要有三点，一是基本原则未立，二是合规科技受限，三是法律制度存在缺陷。

综上所述，马羽男提出了关于企业数据合规的完善建议。第一个建议是确立合规原则，包括合法合规原则，遵守除了法律规范以外的所有有关辅助性或者解释性的规范；告知同意原则，实质上是在企业数据处理与个人之间建立起一种合意的行为；正当目的原则，企业数据处理过程中其目的实质上是否具有正当性；最小必要原则，企业数据处理的过程中数据的范围、时间等应是最小的且是必要的。

第二个建议是构建企业数据合规的多元技术机制。主要从三个方面展开，一是宏观层面要统一行业标准，各行业主管部门带头建立一个数据版本的"新华字典"，让数据的编码制式等保持一致，确保数据的来源内容和处理逻辑能够被反事实验证。二是中观层面要健全内外审查体系，在内部设立数据合规专门机构，从外部引入第三方审查机制。三是微观层面要遵循行业伦理规范，将这些规范与原则以法律的形式嵌入技术应用与逻辑中，然后使其能够因势而为，从而达到政策制定者所希望达到的效果。

第三个建议是完善企业数据合规法律制度。首先，完善立法，尽快出台数据的基本法或者是数据合规指南，然后对数据合规进行顶层指引。其次，执法部门应以立法赋予的授权为依据，明确执法中的重点问题，妥善处置执法权限交叉问题，在执法权限划分时必须持续地对各个机关主要目的进行明确和强化。最后，司法方面，一是要有安全的数据存储系统；二是要有支持各类格式的电子证据提取系统；三是要增强相关电子鉴定人员培训；四是要增加电子证据鉴定机构；五是要保障电子证据的一致性。

最后，马羽男总结道，企业数据合规体系完善，应该与个人信息保护、数据安全、商业效益等达成动态平衡，企业想要使数据资产持续变现，必须在合规的前提下开展经营活动。

（六）无人驾驶的税法规制

北京大学姚子健博士生以"无人驾驶的税法规制"为主题，从宏观调控法，特别是税法的角度进行了分享。

数字经济作为新经济形态，产生了一系列新问题，也孕育了一系列新场景，立足新经济形态要产生新的理论，解决新的问题，规制新的场景，因此应运而生了一个概念，即场景性规制。税法规范可以分为两种，一是财政目的规范，二是规制诱导规范。所以在税法规范的整体完善这个角度，姚子健博士生以这两个基本脉络进行分析。

姚子健提出，无人驾驶比自动驾驶或者智能汽车的概念涵盖更广，因为自动驾驶是分级的，最高级别的自动驾驶就是无人驾驶，所以使用"无人驾驶"的概念可以更恰当地涵盖各个应用场景。一份国外的调研报告显示，目前无人驾驶行业已经成为各个国家发展数字经济的一个重要支点，无人驾驶行业与数字经济发展具有密切相关性。因此，我们的税法规范也要进一步跟进，不断回应现实。

姚子健认为，当前无人驾驶领域经济法相关研究不全面，话题大多集中于交通肇事的责任由谁去承担、算法应该怎样去规制、如何保护乘客信息安全、政府如何监管等。无人驾驶行业离不开市场规制和宏观调控，故税法领域也应进一步加强规制，弥补当前研究的不足。

关于财政目的规范层面的完善，姚子健提出，无人驾驶可能会导致税法规范适用的困难。原因在于无人驾驶技术的普及使交通违法行为大幅度减少，罚款收入减少，财政收入锐减，但要发展无人驾驶行业，必须进行道路改造，由此形成矛盾。所以在这种情况下，要针对无人驾驶场景，选择合适的财政目的规范予以征税非常重要。

姚子健提出，征税模式可以分为以下四种。一是增值征税模式，增值税是针对货物和劳务普遍征税的收入，我们需要进一步区分无人驾驶技术和汽车相分离的情况下应该如何征税，核心是判断所有权和使用权的分离。

二是针对无人驾驶汽车的价格征税，可以有两种方案，一种是消费税方案，另一种是财产税方案。消费税方案，比如我们可以把它当作超豪华小汽车征税，但是这种具有规制性目的的税种特别的目的就是减少汽车使用，但我们恰恰不是为了减少使用，而是要普及无人驾驶汽车，所以消费税的方案可能并不合适。同时在财产税方案中我们需要评估持有环节的汽车价格，可能会出现税收征管效率下降的问题，所以财产税的方案也不合适。

三是域外已经开征的车辆行驶里程税，可以替代现在的燃油消费税，它最能体现纳税人使用道路的边际报酬，能够体现税收的交换性特征。

四是针对碳排放量征税，同时我们应该进一步取消一些有关新能源电动车的税收优惠，将更多的汽车纳入征税范围之内，像丹麦等国家已经取消了一些新能源汽车的税收优惠。

关于规制诱导规范层面的完善，姚子健博士生提出税收优惠体现出无人驾驶技术普及的公益性特征，有三种税收优惠的制定方式，一是增值税的优惠制定方式，比如某些企业回收利用了二手无人驾驶汽车就可以获得优惠；二是企业所得税优惠，可以针对行业收入和身份进行多元规制；三是个人所得税优惠，我国现在鼓励探索制定激励性的个人所得税优惠，以域外人才税负差额补贴制度最为典型。[①] 激励性的个人所得税优惠制度应进一步引入，特别是针对"数字人才"的优惠制度，但应控制激励力度。

（七）网络平台补贴商户销售模式的法律规制

对外经济贸易大学张艺博士生以"网络平台补贴商户销售模式的法律规制"为主题进行了分享。

网络平台补贴商户销售模式是一种以价格置换流量为核心的新型互联网营销手段和销售业态，虽然这种补贴策略在短期内能够产生一定的刺激消费的积极效果，但是平台的不当补贴行为也会带来一些消极的影响，比如它会排除限制同类经营者，而且会驱使其他平台跟风加大补贴力度，引发新一轮价格战，从而使整个市场陷入恶性竞争。

张艺指出，实践中针对平台补贴行为进行的法律规制还存在一些问题和缺漏，可以归纳为以下几个方面。

首先，现行的法律体系缺乏规制的系统性和针对性。目前针对平台补贴行为进行规范的法律，主要集中在价格法、竞争法和平台经济领域，比如1997年颁布的《价格法》重点是对经营者定价行为进行监管，但是这容易导致公权力对于市场主体自主定价权的过度干预。竞争法领域主要是司法实践中援引的《反不正当竞争法》的第二条，对于构成不正当竞争的平台补贴行为进行兜底性规制。依据《反垄断法》掠夺性定价条款进行规制则面临着成本难以核算、排除限制竞争效果难以认定等难题。

其次，竞争法领域对网络平台补贴商户销售模式的法律规制不尽完善，主要表现在以下两个方面，一是《反垄断法》的规制可能存在一定的局限性，我国《反垄断法》第二十二条明确规定了经营者不得实施掠夺性

---

① 姚子健：《自贸区个人所得税优惠政策的不足与优化》，《税收经济研究》2020年第6期。

定价行为，但是这个条款并未将掠夺性定价行为的构成要件具体化，而且限定了必须具有市场支配地位这样一个主体认定的前提。相较于《反垄断法》，《反不正当竞争法》则主要以一些原则性的条款进行规制，但是2017年全国人大常委会修订《反不正当竞争法》时，删除了第十一条关于低价倾销的条款，也致使那些不具有市场支配地位的经营者实施低价倾销、低价补贴的行为难以得到有效的约束。

再次，平台补贴商户销售模式的价格管理体系混乱。互联网双边市场的价格违法行为相较于传统的单边市场而言，具有很强的特殊性。一方面，这种价格违法行为具有广泛的影响力，平台内价格的波动会同时影响买方和卖方市场。另一方面，这种价格违法行为具有隐蔽性。由于信息不对称，平台内价格的频频变动导致商品价格明降暗升的现象时有发生，也容易侵犯消费者的知情权和公平交易权。

最后，平台补贴商户销售模式的行业自律规范缺失。对于平台企业而言，由于其本身具有极大的利益导向性，所以缺乏自我规制动力。而对于行业协会来讲，受限于本身的运作模式和经费结构，往往会优先考虑内部会员企业的利益，而忽视了自己应有的自律监管职能，从而导致对平台企业的监管形同虚设。而且，目前投诉举报维权手段、风险分担机制并不完善，整个行业现阶段并未形成一个长期有效可持续的监管协同机制。

针对以上问题，张艺认为可以从以下几个方面进行初步的规制。

首先，以合理干预为基本理念，构建平台经济领域的统一立法。一方面，市场的创新往往先于监管而发生，因此平台经济领域内的法律规制应当为市场的创新留有充分的余地。另一方面，在市场自发式调节不能满足现状的情形下，法律应当体现融合效率、安全和公平的衡平式监管，综合考虑多方市场主体的利益诉求。就具体的立法模式而言，目前可以由国务院以行政法规的形式颁布《平台经济监督管理办法》，针对网络平台补贴这样一种新型互联网竞争行为，设专章予以规范，对该行为的认定标准、定价监督、惩罚措施等规则做出规定。就监管主体而言，可以在数字经济发展部际联席会议下设一个专门的平台经济发展委员会，作为统筹协调平台经济发展的常设机构。

其次，以竞争法领域的相关条款为基础，细化平台不正当补贴行为的认定标准，主要包括以下三点：一是就行为主体的认定而言，应当弱化其在相关市场中具有市场支配地位的前提。在具有其他的直接证据，如流量控制能力、用户规模等可以证明其优势主体地位的时候，就可以认定其违法主体的身份。二是就补贴行为的客观构成而言，一方面，低于成本价格的认定，应当跳出传统单边市场中的成本价格的规制范畴，纳入非价格因素的考量。另一方面，补贴效果的认定，应当引入长期动态性的市场评估机制。三是就豁免补贴的情形认定而言，也应适当增加平台补贴的豁免规则，综合考虑补贴手段实施的期限是否合理、排挤竞争对手的可能性，以及促进竞争与反竞争效果是否悬殊等因素。

再次，强化对平台补贴行为引发的价格违法行为的规制。一方面应当基于现行价格法领域的相关条文，在《平台经济监督管理办法》中明确平台补贴领域违法行为的认定标准。另一方面应当加强对平台促销活动中价格标识方式的监管。一般而言，经营者应当使用阿拉伯数字明确标识商品的价格，不得使用过于美化、过度夸张或者具有误导性、歧视性的价格标识方式，同时也要对商品展示的首页或详情页的价格变动频次予以一定的限制。

最后，优化网络平台补贴模式的行业标准化管理。一是要构建网络交易平台的价格动态监测机制以及信息共享平台，尤其是行业协会应当充分发挥其在该行业内的监督指导作用。

二是应当建立健全平台内部的纠纷解决和权益救济机制。平台应当及时回应消费者的价格投诉，通过建立新型赔付制度及时弥补消费者所受的损失。行业协会应当建立产业风险基金，对于那些因为被迫接受平台补贴条款而遭受损失的商户，及时保障他们资金的正常运转。

张艺总结道，针对平台补贴商户这样一个新型的互联网销售业态，立法应当积极予以回应，监管主体应当主动在权益救济、风险分担等方面承担应有的公共产品供给义务，为我国平台经济的发展提供政策引领和法治保障。

江山教授对本单元的主题发言做了总结发言。江山教授指出，方翔讲师从创新回报激励的角度进行分析，进一步对排他性的和非排他性的创新损害做了区分，很有价值，并且，未来这一领域存在挑战，可能我们需要区分一般性的损害和创新损害，因为二者可能在竞争过程中同时出现；同时，我们需要探索将创新损害量化的方法。

关于赵青助理研究员的分享，江山教授认为未来平台企业自我优待问题的关键就是其类型化的问题，我国是用差别待遇条款还是用兜底条款，我国更倾向于主体规制还是行为规制，需要进一步研究思考。

关于徐文助理教授的分享，江山教授认为逻辑非常清晰，从数据流通的堵点到为什么选择竞争法规制路径都做了非常细致的分析，江山教授认为未来比较重要的课题可能是探究竞争法介入的边界是什么、向消费者或者是中小企业进行倾斜的机制是什么。

江山教授认为许俊伟讲师从地缘政治的视角展开数据流动分析非常有价值，江山教授指出目前在中国法下已经开始了数据出境申报的实践，应当密切与实践部门的交流，重点关注数据出境安全，发现其中的问题。

江山教授指出，马羽男博士生识别出数据合规的关键点，并据此建构自己的研究，很有意义。如何协调数据合规的内外关系的问题十分重要，需要探索外部的律师和外部的技术团队与企业内部自身的技术团队和企业的法务之间如何构建一个比较有效的协同的机制。

江山教授指出，姚子健博士生对于无人驾驶的税法规制问题的分析具有前沿性，值得进一步思考。

关于张艺博士生的分享，江山教授指出，其中比较重要的是如何识别网络平台补贴的必要性，可能很多补贴最终会使消费者受益，也不排除有一些商业补贴是需要被规制的，但需要斟酌对补贴的界定以及规制介入的边界。

七　三个层次看待数字经济法治

四川大学袁嘉副教授对会议做了汇总发言。袁嘉副教授指出，致辞部分，张守文会长提出了两个问题，第一个问题是如何构建数字经济法的整体制度，是一个宏观层面的发问；第二个问题是如何确立数据治理的经济法路径，是一个中观层面的发问。致辞人孙云飞处长也留了一个问题，即如何推动常态化监管的科学化、现代化，是一个微观层面的发问。袁嘉副教授认为会议后续各位学者的发言都相当于分别在宏观、中观和微观层面对以上问题进行回应。

袁嘉副教授指出，在宏观层面，薛克鹏教授的主题是"数字经济的经济法回应"，其中间最亮眼的一个观点是把涉及的经济法要解决的问题进行分类。袁嘉副教授认为需要关注的问题是个人信息保护法等法律是否属于我们现在要去建构的数字经济法。孟雁北教授提出关于数字经济竞争法的思考，提出了竞争法立法目标与分析框架的"变"与"不变"。戴龙教授提出了数字贸易法。刘继峰教授提到了数字时代的社会风险特性和监管模式转变，结合数字经济时代的社会风险特性进行分析，很有意义。张占江教授提到了数字经济的反不正当竞争悖论，袁嘉副教授认为该观点角度新颖，很有价值。李青副会长、卢雁处长与倪斐教授都提到了公平竞争审查制度的问题，关于其是否应当被写入《反垄断法》，仍需进一步思考。袁嘉副教授指出，宏观层面的讨论的学习收获是数字经济法作为学科，其独立存在的价值已经逐渐凸显。

袁嘉副教授指出，时建中副校长分享了公共数据的若干法律问题，为中观层面的讨论开了头，公共数据的经济法治理是未来非常重要的研究课题。席月明研究员提到了党管数据的问题，袁嘉副教授认同应当尽快落实主体责任。倪楠院长提到了欧盟模式下的个人数据共享，也属于数据的经济法治理。包括张永忠院长提到的算法审计制度，与数据息息相关。王怀勇教授提到的域外数据产权制度的比较和启示，为研究数据的经济法治理找到了一个更新的角度，与民商法有交叉。喻玲教授的分享既有中观又有微观，数实融合是中观层面，数据独家授权问题属于微观层面。袁嘉副教授提出自己的收获是数据治理需要考虑数据的分类、算法技术、数实融合等因素，数据治理给《反垄断法》《反不正当竞争法》等都带来了新的挑战，我们要直面挑战，做出回应。

在微观层面，袁嘉副教授指出，叶明教授提到了排他性交易问题，谭袁副教授提到了平台反垄断中的行为规制、身份规制。而平台经济常态化监管问题既是一个微观问题，也是从中观延伸到微观的一个问题，探讨行业监管、市场监管和自我监管的关系问题。其中侯利阳教授的观点很新颖，他提到从立法规划、立法监督、立法审查的角度对数字经济进行规制。刘大洪教授提到了平台内外部治理力量的平衡。于凤霞处长分享了研究过程中要考虑的政策背景，包括最新的数字中国建设规划。冯博教授提出了数字平台的行业监管和市场监管的协调问题，她提出的支付宝垄断纠纷应当由金融法院还是知产法院监管，是一个值得思考的实际问题，袁嘉副教授认为是否需要由互联网法院监管也需探讨。王甜甜研究员则介绍了我国监管方面常态化监管的发展历史。

微观层面的具体行为的分析方面，除了叶明教授与谭袁副教授的分析，还有袁波助理教授提到的滥用相对优势地位制度的问题，张军强法官提到的竞争公平视角下的互联互通问题，后面几位新锐学者也都提到了具体的行为分析问题。

　　袁嘉副教授最后总结道，"90 后"新锐学者与部分"80 后"老师更加关注微观问题，前辈学者更关注宏观和中观问题。袁嘉副教授谈到自己的学习收获：一是市场监管、行业监管和企业自我监管是一个三位一体的平台化、常态化监管的制度，应当做到协同治理。二是在具体行为认定和法律适用中，我们要把握平台数据、算法的新特点，坚持利益平衡原则，以促进竞争和激励创新为目标，这也是从宏观到中观，最后到微观，一步一步传导的理念。

DIGITAL ECONOMY AND LAW

Vol. 1

Oct. 2023

Abstracts

Research on Ethical Risks and Common Governance in Autonomous Driving

Liu Gang, Zheng Fengyang / 1

Abstract: As the application areas of AI technology continue to expand, autonomous driving technology is having a profound impact on economic and social systems. In the process of commercialisation of autonomous driving technology, issues such as data privacy, data security, non-interpretability of algorithms, and algorithmic discrimination are becoming the focus of attention and difficulties in technology governance. Due to the dependence on deep learning algorithms, the field of self-driving cars presents characteristics such as diversification of responsibility subjects and blurring of causal chains, which leads to the fact that ethical principles and governance means applicable to traditional technologies are difficult to address the special risks in the field of self-driving cars. Based on theoretical research and industrial policy practice, this paper argues that the basic ways to solve the governance challenges of autonomous driving are as follows: common governance betweens takeholders, risk sharing based on residual risks, and progressive governance that synergises governance rules and governance practices.

Keywords: Autonomous Vehicles; Stakeholders; Common Governance; Residual Risks; Governance Challenges

The Way of Hierarchical Authorization for Enterprise Data

Yu Fenglei, Liu Xiaochang / 20

Abstract: The rapid development of technology has led to an explosion of data, and the value of data elements has become more and more important, and the classification and classification of data authorization has become an urgent research problem. Enterprise data has property attributes and is reasonably empowered, and a dual right structure of data use rights and limited exclusive rights can be adopted. In dealing with the problem of data classification and protection, the data structure can be split, and the data symbolic layer and content layer can be classified and protected, so as to solve the problem of protecting enterprise data and personal information together. In addition, different rights can be allocated to different levels of data collections in order to achieve the fundamental purpose of data classification. In order to solve the problem of data collection classification, on the basis of data structure classification, the data content layer information can be used as a benchmark, and the "module classification + dynamic factor measurement" approach can be adopted, guided by the principle of facilitating data circulation, the principle of prohibiting confusion, and the principle of proportion, to accurately and effectively classify and manage data collections, and directly link the classification results to the exercise of data rights. The result of the classification is directly related to the exercise of data rights, and the effect of data circulation and sharing is achieved by limiting the scope of rights.

Keywords: Enterprise Data; Hierarchical Authorization; Data Use Rights; Data Limited Exclusive Rights; Differentiated Allocation

A Study on the Coordination Mechanisms between Industry Regulation and Market Regulation for Data   Feng Bo, Yu Xiaochun / 40

Abstract: Data, as a novel production factor, serves as the primary driver of digital economic development. Non-rivalrousness is the core characteristic of data, determining the fundamental principles governing the release of their value. However, this characteristic also gives rise to cross-industry and cross-sector data security and monopoly risks. Building upon the economic attributes of data, the overarching goal of balancing data security and digital economic development requires the establishment of a comprehensive interdepartmental regulatory framework with the National Data Administration at its core. This framework should entail a rational division of labor and efficient collaboration between industry regulation and market regulation. Additionally, Exploring a combination of regulatory policies for data classification management is essential, ensuring that the government plays a more effective role in the data factor market, enhancing the efficiency of data resource allocation, and realizing the maximization of data value and the creation and sharing of benefits.

Keywords: Data Factors; Non-Rivalrousness; Interdepartmental Comprehensive Regulation; Data Security; Fair Competition

The Position and Improvement of Algorithm Impact Assessment in China

Xie Lin，Zeng Junsen / 57

Abstract：The generalization, softening and lack of transparency of China's algorithm impact assessment are rooted in its ambiguous position. Defining the algorithm governance approach is the premise of clear position, and collaborative governance can be an effective approach for algorithm governance. As the starting point of collaborative governance, algorithm impact assessment should be understood as the basic mechanism of algorithm governance. It embodies the important characteristics of collaborative governance, including risk prevention rules and consequence accountability collaboration, pluralistic entities participating in governance, public-private law collaboration, etc. , which helps to encourage public-private entities to cooperate in governance and coordinate multiple safeguard measures through risk thresholds to achieve whole-process supervision and protect the development interests of algorithm technology. China needs to improve algorithm impact assessment based on its position and the characteristics of algorithm collaborative governance, including improving algorithm risk grading, forming a full-cycle dynamic assessment system, improving transparency, and building binary accountability based on risk and consequence.

Keywords：Algorithm Impact Assessment；Collaborative Governance；Algorithm Risks；Risk Prevention Rules；Algorithm Accountability

Regulation of Platform Blocking Behaviour under the Anti-unfair Competition Law

Yuan Jia，Zuo Tianyi / 83

Abstract：Platform blocking behaviour has the characteristics of special subject, diversity of behavioural purpose and complexity of behavioural effect, etc. . In judicial practice, judges find it difficult to accurately grasp the improper determination of such behaviour. In terms of legal basis, the application of Internet special articles has limitations, and should be identified by general articles；in terms of identification paradigm, the existing industry practice principle, the principle of least privilege and other adjudication rules have defects such as the application basis is to be tested, the scope of application has limitations, and the effect of application has deviations. Based on this, the regulatory concept, timing and method of regulation of platform blocking should be clarified on the macro level, and the principle of proportionality should be introduced as a specific method on the micro level, so that the appropriateness of the purpose, the necessity of the means and the balance of the result can be considered to see whether the behaviour constitutes unfair competition, thus solving the conflict between the private right of the platform operator's exercise of power and the public nature of the symbols of power, and realising the balanced protection of diversified interests.

Keywords: Blocking Behaviour; Unfair Competition; Consumer Interests; Principle of Proportionality

Dilemma of the Regulation of Video Game Clones under Copyright Law and Possible Solutions

Dong Huijuan, Yu Haolin / 104

Abstract: With the development of China's game industry, game clones are frequently seen, which causes a negative impact on the incentive of game creators and the fair competition environment of the game market. In existing cases, Chinese courts tend to use intellectual property law. However, limited by the idea/expression dichotomy, it is difficult for intellectual property law to protect the core elements of game rules in the idea domain, and the doctrine of merger and scenes-a-faire also make it harder to use intellectual property law to regulate game clones. Based on a reference and comparison of the judicial or legislative situation in Korea, Japan, Germany and other countries, a different approach could be considered: regulating by anti-unfair competition law, by establishing specific provisions prohibiting imitation of competitors' products, applying them to regulate game clones, and creating a good market competition environment for the game industry.

Keywords: Game Clones; Unfair Competition; Protection; Imitation

Jurisprudential Models: AI Design Antecedents and Jurisprudential Logic

Meng Zhongyang, Han Chonghua / 121

Abstract: At present, the application and improvement of artificial intelligence technology in the field of law creation and implementation still cannot overcome the difficult barrier of normative deduction represented by Jorgensen's conundrum. The derivation jurisprudence is precisely the establishment of a system of legal normative forms by symbolizing legal propositions and completing the derivation process through basic principles and rules. The concept of legal derivation is a world first, providing a basic model for the design of jurisprudence by AI technology, making the application of AI technology in the legal field provide more comprehensive, accurate and reliable, providing a broader prospect for the seamless connection between AI technology and the rule of law, and at the same time providing solutions to many difficulties existing in traditional jurisprudence.

Keywords: Jurisprudential Models; Artificial Intelligence; Derivative Jurisprudence; Jurisprudential Logic

A Study of Competition Policy and Governance in the Digital Economy from the Perspective of International Competition
Zhang Xin / 147

Abstract：In the context of international competition, global competition policy for the digital economy has undergone important changes in both theory and practice. The New Brandeis School has criticized the Chicago School's antitrust goal of consumer welfare, and advocated the "reconstruction of roots and branches" of antitrust theory, which has also affected the antitrust regulation of the digital economy in the United States, the European Union and other jurisdictions. Based on China's digital economy antitrust practice, the most critical issue of competition governance is how to correctly understand the digital "gatekeeper" regulation, scientifically promote the normalization of regulation and strengthen the competition assessment of innovation impact. Based on the national strategy of high-quality development and optimizing and strengthening the digital economy, China should avoid adopting the digital "gatekeeper"-style structuralist regulation, promote the stable and predictable, scientific, professional and prudent, multi-tool and full-chain normalized regulation, view the competitive impact of innovation from the perspective of long-term competition, and further strengthen digital competition policy through international cooperation and dialogue.

Keywords：Competition Policy；Digital Economy；International Competition；Normalized Regulation

Typological Regulatory Pathways for Abuse of Market Power from the Perspective of German Antitrust Law
Zhai Wei / 166

Abstract：From the perspective of German Antitrust Law, "market power", as an abused object, is not limited to the category of "market dominant position", also includes "market dominant position", "relative or superior market power", and "paramount significance for competition across markets". In this context, the abuse of market power has been included in the typological regulatory paradigm of "triadic governance" in Germany. The regulatory mechanism for the abuse of market dominant position originated from the classic American antitrust legal system, while the regulatory mechanism for the abuse of relative or superior market power plays a complementary and auxiliary role in the previous mechanism. After the human society entered the era of digital economy, the emergence of super platform enterprises posed a serious challenge to the antitrust legal system born in the industrial economy era. On this basis, the German legislature set up a regulatory mechanism for the abuse of market power by operators with paramount significance for competition across markets, which constitutes one of the institutional tools for Germany to strengthen antitrust supervision in the digital economy era. As a result, the Federal Cartel Office can impose special obligations on operators with paramount significance for competition across markets.

Keywords: GWB; Market Dominant Position; Relative or Superior Market Power

Research on the Legal Guarantee of Ecological Environment Protection in the Digital Economy

Zhang Xinyuan, Wang Yifan / 189

Abstract: The digital economy has become the main engine for China's high-quality economic development, with the characteristics of technology, virtuality, and efficiency. The digital economy, with data as the main element, digital technology as the supporting technology, and modern networks as the carrier, provides new opportunities for China's ecological environment protection. By analyzing the concepts of digital economy and ecological environment protection, clarifying their connotations, analyzing the legal logic of ecological environment protection under the digital economy from the dimensions of technology, value, and interests, proposing to construct a legal system for ecological environment protection under the digital economy from two aspects: legislative concept and legislative layout, and clarifying key areas of legal construction.

Keywords: Digital Economy; Ecological Environment Protection; Rule of Law Logic; Legal Guarantee

Construction of Criminal Governance System for Crimes Involving Personal Information
—A Path to the Typological View of Legal Interests

Kong Xingru, Yu Jiayi / 203

Abstract: In the digital era, the connotation and extension of personal information are not yet clear, and the articulation and coordination between different crimes involving personal information are short of. The concepts of personal information and personal data should be strictly differentiated, and the connotation and extension of personal information should be clarified, so as to build a scientific and perfect personal information protection system of classification. Under the guidance of typological thinking, and according to the strength of the attraction of personal dignity and freedom of personality to personal information, it should be divided into three layers, namely, biometric information, private information, and general directly identifiable information. On this basis, the legal interests of the crime of infringing on citizens' personal information should adopt a mixed view, specifically a typological view: the inner layer of biometric information corresponds to the information security; the middle layer of private information corresponds to the restricted right of self-determination of personal information and information security; and the outer layer of general directly identifiable information corresponds to the right of self-determination of personal information. By independently judging the legal interests corresponding to each level and adopting different criminalization and sentencing standards, a clear, coordinated and coherent criminal

297

governance system for personal information is jointly constructed.

Keywords: Crimes Involving Personal Information; Personal Information; Criminal Governance; Typological View of Legal Interests

The Exploration and Practice of Economic Law Promoting Digital Economy

Chen Bing, Zhang Tianrong / 230

Abstract: In order to improve the construction level of digital economy rule of law, promote market competition, promote better combination of effective market and beneficial government, economic law needs to play its role in promoting development and it is necessary to build relevant theories and systems of digital economic law at present. Through the discussion of the Digital Markets Acts, public data and the revision of our Anti-monopoly Law, we are inspired to clarify the relationship between digital economy and platform economy, find the position of developing digital economy, and encourage industries to participate in international competition. As for the basic theory of rule of law in digital economy, all departments of economic law need to respond. In the process of rule of law, we need to clarify the relationship between "preservation and creation", "power and responsibility", "law and science and technology", "change and invariance", "attack and defense", "Deregulation and regulation" and so on. In view of digital economy and competition rule of law, competition law should respond to realities of digital economy, establish legal ideas that fit the development law of digital economy, and provide more samples for the theoretical realm through practice. As for normalized regulation of platform economy, it is necessary to adjust the regulation mode in time according to the current situation and trend of digital economy. As for the regulation of digital economy and science and technology, it is necessary to learn from foreign experience appropriately and choose appropriate regulatory means according to specific scenarios. Meanwhile, we should pay attention to the legislative trend of the fair competition review system. The specific behavior analysis at the micro level proposed by new scholars is pioneering and worthy of further exploration.

Keywords: Digital Economy Rule of Law; Competitive Rule of Law; Normalized Regulation; Science and Technology Regulation

约稿函

　　《数字经济与法治》是南开大学竞争法研究中心主办的以数字经济与法治发展前沿为主题的学术集刊，由社会科学文献出版社周期出版，一年两辑。

　　本刊以中国为观照、以时代为观照，立足中国实际，解决中国问题，面向全球与未来，聚焦世界数字经济与法治领域研究前沿，关注多维度、多学科、多规则、多工具下的理论认知与实践经验，致力于对数字经济发展及其法治化展开全面、系统、前沿研究，推进数字中国建设的整体性、系统性、协同性，总结数字经济与法治共益发展的实践规律，推动具有新时代特征、立足新发展格局的中国数字法学学科体系、学术体系、话语体系的建设与完善。

　　《数字经济与法治》现面向国内外学术界和实务界公开征稿，诚邀各界人士不吝赐稿！

一　征稿范围

包括但不限于以下相关主题：

1. 数字经济发展与中国式现代化建设

2. 数字中国建设的基础理论与法治前沿

3. 数字经济与法治共益发展的基础理论与实践

4. 数字经济发展中要素治理的理论与实践

5. 数字经济竞争与治理中的国际合作

6. 数字经济、数字政府、数字社会治理的前沿问题

7. 数字司法、数字检察、数字监管中的理论与实践

二 栏目设置

（一） 名家观点

本栏目将邀请权威知名专家学者，刊登其在数字经济领域内具有基础性、创新性的文章、笔谈等。

（二） 数字法治专题

本栏目将定期总结归纳数字经济与法治领域的核心问题，包括但不限于数据、算法、人工智能等前沿热点问题，鼓励师生围绕上述问题以多元视角展开剖析与说理，以达致准确把握、精确分析、最终有效解决问题的目的。

（三） 国际视野

本栏目旨在及时反映国际数字经济与法治发展动态，认真研究现有国际规则，遵循国际法治发展规律，引进国际经验，对接国际市场，借助国际法治的预见性、稳定性和强制性，为数字经济与法治发展创造新机遇。

（四）实务研究

法律实务是推动法治进程的重要元素，法律工作者在实践中办理案件的经验则是法学发展不可或缺的宝贵资源。本栏目旨在集合法律实务人员的智慧，以期为法学理论提供源源不断的经验支撑。

（五）青年沙龙

本栏目为青年学者积极搭建平台，促进数字经济与法治学脉学统和优良学风的薪火相传，助力数字经济与法治的健康持续发展。

三　原创性要求

投稿论文原则上要求未公开发表在其他期刊上，作者应确保论文的原创性和前沿性，符合学术规范。所载文章，均由作者授予自发表之日起一年的专有使用权。刊稿仅反映作者个人的观点，不代表主办单位的立场。

四　格式要求

（一）文稿体例

文稿由题目、摘要、关键词、正文和注释构成。需同时提供英文版的题目、摘要和关键词。摘要在300字左右；关键词3~6个。稿件字数一般不少于1.5万字。

正文采用宋体、五号字、首行缩进两个字符、1.5倍行距。

（二）基金项目

如果文稿得到基金项目的资助，请在首页下脚注释中标明资助背景，包括基金项目的类别、名称、批准号，感谢语尽量简化。

（三）作者简介

文稿应在文章首页下脚注释按如下顺序标明作者信息：姓名、单位、职称（职务）、研究方向等。作者通常仅标明所在单位及技术职务，同一作者原则上只标明一个工作单位，最多不超过两个。

作者的联系地址、邮编、联系电话、电子信箱等内容放在文末单独附页，不作为文章内容，为方便联系作者使用，应单独统计。

（四）各级标题

文稿标题应层次分明，标题前的数字按不同级别依次使用：文内体例顺序一般采用：一、（一）、1.、（1）、①、A.、a.；其中标题一的样式采用四号、黑体、加粗、首行缩进两个字符；标题二的样式采用小四号、宋体、加粗、首行缩进 2 个字符；标题三以下的标题采用五号、宋体、首行缩进两个字符。

（五）注释体例

参见《法学引注手册》。